Horst Gunkel

Begegnungen mit dem Transzendenten

Szenen aus dem Leben eines hessischen Buddhisten

Gelnhäuser buddhistische Reihe, Band 5

Das Buch

Der Autor stellt Szenen aus seinem Leben vor, die aufzeigen, wie er zunächst verstört bemerkte, dass er hin und wieder dem Transzendenten, dem Göttlichen, begegnete. Allmählich verändert er so sein Leben und aus einem materialistisch eingestellten jungen Mann wird ein Buddhist, der sich um die Entwicklung von Weisheit und Mitgefühl bemüht. Der Weg, den der Autor dabei zurücklegte, ist beileibe kein gradliniger. Als alter Mann blickt er auf diesen Weg zurück und berichtet in einzelnen Szenen daraus. Einige für seine Entwicklung zum Anhänger des Buddha und dessen Lehre relevanten Szenen aus seinem Lebensbericht sind in diesem Band abgedruckt. In diesen Szenen wurden auch ganz profane Ereignisse geschildert, denn auch in Alltag spiritueller Menschen überwiegen doch ganz alltägliche Probleme, die Horst mitunter sehr selbstkritisch beleuchet. - Teilweise finden sich Verweise auf in diesem Band nicht abgedruckte Szenen aus Horsts Lebensgeschichte, diese finden sich im Internet unter http://www.kommundsieh.de/Horst – Leben.html

Kursiv und fett gedruckte Begriffe sind in einem Glossar am Ende des Buches erklärt.

Der Autor

Horst Gunkel, Jahrgang 1951, arbeitete 40 Jahre als Lehrer an einem beruflichen Schulzentrum. Er engagierte sich in zahlreichen Vereinen und Bürgerinitiativen zum Schutz des Lebens in all seinen Formen. Von 1981 bis 1995 war er in zahlreichen Gremien und zwei Regional-parlamenten aktiv. Von 1987 bis 2000 leitete er außerdem das ÖkoBüro Hanau. Anfang der 90er Jahre begegnete er dem Buddhismus und erkannte schnell, dass ein Engagement hierin (noch) wichtiger sei als sein bisheriges politisches Wirken. Er legte alle politischen Ämter nieder und setzte sich im Netzwerk Engagierter Buddhisten für ökologische, pazifistische und soziale Projekte ein. 1996 kam er zur Buddhistischen Gemeinschaft Triratna (damals: Freunde des Westlichen Buddhistischen Ordens), für die er zunächst in Frankfurt/M. eine Meditationsgruppe aufbaute, dann die Buddhistische Gemeinschaft Gelnhausen.

Horst Gunkel

Begegnungen mit dem Transzendenten

Szenen aus dem Leben eines hessischen Buddhisten

Gelnhäuser buddhistische Reihe, Band 5

Bibliografische Information der Deutschen Nationalbibliothek: Die Deutsche Nationalbibliothek verzeichnet diese Publikation in der Deutschen Nationalbibliografie; detaillierte bibliografische Daten sind im Internet über dnb.dnb.de abrufbar.

Originalausgabe 2021
© 2021 by Horst Gunkel

Der Autor wurde bei der Endfassung unterstützt von Jutta Protzmann, Bärbel Wagner, Tatjana Ingold und Dh. Sraddhabandhu.

Herstellung und Verlag: BoD – Books on Demand, Norderstedt

ISBN: 978-3-7543-1423-4

Inhaltsverzeichnis

Verzeichnis der Abbildungen

Diogenes und der Mensch

= Szene 001 aus *Horsts Lebensbericht* – 1956

kursiv und **fett** gedruckte Begriffe
(wie **„*Horsts Lebensbericht*"**)
sind im Glossar am Ende des Bandes erklärt

Es muss im Jahre 1956 gewesen sein, vielleicht aber auch erst 1957, ich war damals ungefähr fünf Jahre alt, und ich war krank. Wie immer, wenn das der Fall war, war mir im Wohnzimmer auf dem Sofa, das war so eine Klappcouch, wie sie in den fünfziger Jahren des vergangenen Jahrhunderts Mode war, von meiner Mutter ein Krankenlager gebaut worden. Damit es mir nicht zu langweilig wurde, hatte ich einige Bilderbücher mit in mein Krankenbettchen bekommen, und außerdem war der Radio-apparat angeschaltet. Aber die Tanzlieder der fünfziger Jahre waren nicht das, was das Herz eines fünfjährigen Knaben höher schlagen ließ, und auch die Bilderbücher kannte ich nun wirklich zur Genüge.

Hin und wieder sah meine Mutter nach mir, ansonsten arbeitete sie, wie sich das damals für Mütter und Hausfrauen gehörte, in der Küche. Weiß der Himmel, was Mütter da nur immer machen müssen, aber es musste wohl eine ganze Menge sein, denn Mama hatte viiiiiiiiiel zu wenig Zeit für mich, fand ich. Als meine Mama jedoch wieder mein Krankenzimmer betrat, bat ich wie so oft: „Du, Mama, erzähl´ mir doch eine Geschichte."

Für´s Märchenerzählen war eigentlich mein Papa zuständig, aber da weder Sonntag noch Abend war, war der natürlich nicht zuhause, sondern auf der Oberpostdirektion, wo er als Justitiar arbeitete. Diesmal jedoch hatte ich Glück, Mutter war willens, mir eine Geschichte zu erzählen. Sie setzte sich auf mein Bettchen und ich mummelte mich behaglich in meine Federdecke. Es ist ja sooooo schön, wenn man von seiner Mama eine Geschichte erzählt bekommt!

Es war diesmal eine Geschichte aus der griechischen Antike von einem Weisen namens *Diogenes*, den kannte ich schon aus anderen Geschichten, die mir meine Mama bei früheren Anlässen erzählt hatte. Meine Mama kannte viele interessante historische Geschichten. Diogenes war völlig besitzlos – und glücklich. Er hatte nichts, als das, was er auf dem Leib trug, und er ernährte sich von dem, was er geschenkt bekam oder fand. Insofern lebte er so ähnlich wie der Buddha, aber das wusste ich damals natürlich noch nicht. Diogenes hatte auch (wie der Buddha) keine Wohnung und kein Haus. Diogenes schlief in einem alten Weinfass, das niemand mehr brauchte und das daher am Straßenrand lag.

Und eines Tages ging Diogenes mitten in die Stadt *Sinope* und dort auf den Marktplatz, so erzählte mir meine Mama. Jemand hatte ihm eine Laterne geschenkt, damit er auch bei Dunkelheit noch spazieren gehen und hinterher wieder sein Weinfass finden konnte. Nun hätte man denken können, dass Diogenes sparsam mit der Kerze, die in der Laterne drin war, umging, denn woher hätte er eine neue nehmen sollen, wenn die alte abgebrannt war? Er hatte schließlich kein Geld, um sich eine neue zu kaufen. Aber das focht den Diogenes nicht an. Er ging vielmehr mitten am helllichten Tage auf den Marktplatz – mit seiner Laterne, die Kerze darin angezündet.

„Aber Diogenes, was machst du denn am hellen Tage hier mit der Laterne?", fragte man ihn dort.

„Ich suche etwas", sagte der alte Weise, „und das ist sehr schwer zu finden."

Da erboten sich ihm hilfsbereite Leute an: „Können wir dir helfen, Diogenes, was suchst du denn?"

„Nein, liebe Leute, dabei könnt ihr mir leider nicht helfen. Wisst ihr, ich suche einen Menschen – und die sind sehr rar."

Da wunderten sich die Leute sehr: „Wie, Diogenes, einen Menschen? Keinen bestimmten, irgendeinen? Aber schau doch nur: der ganze Marktplatz ist voll davon!"

„Nein, nein", antwortete da Diogenes, „ihr versteht mich nicht, das hier sind doch alles nur Leute. Was ich wirklich suche, ist einen Menschen, einen WAHREN Menschen!"

„Weißt du, Horst," sagte meine Mutter, „es langt nicht, dass man aussieht wie ein Mensch, dass man zwei Arme und zwei Beine hat, das haben alle Leute. Ein wahrer Mensch muss sich auch verhalten wie ein Mensch. Und Mensch, das heißt in der alten Sprache Latein nämlich: homo sapiens, das bedeutet auf Deutsch „der weise Mensch". Und der Diogenes war so ein weiser Mensch. Wenn aber doch die anderen so ziemliche Dummerchen waren, eben nur „Leute", mit wem sollte sich dann der weise Diogenes vernünftig unterhalten können? Und eben deshalb suchte er einen Menschen, einen wahren Menschen."

Ich blieb mit fragendem Staunen in meinem Bettchen liegen, während meine Mutter wieder in die Küche ging. Ich lag wieder allein in meinem kleinen Bett, aber mir war keineswegs mehr langweilig. Ich brauchte auch keine Bilderbücher mehr und schon gar nicht mehr den blöden Radioapparat. Ich war gefesselt von Diogenes´ Weisheit! Ich weiß nicht mehr, wie lange ich so da lag oder vielleicht auch saß. In mir arbeitete es. Ich weiß auch nicht mehr, wie es in mir arbeitete.

Möglicherweise habe ich an diesem Tag zum ersten Mal in meinem noch frischen Leben meditiert.

Ich weiß nur noch, dass am Ende dieser Reflexion, dieser Kontemplation, dieser Meditation, was es auch immer gewesen sein mag, ein Entschluss stand. Und dieser Entschluss war so stark, war ein so *Vollkommener Entschluss*, dass ich das Bedürfnis hatte, ihn der Welt mitzuteilen, und dass ich daher sogar ein strenges Verbot übertrat, das Verbot, aus meinem Bettchen aufzustehen und barfuß durch die Wohnung zu laufen. Ich stieg also vom Sofa herunter, trippelte mit meinen kleinen nackten Füßchen durch die Wohnung in die Küche und verkündete dort stolz und voller Inbrunst: „Du, Mama, wenn ich groß bin, und wenn der Diogenes dann wieder mit seiner Laterne kommt, dann will ich, dass er mich sieht und erkennt: Das ist ein Mensch!"

So tief sich der Entschluss damals auch in mein Herz eingebrannt hatte, ich muss dennoch zugeben, dass ich nicht von meinem fünften Lebensjahr bis heute, da ich 70 bin, pausenlos daran gearbeitet habe, mich auf die Begegnung mit Diogenes vorzubereiten. Tatsache ist vielmehr, dass ich diese Episode für lange Zeit meines Lebens nicht nur aus den Augen verloren, sondern schlicht vergessen hatte, oder besser: dass sie ins Unbewusste abgesackt war und dort wartete, bis die Zeit reif dafür war. Das war dann Anfang der neunziger Jahre der Fall. Inzwischen schien mich für lange Zeit weniger der Diogenes zu faszinieren, sondern eher das Weinfass. Doch zu der Sache mit dem Wein zu späterer Zeit mehr, wir werden ihn leider in allzu vielen Szenen meines Lebens wieder begegnen.

Ich weiß nicht mehr, was der Anlass war, aber ich erinnerte mich zu Beginn der neunziger Jahre plötzlich wieder dieser Geschichte. Vermutlich war es einfach so, dass ich die Spielchen der Leute, also derer, die keine wahren Menschen in der Diogenes´schen Definition sind, lang genug mitgemacht hatte, und dass ich sie inzwischen satt hatte. Auf jeden Fall wollte ich jetzt wieder ein Mensch im Sinne von Diogenes sein. Und obwohl ich sicher noch weit davon entfernt war, von Diogenes als ein solcher erkannt zu werden, nahm ich diese Selbstverpflichtung an. Ich bezeichnete mich von Stund´ an als: „der Mensch". Wenn ich also beispielsweise etwas zu meinen Kindern sagte, so hieß das jetzt nicht mehr: „Ich geh´ einkaufen", sondern: „Der Mensch geht jetzt einkaufen!"

Und auch am Telefon, so stellte ich zu meiner Verwunderung fest, meldete ich mich nicht mehr mit meinem Namen, sondern mit: „Der Mensch!" Das kann man nun für eine ziemliche Spinnerei, vielleicht auch für eine blöde Marotte halten, aber auf diese Weise verdeutlichte ich mir immer wieder mit meinem **Denken** und mit meinem Reden, wie ich handeln wollte. Und es zeigte Wirkung.

Es zeigte sogar Wirkung in einer Weise, die ich absolut nicht für möglich gehalten hatte. Ich, der seitdem ich erwachsen war, nichts mehr mit der Religion „am Hut hatte", wie ich zu sagen pflegte, ertappte mich dabei, wie ich, wo immer ein einschlägiges Buch herumlag, darin zu blättern begann. Vielleicht suchte ich unbewusst darin einen Menschen. Ich hatte sogar in meinem Bücherschrank ein Buch über den Propheten Mohammed gefunden, das dort wohl seit zwanzig Jahren ungelesen herumstand und verstaubte. Nun las ich es und wusste dann: Nö, an dem wäre der Diogenes achtlos vorbei gegangen.

Doch dann geschah es. Ich fand ein herrenlos herumstehendes Buch mit dem Titel: „Die großen nichtchristlichen Religionen". Also schaute ich hinein, las hier einen Abschnitt über das Judentum, dort einen über den Hinduismus und stieß schließlich auch auf einen Artikel über die Lehre des Buddha. Kaum hatte ich die *„Vier Edlen Wahrheiten"* und den *„Edlen Achtfältigen Pfad"* gelesen, zwei kurze Aufzählungen, die die allerwenigsten

Leute irgendwie ansprechend finden würden, wenn sie diese zum ersten Mal lesen, da wusste ich: Das ist es! Der Buddha war ein wahrer Mensch. Da ist einer, den Diogenes gefunden hätte. Und das besonders Schöne: Buddha hat eine ganze Menge gelehrt. Ich fasste sofort unerschütterliches **Vertrauen** in den Buddha und wusste – ich bin ein Buddhist! Und der Diogenes war sicher auch auf dem Weg zur Buddhaschaft. Mein erster Schritt auf dem Pfad zur **Erleuchtung** war gegangen, der Schritt von **dukkha** (dem Wissen um die Unvollkommenheit alles abhängig Entstandenen) zu **śrāddha** (tiefem, unerschütterlichen Vertrauen in die Lehre).

Ich möchte diesen einführenden Abschnitt nicht schließen, ohne einen Dank auszusprechen. Einen Dank an diejenigen, die mir geholfen haben, den Pfad, den ich seitdem gehe, zu finden: dem Diogenes nämlich, **Sangharakshita** und – meiner Mutter!

Wie ich einmal starb?

= *Szene* 002 aus Horsts Lebensbericht – 1996

Der Anfang dieser *Szene* spielt im Jahre 1996. Ich war noch nicht allzu lange auf dem Pfad unterwegs, den der *Buddha* aufgezeigt hatte, und ich war erst seit einigen Monaten bei der Buddhistischen Gemeinschaft *Triratna*, die damals noch „Freunde des Westlichen Buddhistischen Ordens" hieß. Es war mein zweites Retreat, es dauerte 14 Tage und fand im Sauerland statt, im *Retreatzentrum* Kühhude. *Bodhimitra* leitete das Retreat, und wir wussten, dass die nächste Übung wieder einmal die *mettā bhāvana* sein sollte. In dieser Übung erzeugt man liebevolle Zuneigung und Wohlwollen in fünf Phasen. In der ersten Phase für sich selbst, in der zweiten für einen guten Freund, dann für eine neutrale Person und anschließend für eine Person, die man gewöhnlich eigentlich ablehnt. Zum Abschluss sendet man *mettā*, diese positive Energie, allen Wesen im ganzen Universum zu.

Wir hatten diese Meditation schon mehrfach geübt, und mir gingen allmählich die Freunde und die Feinde für die zweite bzw. vierte Phase aus. Also überlegte ich mir schon vor der Meditation, wen ich in den einzelnen Phasen mit *mettā*, mit wohlwollender Empathie, bedenken könnte. Und da ich inzwischen der Auffassung war, dass ich und der/die/das Andere nur Illusionen unseres Denkens seien, kam ich auf eine ganz besondere Idee.

Ich hatte mich – wie jede/r von uns - im Laufe meines Lebens entwickelt. Manche dieser Entwicklungsstufen waren mir aus heutiger Sicht genauso fremd wie andere Personen. Warum sollte ich nicht in allen Phasen der *mettā bhāvana* mich selbst nehmen? Mich in den verschiedenen Phasen meines Lebens. Ich war jetzt vierundvierzig Jahre alt, also im fünften Jahrzehnt meines Lebens. Und ich nahm mir vor, mich in der ersten Phase in meiner damaligen Ausprägung als einer, der in den 90er Jahren des 20. Jahrhunderts den Pfad des Buddha geht, in meine Meditation zu nehmen, dann in der zweiten Phase den politisch engagierten Aktivisten der 80er Jahre, anschließend den Stenografie-Funktionär der 70er Jahre, in der vierten Phase dann den Schüler im Gymnasium der 60er Jahre und schließlich Horst im Kindergarten der 50er Jahre.

Ich setzte mich also in Meditation, *Bodhimitra* schlug den Gong, und die Meditation begann. Es war eine sehr angenehme Meditation, zunächst entwickelte sich alles so, wie ich es erwartet hatte. Inzwischen war ich in der vierten Phase, die der schwierigen Person vorbehalten ist, und war mit diesem pubertierenden Jugendlichen Horst mitten in den sechziger Jahren beschäftigt.

Bodhimitra schlug abermals den Gong und ich wollte mich gerade anschicken, ins Jahr 1957 einzutauchen und im Kindergarten zu erscheinen, da löste sich die tatsächliche Meditation von dem, was ich mir vorgenommen hatte. Ich kam nicht im Kindergarten an, ich war noch einige Jahre jünger. Meine Mama hatte die kleine Zinkbadewanne, die maximal 30 Liter fasst, auf zwei der alten hölzernen Küchenstühle mit den dunkelgrünen Sitzflächen gestellt, und ich saß darin. Sie forderte mich auf, herauszukommen, ich aber bat, noch kurz drin bleiben zu dürfen, was mir zugestanden wurde, aber nur sehr kurz. Dann ging es heraus.

Meine Mama hielt mir ein großes Handtuch hin und ich hielt mich vorsichtig beim Heraussteigen an der nur 30 cm hohen Seitenwand der Wanne fest, um auf das schmale Stück

Sitzfläche des Stuhls zu klettern, das von der kleinen Wanne nicht bedeckt war, dahinter gähnte der Abgrund, eine tiefe Schlucht von der Sitzfläche des Stuhls bis gaaaaaaanz weit unten auf den mit Linoleum belegten Küchenfußboden.

All das klingt alles andere als spektakulär, doch das Erstaunliche war: Diese Küche kannte ich nicht. Ich hatte vor dieser Meditation keinerlei bewusste Erinnerung an diese Küche. Dieser Raum war nämlich nur eine Küche bis Anfang 1953. Kurz nach dem Tod meines Großvaters wurde die provisorische Küche meiner Eltern aufgelöst und danach die Küche meiner Großmutter in der gleichen Wohnung benutzt. Ich muss also damals jünger als zwei Jahre gewesen sein. Und diese märchenhafte Erfahrung während meiner Meditation versetzte mich selbstverständlich in großes Staunen. Ich war mit dem Staunen noch keineswegs fertig, als Bodhimitra die Glocke zum Ende der Meditation dreimal schlug, aber ich wollte am Ende dieser Zeitreise gern noch etwas in der wunderbaren Welt des Jahres 1953 verweilen, in die ich so unverhofft gekommen war.

Doch da geschah etwas noch Merkwürdigeres: Der Automatismus, der bei der Rückführung von den 60er Jahren eingesetzt hatte und der mich statt ins Jahr 1957 auf eine Zeitreise ins Jahr 1953 versetzt hatte, schlug erneut zu!

Die Bäume waren noch kahl, aber es war kein Winter mehr; noch sehr frisch, ja, aber nicht mehr so kalt. Wir gingen zu Fuß durch eine landwirtschaftlich genutzte Gegend in einer deutschen nicht bewaldeten Mittelgebirgslandschaft. Wir mieden die Dörfer und versuchten uns nach Westen durchzuschlagen. Unsere Kleidung war inzwischen schäbig und verschmutzt, und wir stanken auch ziemlich. Es war schließlich ein verdammt langer Marsch. Zwar war mein Rucksack inzwischen ziemlich leer, aber das Gewicht des Maschinengewehrs drückte heftig. Wir versuchten uns nach Westen durchzuschlagen, dorthin, wo laut Angaben des Oberkommandos der Wehrmacht die Front sein sollte, aber wo wir erwarteten, keine Front mehr zu finden. Wenn wir die ersten amerikanischen Fahrzeuge hören würden, so hatten wir verabredet, werfen wir die MGs weg und nehmen das weiße Tuch aus dem Rucksack, um uns zu ergeben. Endlich in Gefangenschaft! Endlich Friede!

Wir waren eigentlich nur noch zwei MG-Schützen, der junge Mann, vielleicht 19 oder 20 Jahre alt, und ich, mehr als doppelt so alt. Und dann waren da noch einige Leute bei uns, darunter auch Zivilisten. Ich weiß nicht mehr, wie viele wir waren, aber auf jeden Fall höchstens zehn. Darunter auch ein alter Mann, der ein Kleinkind trug, und eine Frau, vermutlich seine Tochter oder Schwiegertochter, die Mutter des kleinen Kindes, bei ihr war auch noch ein etwas größeres Kind. Warum wir zusammen waren, als wir nach Westen flohen, weiß ich nicht, vielleicht hatten die Zivilisten einfach Angst und fühlten sich sicherer in der Begleitung bewaffneter Wehrmachts-Soldaten. Aber wir alle wussten, dass wir auf Nebenwegen nach Westen wollten, zum Ami.

Unsere MGs hatten wir vorsichtshalber nicht weggeworfen, denn wir waren ja Deserteure und als solchen drohte uns die Erschießung, wenn wir einer Patrouille oder einem überzeugten Nazi über den Weg liefen. Der junge Mann und ich hatten abgesprochen, dass wir, sollten Kettenhunde auftauchen, so nannten wir die deutschen *Feldjäger*, die in Doppelstreifen mit *Krädern* unterwegs waren um Deserteure aufzuspüren, dass wir dann selbstbewusst auftreten würden, von einem schriftlichen Befehl sprechen würden, den Feldjägern das Dokument überreichen und - sowie diese dadurch abgelenkt waren - blitzschnell unsere Waffen nehmen und sie erschießen würden. Das war zwar nicht allzu moralisch, aber es war Krieg und es galt unser Leben und das des kleinen Trupps zu retten. Also schritten wir wachsam voran und bemühten uns, allen Fahrzeugen und Dörfern auszuweichen, um eben auch nicht auf die „Kettenhunde" zu treffen.

In diesem Moment kamen aus dem Seitental rechts in ungefähr zwei Kilometern Entfernung zwei *Tiefflieger*. „Deckung", rief ich, und wir sprangen in die Straßengräben, in der Hoffnung von den Tieffliegern nicht erspäht zu werden, ich auf der linken Seite des Weges, der Junge auf der rechten Seite. Ich drehte mich um, auch die anderen waren in Deckung gegangen. Ich spähte rasch nach den Fliegern, da ertönte plötzlich MG-Feuer rechts neben mir. Dieser Idiot von einem grünschnabeligen Soldaten hatte doch tatsächlich das Feuer eröffnet! Ich wollte rüberspringen und ihm das MG entreißen, doch da drehten die beiden Tiefflieger schon bei und kamen auf uns zu. „Verdammte Scheiße", rief ich. Es blieb nichts anderes übrig, als dass ich den linken unter Feuer nehme und er den rechten. Tiefflieger sind zwar im Vorteil, aber ganz aussichtslos ist es nicht. - ROT.

Das Letzte, was ich sah, war: ROT. Alles rot.

Ich saß wie geschockt auf meinem Meditationssitz in Kühhude und Tränen liefen in Windeseile über meine Wangen, aber ich hatte keine Zeit zu versuchen, diese äußerst verstörende Situation zu bewältigen, denn die Zeitreise ging weiter. Weiter zurück, von den 40er Jahren in die 30er.

Wir fuhren aus der Stadt heraus. Wir standen dicht gedrängt auf der Ladefläche eines LKW und hatten unsere Spaten dabei, vor uns LKWs mit Männern, hinter uns LKWs mit Männern. Manche hatten Hakenkreuzfahnen dabei, manche Gewehre. Wir hatten Spaten.

„Absitzen!", ertönte das Kommando, als unser Laster hielt. Unser Ziel war noch ein ganzes Stück von dieser Ausfallstraße aus der Stadt entfernt und ging über eine gepflasterte Straße durch den Wald. Tausende von Menschen waren unterwegs, alle in Reih´ und Glied.

„Ein Lied!", kam der Befehl und wir sangen, ließen den Wind kalt über den Westerwald pfeifen. Aber es war in Wirklichkeit nicht kalt, es war ziemlich warm, es war schließlich Sommer. Dann sahen wir vorn links unser Ziel, das *Reichsparteitags*gelände. Wir mussten warten bis wir an der Reihe waren. Es hatte etwas Komisches: Jetzt, da nicht mehr marschiert wurde, standen Dutzende, fast schien mir, als seien es Hunderte von Männern am Straßenrand an den Bäumen und pinkelten, es wirkte absurd. Aber dann ging ich auch, schließlich würde die Veranstaltung an die vier Stunden dauern, in denen wir zunächst aufzumarschieren und dann stillzustehen hatten.

Es bemächtigte sich meiner ein merkwürdiges Gefühl, als wir auf das imposante Gelände aufmarschierten. Ich mochte die Nazis nicht. Ihr aggressives, selbstherrliches Auftreten und ihr Kommandoton liefen meinem Empfinden eigentlich immer zuwider. Aber hier entstand plötzlich etwas anderes, ein seltsames Gefühl von Größe, von erhabenem Aufbruch, von Bedeutung, einer Faszination, der ich mich in diesem Moment nicht entziehen konnte, die vielmehr von mir Besitz ergriff. Ich war zu so etwas wie dem Objekt der Machtergreifung geworden, so jedenfalls fühlte es sich an. Ich fühlte es und betrachtete mich gleichzeitig wie einen Dritten, mit Verwunderung ob dessen, was sich da zutrug.

Diese Inszenierung auf dem *Zeppelinfeld* hatte etwas von phantastischer Größe: Die monumentalen Bauwerke, die Marschmusik, die Fahnen, der Aufmarsch, alles folgte einer gigantischen Choreografie. Und ich war Teil davon! In diesem Moment fühlte ich mich nicht mehr fremd, ich empfand mich als Teil des großen, starken deutschen Volkes, das im Aufbruch war, den ihm gebührenden Platz in der Weltgeschichte wieder einzunehmen. Es war, als wäre ich eine Stimme in einem gewaltigen Chor oder ein Ton in der Monumental-Inszenierung einer Wagner-Oper. Ich spürte, wie diese kolossale Ergriffenheit auch die anderen Menschen beherrschte. Es war, als wäre ich eine aufblühende Schlüsselblume auf einer unendlichen Wiese inmitten Millionen anderer Schlüsselblumen, die von einer strahlenden Sonne in den Frühling geführt wird. Und zum ersten Mal fragte ich mich, ob das wirklich die Magie war, die vom Führer ausging, der hier auftreten sollte. Es war fast, als erwarteten wir die Niederkunft Gottvaters auf dem Reichsparteitagsgelände in Nürnberg.

Hier standen wir, Tausende, Abertausende, Zehntausende, gefühlt sogar Hunderttausende, klein wie Ameisen, um ihm zu huldigen, IHM, dem Führer. Ein Volk! Ein Reich! Ein Führer! Heil! Wir die Ameisen – er die Lichtgestalt.

Und dann war es endlich so weit: Der *Badenweiler Marsch* erscholl, und von rechts bewegten sich einige winzig kleine Figuren auf der gigantischen Zeppelintribüne entlang. Doch genau in dem Moment, der eigentlich als Höhepunkt der Inszenierung gedacht war, stellte sich bei mir eine abgrundtiefe Ernüchterung ein. Dieser kleine komische Mann da vorn und alle seine aberwitzigen Männeken um ihn herum waren genau so gelenkte Statisten einer Choreografie. Sie waren genau so Gefangene einer Inszenierung, die sie zwar selbst mit initiiert hatten, aber zu deren Gefangenen sie inzwischen geworden waren. Aber das sind meine Worte heute, mit denen ich versuche, das Gefühl, das sich meiner damals bemächtigte, zu beschreiben. Was ich wirklich dachte, war ein ernüchternd einfacher Satz: „Der Führer ist eine Ameise. Der Führer ist auch nur eine Ameise!" Das war die nüchterne Erkenntnis eines einfachen Mannes - damals auf dem Zeppelinfeld während des Reichsparteitages der NSDAP.

Und genau im Moment dieser ernüchternden Erkenntnis zog mich der große *Mahlstrom* der Zeitreise aus Nürnberg weg und an meinen früheren Arbeitsplatz. Ich hatte gerade meine Tagesarbeit erledigt, die Lohnzettel für die Lohnabrechnungen am morgigen Freitag so weit fertig gemacht, wie das heute möglich war, das Grundbuch abgeschlossen und die Buchungen fein säuberlich mit Tinte auf den Konten eingetragen. Ich packte meine metallene Brotdose in meine abgewetzte Aktentasche, deren Henkel abgerissen war, und die ich daher schon seit Jahren unter dem Arm tragen musste. Auch die Thermoskanne kam in diese Tasche hinein, nachdem ich den letzten Tropfen aus dem Deckel, der als Trinkgefäß diente, ausgeschlürft und die Kanne sorgsam zugeschraubt hatte.

An der Tür drehte ich mich – wie üblich – ein letztes Mal für diesen Tag um, um mich zu vergewissern, dass ich alles ordentlich hinterließ: Die Schreibutensilien lagen fein säuberlich im rechten Winkel zur Schreibtischkante, die Schreibtischtür, hinter der sich die Handkasse verbarg, sorgsam abgeschlossen, so wie jeden Tag.

Ja, ich konnte heruntergehen. Mein Büro lag im Obergeschoss. Im Erdgeschoss und auch gut der Hälfte des Obergeschosses waren die Werkstätten. Die Fahrzeuge gelangten über eine geschwungene Rampe nach dort oben, denn dies war ein großer Autohof. Ich gelangte unten auf den Hof, einige Fahrzeuge standen noch herum, der Boden war aus festgefahrenem schwarzen Sand, wobei die Farbe wohl durch das Öl hervorgerufen wurde, nach dem es überall roch.

Wenn es, wie an diesem Tag, regnerisch war, schimmerten die Pfützen auf den Schlaglöchern des Hofes schillernd von Öl. Ich zog den Kragen meines Sakkos hoch, es war novemberlich kalt und garstig-regnerisch. Mein Blick schweifte wie immer über den Hof und das Werkstattgebäude, auf dem in einer albern-unmodernen Schrift der Name der Firma prangte, diese

Schriftart war bestimmt noch nie modern gewesen, vermutlich eine ziemlich dilettantische Arbeit aus der Gründungszeit der trotz der wirtschaftlichen Lage inzwischen prosperierenden Firma.

Und auch ein letztes kleines Ritual zog ich, wie jeden Tag, durch. Ich ging auf die rechte Seite des Werkstattgebäudes, wo ein Rohr aus dem Boden kam und an der Mauer aufwärts führte. Hier war ein klobiger Wasserhahn, an dem ein langer Schlauch für die Fahrzeugwäsche angeschlossen war. Wie jeden Tag klemmte ich meine Aktentasche zwischen die Beine, damit sie nicht auf dem öligen Boden stand, nahm mit der linken Hand das Endstück des Schlauches, drehte mit der rechten den Hahn auf und ließ dann Trinkwasser in meine rechte Hand laufen, die ich zum Munde führte. Genau vier Mal, wie jeden Tag. Dann drehte ich den Wasserhahn ab, wischte mir den Mund mit dem rechten Sakkoärmel trocken und legte das Endstück des Schlauches, der aufgerollt war, wieder über den Hahn, musste ja alles seine Ordnung haben.

Ich verließ das Firmengelände, ging rechts der Straße entlang. Es war bereits dunkel und die Gaslaternen waren an. Nach etwa 200 m gelangte ich an die breite Allee, die Reichsstraße, überquerte diese unweit der Autoampel, in der Zeiger auf das rote oder grüne Feld zeigten, und ging noch die wenigen Schritte zu dem Mietshaus, in dem wir wohnten. Ich schloss die Haustüre auf, ging die Treppe ins Dachgeschoss hoch, vierte Etage, und schloss nunmehr die linke Tür auf, wie jeden Tag.

„Ah, pünktlich wie immer! Und das Essen ist auch gleich fertig", das war die Stimme von Rehlein, meiner Frau. Sie stand am Herd, wie sich das gehörte. Ich umarmte sie von hinten, gab ihr einen Kuss auf die linke Wange und versuchte in den Topf zu schauen. „Riecht lecker", sagte ich.

„Naja, Linseneintopf mit Kartoffeln", klärte Rehlein mich auf. „Aber ich war beim Metzger und habe für fünf Pfennig Wurstenden geholt, dann schmeckt's doch gleich viel herzhafter."

„Du bist ein Schätzchen, Rehlein."

„Und du, Bärchen,", kam die Antwort, „kannst schon mal Brot aufschneiden."

Jemand berührte mich an der Schulter. Verstört öffnete ich die Augen. Dhammaketu, ein belgisches Ordensmitglied, war das, sonst war niemand mehr im Meditationsraum. Ich wischte mir die Tränen aus den Augen, stand etwas ungelenk auf.

„Ist alles in Ordnung, Horst?" Ich nickte.

„Möchtest du darüber sprechen?"

„Nein, danke, Dhammaketu, ich kann nicht darüber sprechen. Vorläufig nicht. Vielleicht viel später einmal, in zwanzig Jahren, oder so."

Dhammaketu nickte. Dann gingen wir schweigsam ins Hauptgebäude, an diesem warmen Sommertag des Jahres 1996.

EPILOG

Natürlich habe ich mich damals und auch später immer wieder einmal gefragt, ob das reale Erinnerungen waren oder einfach meine Phantasie. Ich bin nicht wirklich zu einem Ergebnis gekommen. Ich glaube auch nicht, dass das nötig ist, vielleicht ist es nicht einmal hilfreich. Aber ich möchte doch einige dieser Überlegungen hier auch anführen.

Die Szene in der Küche des Jahres 1953 kann real gewesen sein. Diesen Raum gab es, warum dies plötzlich auftauchte und nicht die Szene, die ich eigentlich als Hintergrund meiner Meditation nehmen wollte, weiß ich nicht. Hier scheint ein unbewusster Mechanismus gegriffen zu haben.

Für die <u>Kriegsszene</u> spricht, dass ich als Teenager öfter aus unerklärlichen Gründen vom Krieg träumte, und in mindestens einem Traum war ich auch mit so einer Gruppe von Leuten unterwegs und hatte mich von der Truppe abgesetzt. Auch kamen in meinen Träumen häufig kleine Flugzeuge am Himmel vor, die entweder abstürzten oder aus denen Feuer züngelte. Gegen die Echtheit dieser Szene spricht, dass es natürlich eine Menge von Kriegsfilmen gibt. Ich habe zwar früher nur selten welche gesehen, und wenn, dann Antikriegsfilme, aber natürlich können da Versatzstücke im Unterbewussten hängen geblieben sein. Wenn ich mich recht erinnere, steht die Farbe rot auch am Ende des Filmes „Wem die Stunde schlägt", in dem Ernest Hemingway seine Erlebnisse im spanischen Bürgerkrieg beschreibt. Das könnte mich dann beeinflusst haben.

Lange Zeit hat mich vor allem die <u>Szene auf dem Reichspartei-tag</u> beschäftigt. Da gab es nämlich ein ziemlich verstörendes Ereignis etwa fünf bis zehn Jahre <u>vor</u> dieser Meditation. Ich war damals mit meiner Familie im Wohnmobil unterwegs. Wir waren auf der Rückreise von einem Urlaub auf dem Balkan, und wir wollten eine Stelle zum Übernachten in Nürnberg suchen, dort noch irgendwo zu Abend essen und dann am nächsten Tag nach Hause zurück fahren.

Aber wir hatten uns ziemlich verfahren und nichts Passendes gefunden, in Wirklichkeit waren wir auf einer Ausfallstraße aus Nürnberg heraus. „Dreh halt um," schlug meine Begleiterin vor.

Ich aber sagte: „Warte mal, hier kommt mir etwas bekannt vor!" Ich sagte das, obwohl ich noch nie in diesem Leben in

Nürnberg war. „Wir müssen da links ab", erklärte ich bestimmt, meine Begleiterin sah mich skeptisch an. Es ging nunmehr kerzengerade durch ein Waldstück.

„Das hat keinen Sinn, dreh um", sagte sie. „Nein," erwiderte ich, „dort kommt eine Kreuzung und dahinter ist ein großer Landgasthof. Davor müsste es genügend Parkraum geben."

Jetzt erst tauchte vorn eine Kreuzung mit einer Ampel auf – und tatsächlich, dort war ein großer Landgasthof, der offensichtlich schon einmal bessere Zeiten gesehen hatte.

„Und gleich nach dem Waldende links gibt es einen großen Parkplatz", prophezeite ich meiner Begleiterin weiter. Ich bog links ab – tatsächlich ein riesiger Parkplatz – und dahinter: das Reichsparteitagsgelände. Ich hielt und stutzte, wie von einer fernen Erinnerung berührt, als ich das monumentale Bauwerk erstmals in diesem Leben sah. Und sie sah mich an wie einen Geist, ihr Blick verfinsterte sich. Wir haben beide niemals darüber gesprochen.

Natürlich kann es sein, dass mich diese Szene innerlich so berührt hat, dass sie Ursache des Auftretens des Reichsparteitagsgeländes in meiner Meditation viele Jahre später war. Das wäre eine logische Erklärung. Etwas anders würde sich die Sache darstellen, wenn die Szene in Nürnberg erst nach meiner Meditation gewesen wäre. War sie aber nicht.

Es gibt da allerdings noch diese andere Szene in dem Autohof einer mir damals nicht bekannten Großstadt. Und das hat mich dann später wirklich erschüttert. Was jetzt kommt, war nämlich im Jahr 2004 oder 2005, also rund zehn Jahre nach der Meditation. Ich lebte inzwischen in Frankfurt und hatte mich gerade bei CarSharing angemeldet. In unmittelbarer Nähe meiner Wohnung, die sich in der Habsburgerallee (Bundesstraße 3) befand, sollten zwei Fahrzeuge von „stadtmobil", dem CarSharing-Unternehmen, stehen. Ich ging dorthin, in die

Rhönstraße. Es gab zwei Einfahrten zu dem Innenhof. Rechts stand das CarSharing-Auto.

Irgendetwas berührte mich merkwürdig. Irgendetwas erinnerte mich an... ja, woran eigentlich? Ich war doch noch nie in meinem Leben hier. Ich drehte mich zum Innenhof: eine große Autowerkstatt, sie hatte Ähnlichkeit mit etwas... Und diese merkwürdig geschwungene Rampe, mit der Autos in die obere Etage der Werkstatt fahren konnten, wo hatte ich das denn schon gesehen? Mein Blick war jetzt oben am Gebäude angekommen, bei der Aufschrift: „Ostend-Garage". Eine merkwürdige mir bekannt vorkommende Schrift. Einzelne, metergroße Buchstaben in einer Schrifttype, die bestimmt noch nie modern gewesen war. Sie sollte irgendwie Zukünftiges ausdrücken, sah aber doch unbeholfen gestrig aus. Das „O" von Ostend erinnerte an ein Osterei, aber auch entfernt an das Renault-Emblem.

Und in diesem Moment stand vor meinem geistigen Auge das Bild aus meiner Meditation auf, das Bild, als ich mich beim Abschied, wie jeden Tag noch einmal, umdrehte. Der Boden war jetzt, im beginnenden 21. Jahrhundert, allerdings nicht mehr voller schwarzem öligen Sand, er war jetzt betoniert. Der Rest sah genauso trostlos aus wie damals. Ich schaute unwillkürlich auf die rechte Seite des Gebäudes, wo ich damals die vier Schluck Wasser getrunken hatte, konnte aber dort nichts erkennen, denn ein Kleinlaster stand davor. Ein eigentümliches Gefühl umschloss mein Herz: wenn jetzt da tatsächlich dieser Wasserhahn...? Ich umschritt das Fahrzeug: und wirklich, ein aus dem inzwischen betonierten Boden herausragendes Rohr, an dessen oberen Ende genau dieser altertümliche Wasserhahn befestigt war. Nur der Schlauch war nicht mehr dran.

Als ich diese Erinnerung im Jahr 2016 aufschrieb, entschloss ich mich, noch einmal nach Frankfurt zu fahren, ich wollte mir das noch einmal ansehen, wollte es auch zur Illustration dieses

Berichtes mit einem Foto unterlegen. Am Montag, dem 29. Februar 2016, war ich dort. Leider ist die Werkstatt inzwischen abgerissen. Das Vorderhaus mit den beiden Einfahrten steht noch, doch dahinter werden gerade neue Wohngebäude hochgezogen, Lofts. Die Ostend-Garage ist weg. Seit diesem Tag bei dem CarSharing-Auto neige ich dazu, diese Zeitreise in meiner Meditation des Jahres 1996 für real zu halten.

Aber wirklich sicher bin ich mir nicht.

Buddha in Indien suchen

= *Szene 008* aus *Horsts Lebensbericht* – 1992

Im Jahr 1992 war es so weit, ich war reif für den *Dharma*, die Lehre des *Buddha*. Dass es der Dharma war, wonach ich suchte, wusste ich nicht, aber dass es ein vernünftiges und ethisches Fundament sein musste, und dass ein solches am ehesten in einer der bestehenden Religionen zu finden sei, war mir klar. So hatte ich in den letzten Wochen wieder angefangen, die Bibel zu lesen, ganz von vorn: bei Adam und Eva. Aber schon bald wusste ich, dass dies nicht meine religiöse Basis sein konnte.

Der alttestamentarische Gott hatte den beiden ersten Menschen verboten, vom „Baum der Erkenntnis von Gut und Böse" (Mose 2,9) zu essen. Warum um alles in der Welt, sollte man nicht erkennen wollen, was gut ist und was böse, wieso sollte so etwas bestraft werden? Im biblischen Buch Genesis (Mose 3,4f) steht eine Erklärung: „Da sprach die Schlange zur Frau: Ihr werdet keineswegs des Todes sterben, sondern Gott weiß: an dem Tage, da ihr davon esst, werden eure Augen aufgetan, und ihr werdet sein wie Gott und wissen, was gut und böse ist."

Was um alles in der Welt kann denn schlimm daran sein, zu versuchen, vollkommen wie Gott zu werden und zu wissen, was gut und was böse ist? Genau auf der Suche nach einer vernunftfundierten Ethik, nach einer allgemein verbindlichen Ethik war ich doch! Das Christentum schien also nichts für mich zu sein. Als nächstes las ich ein Buch über den Propheten

Mohammed und wusste daraufhin: Der ist mir eindeutig ferner als Jesus von Nazareth.

Ein altes *Zen*-Sprichwort sagt: „Ist der Schüler reif, dann erscheint der Lehrer." Mein Lehrer erschien in Form eines Buches, und das kam so:

Ich hatte damals an den Beruflichen Schulen in Gelnhausen, an denen ich unterrichtete, Vertretungsunterricht im Religionsraum. Ich kannte die SchülerInnen nicht und sollte sie einfach nur beschäftigen.

„Was habt ihr heute für Bücher dabei?", fragte ich sie. - „Mathe, Chemie und die Deutschlektüre."

„Gut, nehmt einmal das Mathebuch heraus, was habt ihr zuletzt gemacht?" - „Die ersten drei Aufgaben auf Seite 108."

„Prima, da sind ja noch jede Menge weiterer Aufgaben. Bearbeitet einfach die Aufgaben ab Nr. 4. Wenn ihr Fragen habt, wendet euch an euren Nachbarn. Wenn das nicht hilft, könnt ihr mich fragen. Ob ich euch helfen kann, weiß ich nicht so genau, aber probieren könnt ihr´s ja."

Artig übten die Schülerinnen und Schüler ihre Matheaufgaben. Keiner machte Anstalten mich zu fragen. Also ging ich durch den Raum und begann in der Handbibliothek zu schnüffeln. Dort standen drei Bücher, jeweils im Klassensatz. Erstens die Bibel. Nö, das hatte ich schon versucht. Zweitens der Katechismus – schrecklich, das erinnerte mich an meinen Kommunionunterricht im Jahre 1960. Das dritte Buch hieß: „Die großen nichtchristlichen Religionen", das könnte etwas für mich sein! Ich blätterte hinein. Das Judentum - ich las einige Abschnitte. Nö, ist ja wie bei den Christen, nur noch etwas antiquierter. Der Hinduismus - auch hier schnüffelte ich herein: ziemlich farbig, ziemlich chaotisch. Nächstes Kapitel: Der Buddhismus; ich las die „*Vier Edlen Wahrheiten*" und den „*Edlen Achtfältigen*

Pfad" und fasste sofort Vertrauen. Das entsprach ziemlich genau meinen eigenen – zugegebenermaßen etwas unsystematischen – Überlegungen, war aber wesentlich besser ausgedrückt, eine wesentlich rundere Sache als alles, was ich mir bislang zusammengereimt hatte.

Srāddha, starkes gläubiges Vertrauen, stieg sofort in mir auf. Wer so etwas erarbeitet hat, dessen Schriften sind interessant, bei dem kann ich noch weiter fündig werden. Ich las weiter. - Es gongte, der Unterricht war vorbei, Schule aus. Ich beschloss, mir das Buch bis zum nächsten Tag auszuborgen, um sofort weiter zu schmökern. Ich las also auf dem Weg zum Zug und auch noch, als ich in den Zug einstieg. Dann hatte ich alles gelesen, was mir dieses Buch über den Buddha und seine Lehre bieten konnte und wusste: Ich bin Buddhist. Eigentlich war ich offensichtlich schon immer Buddhist, war mir bei dieser Gelegenheit klar geworden. Die beiden Philosophen, die mir bislang geholfen hatten, *Diogenes* und Immanuel Kant, dessen *kategorischen Imperativ* ich mir bisher als ethische Richtschnur genommen hatte, konnten damit nicht mithalten. Ich bin Buddhist und muss die Lehre des Buddha studieren, üben, verwirklichen. Sic!

Ich atmete tief durch. Und da ich ein geschäftiger Mann war, der nicht einfach nur so im Zug herumsitzen kann, holte ich meine Zeitung, die Frankfurter Rundschau, aus meiner Schultasche und schlug sie auf.

Mein Erstaunen konnte nicht größer sein. Da prangte eine halbseitige Anzeige:

„Frankfurter Rundschau - Leserreise nach Nordindien. Lernen Sie den Buddhismus kennen. Besuchen Sie mit uns Klöster der vier buddhistischen Schulen und erfahren sie mehr über Buddhas Lehre – incl. Audienz bei S. H., dem Dalai Lama."

WOW!!! Ein Fingerzeig des Himmels!!! Dass es auch in Europa Buddhismus gab, wusste ich damals noch nicht. Alles, was mit Religion zu tun hat, war bislang nicht meine Welt. Buddhismus, das war Asien. Und wenn man den Buddhismus kennen lernen will, dann bleiben nur Bücher oder Asien. So dachte ich damals in meiner Einfalt.

Allerdings lehnte ich aus ökologischen Gründen Flugreisen ab, da dies die weitaus problematischste Art zu reisen ist; für die Luftchemie und damit für den Klimawandel noch wesentlich problematischer als der Autoverkehr. Und just in diesem Jahr machte ich in einer Gruppe namens „energy watch" mit, hatte diese sogar bei uns im *ÖkoBüro Hanau* initiiert. Und ich wollte fliegen? Interkontinental! Grauenhaft!

Selbstverständlich war der Klimaschutz wichtig. Aber diese eine Ausnahme musste jetzt einfach sein. (In der Tat habe ich danach ein Vierteljahrhundert keine Flugreise mehr unternommen.) Ich las die Anzeige, diesen Fingerzeig des Himmels, wieder und wieder, auch als ich schon aus dem Zug ausgestiegen und auf dem Weg ins *ÖkoBüro* im Auwanneweg in Hanau-*Großauheim* war. Als ich endlich von der Zeitung aufschaute, stellte ich fest, dass ich zum ersten Mal in den über vierzig Jahren, da ich hier wohne, an meinem Haus vorbei gelaufen war. Also zurück.

Im Erdgeschoss war das *ÖkoBüro*. Im ersten Obergeschoss wohnte ich. Ich ging jedoch gar nicht in die Wohnung, sondern gleich unten ins *ÖkoBüro*, füllte den Buchungsabschnitt für die Reise in der Frankfurter Rundschau aus und faxte ihn weg – bevor ich es mir aus ökologischen Gründen womöglich doch wieder anders überlegen würde. Ich hatte ihn für zwei Personen ausgefüllt. Meine Lebensabschnittspartnerin sagte mir sofort zu, dass sie mitkommen würde.

Noch am gleichen Tag beantragte ich die Visa, ich machte Termine beim Arzt für die nötigen Impfungen und besorgte mir in den nächsten Tagen vier Bücher über den Buddhismus, um mich auf die Reise vorzubereiten. Das mit den Büchern war die klügste der genannten Entscheidungen. Ohne dieses Basis-Studium des Buddhismus hätte mich die Reise vermutlich ähnlich abgeschreckt wie meine Begleiterin. Ich aber kaufte mir die Bücher nicht nur, sondern las sie auch, studierte sie, exzerpierte sie sogar. „Buddhismus", so erklärte ich mit dem Brustton der Überzeugung, „ist die logischste, die vernünftigste und damit auch die zeitgemäßeste aller Religionen." - „Mal sehen", sagte sie.

Ich wäre vielleicht nicht sofort auf das Reiseangebot gehüpft, wenn ich es irgendwo anders gesehen hätte, im Aushang eines Reisebüros vielleicht. Aber die Frankfurter Rundschau genoss in meinen Augen ein ziemliches Ansehen. Sie war eine große, seriöse Zeitung. Wie ich später erfahren habe, hatte aber der Leiter eines relativ kleinen Reisebüros in Mittelhessen einfach zufällig gute Beziehungen zu einem der leitenden Redakteure und hatte diesem die Reise angeboten. Wenn die Anzeige kostenlos geschaltet würde, könnte die Rundschau das als „Leserreise" anbieten, das wäre eine Win-win-Situation. Der einzige, der dabei nicht gewann, war der tatsächlich am Buddhismus interessierte Leser, also ich. Irgendwie schade.

In der zweiten Augusthälfte des Jahres 1992 starteten wir mit einer Gruppe von 18 Personen auf dem Rhein-Main-Flughafen. Die Relse lag insofern günstig, als sie in die letzten beiden Ferienwochen der hessischen Sommerferien fiel, sonst hätte ich nicht daran teilnehmen können, denn ich arbeitete als Lehrer.

Zunächst ging es nach Delhi. Indien ist keineswegs ein buddhistisches Land. Der Buddha lebte zwar in Indien, Indien ist jedoch mehrheitlich ein hinduistisches Land. Es gibt allerdings auch eine starke moslemische Minderheit. In der Tat war Indien damals „das größte islamische Land" insofern in Indien mehr Moslems lebten als in irgendeinem anderen Land der Welt, über 150 Millionen. Auch das Christentum war in Indien stärker vertreten als der Buddhismus, zu dem sich nur etwa 1 % der Bevölkerung bekannten - was immerhin 15 Millionen Menschen waren.

In Delhi besichtigten wir hinduistische Tempel und eine Moschee. Was mich am meisten betroffen machte, war jedoch nicht die riesengroße Armut - überall lebten unzählige Menschen auf der Straße, schliefen auf den Verkehrsinseln, wo immer es einen Platz zum Liegen gab. Nein, das war für mich nicht das Schockierendste, solche Armut hatte ich in den indischen Metropolen erwartet. Was mich am meisten unangenehm überraschte, war die ungeheure, spürbare, gesundheitsgefährdende Luftverschmutzung. Kaum war ich zehn Minuten aus dem klimatisierten Hotel (Holiday Inn) heraus, bekam ich heftige Kopfschmerzen.

Das Zweite, was mich besonders störte, war eine Mischung aus imperialistischer Tradition aus der Zeit des britischen Empire und der Degeneration des späten Sowjetsozialismus. Ein Beispiel dazu: Wir wollten zum Frühstück in unserem Hotel. Der ganze riesige Raum ist leer, davor ist aber ein Absperrungsseil, „No entrance before 8 a. m." Also anstehen, *queuing* – hinsetzen verboten, obwohl alles voller Stühle und eingedeckter Tische steht. Anstehen allerdings nicht bis 8.00 h, sondern bis 8.40 h, bis sich der erste der Herren Diener dazu herablässt, die Absperrung aufzuheben. Nun kann man sich aber nicht setzen, sondern muss darauf warten platziert zu werden. Das dauert dann bis 9.00 h.

Es gibt ein großes Buffet. Dort darf man sich aber nicht bedienen, sondern muss bestellen. Jedes einzelne Teil muss man dem uniformierten Kellner nennen. Dann geht der Kellner. Und ist erst einmal weg.

Etwa eine halbe Stunde später kommt er wieder. Inzwischen ist der bestellte Kaffee kalt, denn den hat er zuerst eingeschenkt, bevor er alles andere erledigte. Vier Scheiben Toast mit Butter hatte ich bestellt – in Ermangelung von richtigem Brot. Zu den vier Scheiben Toast bekomme ich abgepackte winzige 10 g Butter. Ich versuche mir selbst Butter zu besorgen und werde von einer aufgebrachten Horde Ordnern verscheucht. Erhalte eine Verwarnung: Noch ein solcher Versuch und ich muss das Restaurant verlassen. Nach weiteren 20 Minuten gelingt es mir, wieder einen Kellner an den Tisch zu bekommen, ich bestelle nochmals Butter. „Three packages, please".

Der Kellner kommt – geraume Zeit später - wieder, mit einer Packung. Auf meine Reklamation bekomme ich die Antwort: „Only one package per order", ich könne ja ggfs. eine weitere bestellen. Aber nicht bei ihm, er habe jetzt Dienstschluss. Also 20 Minuten warten auf den nächsten Kellner. Das ist es, was ich meine, wenn ich sage, es handele sich um eine Mixtur aus britischem Imperialismus und degeneriertem Sowjet- sozialismus.

Von Delhi aus ging es mit dem Zug nach Norden, leider 1. Klasse. Draußen sind es 35 Grad, der Zug ist auf gefühlte 5 Grad heruntergekühlt. Die anwesenden Inder, die dies wussten, reisen im Anorak. Wir haben aber nur unsere Sommerkleidung dabei. Anschließend geht es mit dem Bus weiter. Die Durchschnittsgeschwindigkeit beträgt etwa 25 km/h, weil sich auf der Straße alles tummelt: Menschen, Kühe, Hühner, Fahrräder, Büffelkarren... Das ist abwechslungsweise einmal äußerst angenehm, eine sehr schöne, entspannte Art zu reisen!

In *Dharamsala* sind wir in einem kleinen Hotel, das ganz nett ist, bis auf die Spinnen (schwarz, 10 cm Durchmesser), die sich allerorten finden: in unserem Bad, auf den Frühstückstischen...

Eigentlich sind wir in Dharamsala, um den Dalai Lama zu treffen. Es stellt sich jedoch heraus, dass unser Reisebüro keine Audienz beim Dalai Lama angemeldet hat. Also müssen unsere Reiseleiter versuchen, etwas zu arrangieren. Da gibt es einmal die deutsche Reiseleiterin, die allerdings von Indien kaum und vom Buddhismus keine Ahnung hat. Das würde, so heißt es, ausgeglichen, weil man vor Ort immer einheimische Führer dabei haben müsse, wohl eine Art Arbeitsbeschaffungsmaßnahme der indischen Regierung.

Die indische Reiseleitung besteht aus Jagminder, einem Angehörigen der *Sikh*-Religion, der auch keine Ahnung vom Buddhismus hat, der aber ein hochintelligenter und sehr einfühlsamer Mensch ist und im Zweifelsfall immer eine unorthodoxe Lösung weiß. Und dann gibt es da noch Abinash, der ein *Hindu* ist und vom Buddhismus auch keine Ahnung hat, er behauptet sogar, es gäbe gar keinen Buddhismus, nur eine Richtung im *Hinduismus*, die den Buddha besonders verehre. Aber Abinash hat Germanistik studiert, was bedeutet, dass er nicht nur Englisch, sondern auch gebrochen Deutsch spricht. Außerdem hält er sich für etwas Besseres, da er *Brahmane* ist. Abinash ist nicht sehr hilfreich, aber zum Glück haben wir Jagminder.

Doch diesmal können die beiden nicht einmal im Doppelpack etwas ausrichten: Beim Dalai Lama ist kein Termin zu bekommen. Jagminder berichtet: „Wir haben alles versucht; das Einzige, was wir ausgelassen haben, ist auf die Knie zu fallen und dem Sekretär des Dalai Lama die Füße zu küssen." Also wenn ich der Dalai Lama wäre, ich hätte mir auch keine Zeit genommen für eine Gruppe Sightseeing-Touristen – denn nichts anderes war diese Reise – den *Guru* zu spielen. In unserer Gruppe war ich derjenige, der mit Abstand am meisten Ahnung vom Buddhismus hatte, nur weil ich vorher vier mickrige Bücher gelesen hatte...

So ließen wir Dharamsala hinter uns und überquerten auf dem Weg nach *Ladakh* einen Kamm des Himalaya auf einem über 5000 m hohen Pass, wo die Luft doch recht dünn war, so dass das Gehen ziemlich anstrengte. Diese Busfahrt war höchst interessant. Wir übernachteten in einfachen „Hotels"; ein solches Hotel ist ein einmastiges Zirkuszelt, wo man auf Decken schläft. Man versicherte uns, alles sei sehr sauber, die (lakenlosen) Decken würden schließlich jedes Jahr einmal gewaschen! Statt Toiletten gab es ein Gebüsch in der Nähe und als Dusche diente der Wasserfall. Dafür kostete die Übernachtung nur einen US-$.

Man hatte uns außerdem gewarnt, irgendwo in Indien Wasser zu trinken, außer natürlich das in abgepackten Wasserflaschen. Die gab es auch im Bus zu kaufen. Die leeren Flaschen wurden in einem Abfalleimer gesammelt. Während einer Pinkelpause beobachtete ich, wie Jagminder mit dem Abfalleimer voller leerer Plastikflaschen zum Bach ging und sie wieder auffüllte. Er lächelte mich breit an: „European tourists only drink water from the bottle, so it´s my duty to support them with what they like - and so they are happy." - „Jagminder", sagte ich, „you are a wise man." Damit sagte ich ihm allerdings nicht Neues.

Wie wenig weise ich allerdings war, wurde mir am nächsten Tag deutlich. Wir überquerten diesen Pass nach Ladakh auf einer Straße, an der Straßenarbeiten stattfanden. Ladakh ist der Teil Indiens, der direkt an Tibet grenzt, damals (bis 2019) ein Teil des Bundesstaates Jammu und *Kashmir* (J&K). Ladakh hat als einziger Teil Indiens eine buddhistische Kultur, eigentlich eine tibetisch-buddhistische, hier leben nur etwa 300.000 Menschen. Das Land war bis in die 70er Jahre praktisch von der Außenwelt abgeschnitten und wurde erst danach verkehrs-mäßig erschlossen, was zwei Gründe hat – einmal militärische, es grenzt an die beiden potentiellen Gegner Indiens, an Pakistan und an China, und zum anderen touristische. Da Tibet damals noch nicht zugänglich, aber zunehmend *en vogue* war, konnte man Ladakh als Tibetersatz vermarkten. Die Erschließung mit einem Straßennetz erfolgte also genau aus diesen beiden Gründen.

Und nun fuhren wir auf einer solchen Straße und konnten sehen, wie hier der Straßenbau erfolgte. Es war wirkliche Knochenarbeit, und wahnsinnig viele Menschen arbeiteten an Landbewegungen und an der Asphaltierung. Die Männer waren schwarz, sie hatten die Farbe des Asphaltes angenommen - und sie husteten. Sie kochten Teer in Fässern, gossen diesen dann mit Eimern über den Splitt. Anschließend verteilten sie diese Masse mit Schiebern und hinterher fuhren Straßenwalzen darüber. Viele hundert Menschen arbeiteten an jeder dieser Baustellen, und unser Bus stand stundenlang im Stau. Ich nutzte die Zeit zum Rechnen. Ich wusste von den Rütgerswerken in *Großauheim*, die früher (von den Anfängen der Eisenbahn bis zum 2. Weltkrieg) die Eisenbahnschwellen mit Teer imprägnierten, wie niedrig die Lebenserwartung der Arbeiter damals war und dass über die Hälfte dieser Arbeiter an Lungenkrebs starb.

Von all den Arbeitern hier war keiner über 30. Ich weiß nicht mehr genau, wie meine Rechnung ging. Ich unterstellte aber, da der Straßenbau zwei Gründe, militärische und touristische hatte, dass rechnerisch 50 % der Krebstoten hier auf den Tourismus zurückzuführen sei. Ich berechnete überschlagsmäßig die Anzahl der eingesetzten Arbeiter, deren augenscheinliche Lebenserwartung, las in Reiseführern die Anzahl der Touristen pro Jahr und seit der Öffnung Ladakhs für den Tourismus nach und stellte fest, dass auf 1000 Touristen durchschnittlich ziemlich genau 500 Krebstote zurück zu führen sein müssten.

In unserem Bus waren 18 Touristen, wir sind – im statistischen Mittel - am Tod von neun dieser Männer schuld. Jeder an 0,5 Krebstoten. Nachfrage nach Tourismus tötet Menschen. Davon 0,5 Arbeiter durch mich. Doch halt: ich habe nicht nur meinen halben Krebstoten verschuldet, sondern auch den von meiner Begleiterin, denn die Reise für uns beide ist nur auf mich zurück zu führen. Das bedeutet letztendlich: Ich habe einen dieser Menschen getötet – oder ich bin gerade dabei einen zu töten! (*Stochastisch* jedenfalls, also auf der wissenschaftlichen Grundlage von Statistik und Wahrscheinlichkeitsrechnung)

Wir standen im Stau und ich pickte mir einen dieser hart arbeitenden Männer heraus: Das ist der Inder, den ich getötet habe bzw. den zu töten ich gerade dabei bin. Durch meine unüberlegte Nachfrage nach einer Reise. Vor meiner Reise hatte ich nur ein schlechtes Gewissen wegen der klimatischen Auswirkungen des Flugverkehrs. Aber hier wurde es noch viel deutlicher: Dieser arme Inder da draußen, der im Gegensatz zu mir nichts von den Gefahren des Teers für die Lunge weiß, den töte ich gerade. Durch meine unüberlegte Konsumentscheidung.

Ich hatte mich noch nie so miserabel gefühlt. Lehrte nicht der Buddha das Entstehen in Abhängigkeit? Dass Handlungen Folgen haben? Hätte ich nicht so unüberlegt gebucht, sondern mich erst einmal kundig gemacht, so hätte ich all die Informationen, die ich jetzt habe, auch vorher bekommen können. Dann hätte ich entscheiden können, ob ich diesen Mann wirklich töten will. Aufgrund fahrlässigen Unterlassens habe ich dies nicht getan. Es ist kein Mord, den ich gerade begehe, aber es erfüllt eindeutig den Tatbestand der fahrlässigen Tötung.

Und dann stieg auch der Gedanke von *Karma* in mir auf. Handlungen haben Folgen, die sich letztendlich auch gegen den Handelnden richten werden, das ist das Gesetz von Ursache und Wirkung im *kamma niyāma*, auf der Ebene ethisch bewertbarer Handlungen. Was habe ich dafür verdient? Ich glaubte, ich hätte dafür den Tod verdient.

Aber hatten den nicht alle anderen hier genauso verdient? Wäre es nicht gerecht, wenn wir alle dafür büßen müssten? Wäre es nicht nur folgerichtig, wenn unser Bus in die Schlucht stürzte? Nun, alle waren nicht schuld, Jagminder mit Sicherheit nicht. Vielleicht wäre es nur gerecht, wenn unser Flugzeug auf dem Rückweg abstürzte? Lauter Klimasünder und Touristen. - All dies waren Gedanken, die mir damals durch den Kopf gingen und noch einige Zeit danach.

Ich war damals noch nicht lange Buddhist, ich hatte noch etwas vereinfachte, schematische Vorstellungen von der Wirkungsweise von *Karma*. Heute würde ich das nicht mehr genau so sehen. Aber die Schuld durch Fahrlässigkeit, die sehe ich noch genauso: Wir verursachen durch unüberlegten Konsum allerlei Schäden, die man vermeiden könnte, wenn wir nicht so gierig und so verblendet wären. Wann immer ich mein Portemonnaie öffne, wann immer ich eine Kreditkarte zücke, verursache ich irgendwelche Schäden. Im Extremfall so katastrophale wie durch diese Reiseentscheidung. Daher: Mit Stille, Schlichtheit und Genügsamkeit, versuche ich mich seitdem allmählich zu läutern.

Auch in *Ladakh* erfuhren wir nichts über den *Dharma,* die Lehre des Buddha. Wir bekamen einen weiteren Reiseführer, der von Buddhismus in Ladakh nicht den Schimmer einer Ahnung hatte. Aber offensichtlich ist dies eine Art Arbeitsbeschaffungsmaßnahme: Reisegruppen müssen einheimische Führer haben. Und diese Stellen werden offensichtlich nicht nach dem Leistungsprinzip vergeben, denn die sog. Führer müssen eindeutig von nichts eine Ahnung haben, sondern die Stellen werden wohl über Vetternwirtschaft oder Bestechung vergeben.

Wenn man diesen Reiseführer etwas fragte, zum Beispiel, warum dort ein gelber Buddha mit Schwert dargestellt sei, so erhielt man die Auskunft. „Yes, this Buddha yellow. Buddhas all colours. Blue Buddha is Medicine-Buddha." Das war nun nicht eigentlich das, was ich gefragt hatte. Und auch auf insistierende Nachfrage kam man nicht weiter: „Yes, many colours, blue Buddha Medicine-Buddha."

Daneben bekamen wir allerlei merkwürdige, verstaubte und mit schmutzigen Tüchern zur Unsichtbarkeit verhängte Figuren zu sehen, denn, so sagte man uns, das seien derartig furcht-erregende Dämonen, dass wir mit Sicherheit sofort tot umfallen würden, wenn wir ihrer ansichtig würden. Diese und viele ähnliche Szenen mehr machten mich ratlos, während sich die Meinung meiner Begleiterin festigte: Dies sei alles primitiver, barbarischer Kult, habe nichts mit einer vermeintlich rationalen Religion, von der ich ihr vorgeschwärmt hatte, zu tun. Sie glaubte inzwischen sogar Belege für Menschenopfer im Buddhismus Ladakhs gefunden zu haben. So ging unsere Entfremdung weiter und meine Hoffnung, ihr die Schönheit des *Dharma* zu zeigen, war nicht nur gescheitert, sie war konterkariert worden. Und ich kann es ihr nicht einmal verdenken.

Schließlich verkaufte man uns in einem Kloster einen absolut lebensnotwendigen Gegenstand, wie man uns versicherte. Jeder musste einen kaufen, was nicht so schlimm war, er kostete nur umgerechnet 50 Pfennig. Das sei etwas gaaaaaaaanz wichtiges Buddhistisches. Ich habe später recherchiert: Es handelte sich um eine Geisterfalle.

So verging die Zeit ohne irgendwelche spirituelle Erkenntnisse, nur mit der Gewissheit, der Umwelt und den Menschen in Indien geschadet zu haben. Und mit der weiteren Entfremdung zwischen meiner Partnerin und mir.

Der Abschluss unserer Reise wurde dann noch einmal richtig abenteuerlich.

Es gab damals nur drei Straßen aus Ladakh und eine Flugverbindung vom Flughafen *Leh* aus. Eine der Straßen, die nach Tibet, war seit Jahren aus politischen Gründen gesperrt, die wollten wir aber auch nicht nehmen. Die Straße, über die wir gekommen waren, war inzwischen wegen Schnees gesperrt (es war um den 1. September herum) und würde frühestens Ende April, vermutlich erst im Mai, wieder passierbar sein. Blieb eine Straße nach *Srinagar* - dort herrschten allerdings bürgerkriegsähnliche Unruhen – und die Flugverbindung.

Eigentlich wollten wir fliegen, naja, ich nicht wirklich, aber die Reiseplanung sah das so vor. Durch den frühen Wintereinbruch wollten jedoch viel mehr Menschen Ladakh mit dem Flugzeug verlassen als üblich. Es gab aber nur ein Flugzeug pro Tag. Der Flug ging vormittags um 11 h. Man musste aber spätestens um 5 h am Flughafen sein, um sich anzustellen. Also lungerten wir am nächsten Morgen in aller Frühe vor dem Flughafen herum. Das Flugzeug kann allerdings nur eine bestimmte Anzahl von Passagieren mitnehmen, weniger als die Maschine Plätze hat, denn die Startbahn ist genau auf einen Berg ausgerichtet. In Abhängigkeit vom Luftdruck entscheidet der Pilot, wie viel Zuladung möglich ist, so dass er beim Start den Berg nicht trifft, sondern die Luft darüber. Angeblich gab es nur vier Piloten, die überhaupt diesen Flughafen anfliegen durften... Wir kamen an diesem Tag nicht einmal ins Flughafengebäude herein.

Also am nächsten Tag wieder äußerst früh aufstehen und wieder am Flughafen anstehen, wieder warten viele Menschen. Wir waren diesmal noch früher da, denn beliebig oft kann man das Spiel nicht machen. Irgendwann, in etwa einer Woche, wird das Wetter so sein, dass die Flugverbindung eingestellt wird. Dann sitzt man hier im Himalaya fest - bis Mai. An diesem Tag kamen wir immerhin bis ins Flughafengebäude. Abgesehen davon, dass wir nicht für eine Überwinterung im Himalaya ausgerichtet waren: Was würde mein Arbeitgeber dazu sagen, was wäre mit unseren Kindern zuhause?

Am dritten Tag - es war inzwischen der Tag, an dem die Schule wieder beginnen sollte - waren wir noch früher dran. Einer aus unserer Gruppe, ein älterer Mann, war inzwischen ernsthaft erkrankt. Da auch der US-Botschafter an den beiden letzten Tagen nicht aus Leh herausgekommen war, ließ der sich von der amerikanischen Regierung mit einem Hubschrauber herausholen, solange noch Flugverkehr möglich war. Und dieser Helikopter nahm auch unseren Invaliden mit. Da waren wir noch 17. An diesem dritten Tag durften wir das Flughafengebäude passieren und kamen in einen Bus, der uns zum Flugzeug bringen sollte. Der Bus, der einzige, den es an diesem Flughafen gab, war etwas abseits an einer Anhöhe geparkt, denn seine Batterie war leer, und er musste daher immer ein Stück abwärts rollen, bis der Motor ansprang. Bevor dies geschah, mussten wir aber wieder den Bus verlassen: der Luftdruck war gefallen und daher passten weniger Passagiere ins Flugzeug.

Zwischenzeitlich wurde auch durchgespielt, was sei, wenn nur ein Teil der Gruppe ausgeflogen werden könnte und der andere dort überwintern müsste. Da ich immer noch befürchtete, dass aus karmischen Gründen (wegen der krebskranken Straßenarbeiter) ein großer Teil von uns, vor allem ich, den Tod verdient habe und es daher nur plausibel wäre, wenn unser Flugzeug abstürzte, wollte ich bei denjenigen sein, die ins Flugzeug kamen. Aus irgendwelchen Gründen glaubte ich, dass die Früchte des Karma schnell reif sein würden. Ich sagte also, ich würde ins Flugzeug gehen, meine Partnerin bis zum nächsten Jahr zurückbleiben. Ihr sagte ich jedoch nichts von meinen Überlegungen hinsichtlich der erwarteten karmischen Wirkung auf den Flug, sondern gab einen anderen Grund an, um sie nicht zu beunruhigen.

Neue Hiobsbotschaft: Die letzte verbliebene Straße, die über *Kargil* an der pakistanischen Grenze in die Unruhestadt Srinagar, sollte am übernächsten Tag gesprengt werden – aus militärischen Gründen. Im Frühjahr solle eine neue Straße gebaut werden, daher müsse die alte noch vor Wintereinbruch weg. (Diese Logik erschloss sich mir nicht, aber so versicherte man es uns.) Es gab aber keinen Bus dorthin. Die einzige Alternative zum Flugzeug wäre ein Taxikonvoi.

Wir versuchten daher sicherzustellen, dass wir einigermaßen intakte Taxis bekämen. Unser Anspruch war: Reifen mit Profil, zwei unabhängig voneinander funktionierende Bremssysteme (also Hand- und Fußbremse), mindestens ein funktionierender Scheinwerfer. Jagminder sollte den Taxifahrern unsere Ansprüche überbringen.

Er kam leider unverrichteter Dinge zurück: wenn wir unsere übertriebenen deutschen Sicherheitsbedenken und Bedingungen nicht zurücknähmen, bekämen wir nicht nur keine Taxis, um aus Ladakh herauszukommen, wir würden dann auch nicht einen Taxifahrer finden, der uns in den nächsten acht Monaten, in denen wir hier festsäßen, irgendwohin brächte. Die Taxifahrer saßen eindeutig am längeren Hebel.

Am nächsten Tag ging die Fahrt im Taxikonvoi los - allerdings mit abenteuerlichen Fahrzeugen, wie man sie sich heute nicht mehr vorstellen kann. Die Fahrt dauerte zwei Tage. Neben der unbefestigten Straße gähnte ein Abgrund, manchmal nur einige 100 Meter tief, manchmal 2000 m – was zugegebenermaßen eigentlich auch keinen großen Unterschied mehr machen dürfte.

Unser Taxi hatte keinen einzigen Scheinwerfer. Es hatte auch keine Handbremse, die hing kaputt zwischen den Sitzen – ich hatte in Ladakh überhaupt kein Taxi mit einer funktionierenden Handbremse gesehen. Bei der Fußbremse musste der Fahrer immer erst viermal pumpen – also gewissermaßen auf der Bremse ins Leere treten, bis sie funktionierte – irgendwas mit der Hydraulik. Die Reifen, mit der es die 1000 km lange

Schotterstraße entlanggehen sollte, waren besonders sehens-
wert. Natürlich war das Profil abgefahren, und das Stahlgewebe
der Stahlgürtelreifen war nicht nur sichtbar, sondern teilweise
auch schon durchgefahren. Aber der Taxifahrer hatte große
Teile von geplatzten LKW-Reifen um seine Reifen gewickelt und
mit Stricken und Drahtstücken befestigt. So gab es zumindest
eine Art Laufffläche.

Der Schlechteste der vier Reifen war vorn auf der Fahrerseite,
damit der Fahrer ihn sich in jeder Rechtskurve betrachten
konnte. Auf der durchgescheuerten Außenseite schlug das
Gummi nämlich zwei ziemlich bedenklich große Blasen, und der
Fahrer wollte immer beobachten, ob und wie stark diese sich
vergrößern. Er hatte vor, den Zeitpunkt kurz vor dem
Reifenplatzen abzuwarten um... Ja, um was ... habe ich auch
nicht herausgefunden. Die Reifen hielten gottlob.

In Kargil gelang es uns zu telefonieren. Telefonieren geht überall
dort nicht, wo man es erwartet, also beispielsweise im Hotel,
auf der Post oder im Telefon-Shop. Man hatte uns aber den
Tipp gegeben, auf der Straße nach einem Mann mit einem
Telefon zu suchen. Damit ist natürlich kein Handy gemeint, so
etwas gab es noch nicht. Tatsächlich kam uns einer mit einem
alten schwarzen Wählscheibentelefon und einem altertüm-
lichen Hörer auf einer mächtigen Gabel entgegen, solche
Fernsprecher kannte ich noch aus den 50er Jahren. Über dem
Arm hielt er das ungefähr 8 m lange Telefonkabel.

„You are the telephone-man?" - „Yes, want call?"

„Can we call to Europe, to Germany?" - „No problem, if you
know the number."

Er reichte uns das Telefon, sagte, wir sollten einen Moment
warten, dann stieg er mit der Telefonschnur am Telegrafenmast
hoch, befestigte irgendwie seine Leitung an der Strom- oder

Telefonleitung, die an den Hausdächern entlangging, und wir konnten erstmals aus Ladakh zuhause anrufen.

Die Sache mit dem Telefon, so fand ich, toppte noch das Verfahren beim Bügeln. Wir hatten in Ladakh Wäsche waschen lassen – von Waschfrauen am Bach. Dann suchten wir nach einem Bügler. Tatsächlich trafen wir auf der Straße einen, der mit einem Bügeleisen und einem Bügelbrett entlang ging. Auch er stellte sich als Bügelmann vor. Dann nahm er die Enden der Schnur seines Bügeleisens. Dort, wo normalerweise der Stecker ist, lagen die Drähte blank. Er bog sie in einem spitzen Winkel um, hängte sie in eine der über der Straße befindlichen Stromleitungen und begann unsere Wäsche zu bügeln.

Life can be this easy... if you live it the Indian style.

Wir erreichten im Taxikonvoi alle heil **Srinagar**, wo wir auf einem Hausboot auf dem **Dal-See** übernachteten – alle Hotels waren von der Armee requiriert. Auf den Straßen stand alle 10 m ein Soldat mit einem Schnellfeuergewehr hinter Sandsäcken. Auf dem Weg durch die Stadt wurden wir elf Mal vom Militär kontrolliert. (Das bedeutete, dass elf Mal andere Reisende meinen Koffer öffnen mussten, da ich grundsätzlich keine Anweisungen von bewaffneten Soldaten annehme.)

Zum Glück bekamen wir ein Flugzeug für die Strecke von Srinagar nach Delhi. Am Abend in Delhi erfuhren wir in den Fernsehnachrichten, dass bewaffnete Terroristen heute vorübergehend die Kontrolle über diese Straße erlangt hätten und dort elf europäische Touristen in ihre Gewalt gebracht hatten. (Monate später hörte ich in den Nachrichten, dass alle hingerichtet worden waren.)

*Figuren wie der Tausendarmige **Avalokitesvara** mit seinen elf Köpfen, die von den Gläubigen angebetet wurden, waren mir damals höchst suspekt.*

Der Schrein im von mir errichteten Großauheimer Tempel –
aufgenommen um das Jahr 1998

Der Großauheimer Tempel

= *Szene* 018 aus *Horsts Lebensbericht* – 1995

Es war zu der Zeit, als ich mein Leben umorientierte, nachdem ich zum Buddhismus gekommen war. Ich hatte mich entschlossen, auf Teilzeitarbeit zu gehen, hatte mein Mandat im Kreisausschuss (der Exekutive) des Main-Kinzig-Kreises und in der Regionalversammlung Südhessen niedergelegt und war dabei, der grünen Partei den Rücken zu kehren. Außer meiner Arbeit im *ÖkoBüro Hanau* hatte ich nicht mehr so viel zu tun, daher begann ich in Haus und Garten etwas zu werkeln. Zum Beispiel baute ich auf unserer Terrasse eine Pergola. Es machte Freude in der freien Natur zu arbeiten, etwas mit den Händen zu schaffen und der Werkstoff Holz schien meinem Naturell zu entsprechen. Und was besonders schön war: Mein Sohn, den ich „mein Freund Zorilla" nannte, half dabei. Es machte Freude, etwas zusammen mit seinen Kindern oder – wie in diesem Fall – zumindest mit seinem Sohn zu unternehmen, insbesondere etwas Praktisches.

Bestimmt wäre es auch schön, im Garten eine Gartenlaube zu bauen: Das wäre doch etwas für die ganze Familie, dachte ich bei mir. Ich plante also, was alles dazu benötigt würde und kam auf eine Summe von rund 2500 DM, die das Projekt kosten würde. Da ich aber seit kurzem auf einer 2/3-Stelle war, also erheblich weniger Geld verdiente, hatte ich eine Haushaltsbuch-führung eingeführt. Jedem Familienmitglied stand z. B. ein altersabhängiges Taschengeld zur Verfügung, was zwischen 25 und 100 DM monatlich lag, weitere 30 DM Kleidergeld pro Monat und Familienmitglied. Wenn also beispielsweise meine Tochter sich Schuhe für – sagen wir – 70 DM kaufen wollte, so musste sie eben drei Monate dafür ansparen und bekam dann –

gegen Vorlage des Kaufbelegs die 70 DM ausgezahlt. So gab es insgesamt 40 verschiedene Konten für alles Mögliche, einschließlich einer Position „Jux & Dollerei", die für gemeinsame Familienunternehmungen zur Verfügung standen, z. B. für Kinobesuche, Wochenendausflüge, Urlaub.

Für „Jux & Dollerei" eines einzelnen Familienmitglieds war kein Etat vorhanden, das musste dann über das Taschengeld laufen. Aus dem Etatposten „Jux & Dollerei" hätte auch die Gartenlaube finanziert werden müssen. Ich stellte also meine Pläne der Familienkonferenz vor. Leider hielt sich die Begeisterung sehr in Grenzen. Andererseits hatte ich vor, meine gerade entdeckten – allerdings deutlich beschränkten – holzhandwerklichen Fähigkeiten doch noch etwas einzusetzen. Mir kam eine neue Idee: In der oberen Etage des Schuppens, dessen unterer Teil eine Garage für zwei Autos und weitere Sachen war, könnte ich im vorderen Bereich einen 20 qm großen Tempel bauen!

Also stellte ich fest, dass ich dann eben, wenn mein Wunsch nach einer Gartenlaube nicht geteilt würde, stattdessen einen Tempel errichten würde. Davon waren jedoch keineswegs alle begeistert. Man, verwies darauf, dass dieser mit Sicherheit nicht über „Jux & Dollerei" finanziert werden könne, ich könne aber vielleicht zwei Jahre lang mein Taschengeld ansparen, oder Lotto spielen, oder darauf warten, dass ich 2500 DM geschenkt bekäme...

Mit anderen Worten, es schien nicht ungeteilte Freude darüber zu geben, dass ich jetzt auf Teilzeit war und dass dadurch das Geld deutlich knapper war – und man zeigte mir dies. Zugegebenermaßen hatte ich die Teilzeitstelle auch deswegen angenommen, damit das Geld wirklich knapper würde. Ich hatte bei meinen Schülern aus reichem Hause gesehen, dass diese sich alles Mögliche auf Kosten der Eltern leisten konnten, dies als selbstverständlich ansahen und die eigene Leistungsbereitschaft, z. B. einen ordentlichen Schulabschluss zu machen oder sich um eine gute Lehrstelle zu kümmern, sehr unterentwickelt war. Meine Hoffnung war, meinen Kindern klar zu machen, dass, wer konsumieren will, dafür auch eine Leistung erbringen muss. Für mich gehörte das zum Lernziel, Eigenverantwortung für sein Leben zu übernehmen. Klar, dass dies bei meiner Familie nicht nur auf Begeisterung stieß.

Wegen irgendeiner Sache, ich glaube es ging um eine Abrechnung meiner politischen Tätigkeiten für das Land Hessen, hatte ich im Vorjahr übrigens einen Antrag gestellt, der von der zuständigen Stelle im Regierungspräsidium allerdings abgelehnt worden war, es ging um 2624 DM. Genau einen Tag, nachdem die Familienkonferenz meinen Antrag hinsichtlich Gartenlaube und Tempel abgelehnt hatte, bekam ich dann – trotz des ablehnenden Bescheids – meine beantragten 2624 DM überwiesen. Meine Tochter staunte nicht schlecht, als ich mit dem Bankauszug heimkam. „Du hast doch gesagt, ich müsse darauf warten, dass mir einer 2500 DM schenkt, bevor ich meinen Tempel errichten kann. Das ist gerade geschehen."

Am nächsten Tag besorgte ich das Holz, um den Raum über der Garage zu teilen und eine Holzverschalung für den vorderen Teil, den zukünftigen „Großauheimer Tempel" zu bauen. Mein Freund *Zorilla* half mir dabei, und wir waren auf diese Art gut eine Woche mit Bauen und Streichen beschäftigt.

Im Sommerhalbjahr, meditierte ich im Tempel. Am Wochenende zog ich mich meist ganz dorthin zurück, schlief auch dort auf einer Matratze. Es gab einen kleinen Schrein dort, allerdings 1995 noch ohne eine Buddhafigur. Die wunderschöne Holzstatue, die inzwischen die „Gelnhäuser *rūpa*" heißt (Bild auf S. 46), kam erst ein Jahr später dazu. Damals verzichtete ich noch – wie im frühen Buddhismus üblich – auf eine Darstellung des Buddha. Stattdessen schmückte die Wand über dem Schrein das **Dharma-Cakra**, das achtspeichige Rad der Lehre, das den **Edlen Achtfältigen Pfad** symbolisiert, den der Buddha aufgezeigt hat.

****

Im Jahr 1996 pflegte ich jeden Sonntag in meinem Tempel eine *pūjā*, eine buddhistische Ritualfeier, zu feiern, meist allein. Einmal jedoch, im Herbst 1996, damals war die „Gelnhäuser *rūpa*" schon im Großauheimer Tempel, traf sich jedoch der Öko-Bereich des deutschsprachigen Netzwerkes Engagierter Buddhisten im *ÖkoBüro Hanau*, und an diesem Tag feierten wir die *pūjā* gemeinsam. Es war das erste Mal, dass ich eine *pūjā* für andere Personen leitete. An diesem Wochenende hatte der Großauheimer Tempel auch einen prominenten Bewohner: Lama Yeshe (Udo Regel), der damals in der *Karma-Kagyü*-Tradition des tibetischen Buddhismus ordiniert war, nächtigte hier. Er war am Freitag angereist und wollte sich zunächst zur Meditation in den Tempel zurückziehen.

Allerdings kamen zu diesem Zeitpunkt meine Kinder gerade auf die Idee, Tischtennis zu spielen, wovon ich nichts wusste. Ich war gerade im *ÖkoBüro*, als merkwürdige Geräusche an mein Ohr drangen. Es dauerte einen Augenblick, bis ich sie als das typische Ping-Pong erkannte und erschrocken rannte ich hinaus.

Tatsächlich oben im Tempel, eine offene Klappe diente als Fenster, befand sich Yeshe und unten hatten die Kinder die Ping-Pong-Platte aufgestellt, spielten laut lachend und hatten dazu noch ein lärmendes Kofferradio angestellt. „Um Himmels Willen, Kinder, hört auf, Lama Yeshe will im Tempel meditieren!" -

„Lass nur, Horst", hörte man eine sonore Stimme aus dem Tempel, „das ist in Ordnung, hört und fühlt sich an wie beim Meditieren in Nepal, fühle mich ganz heimisch."

****

Im Herbst des Jahres 1996 unternahm ich in den Herbstferien meine erste *Einzelklausur* im Großauheimer Tempel. Ich hatte mir ein anspruchsvolles Programm, täglich von morgens um 5 Uhr bis abends um 24 Uhr, ausgedacht. *Pūjā*, Meditation, Geh-Meditation, einfache Yoga-Übungen und mitunter ein kurzer buddhistischer Text über Meditation. Auch die Essens- und Körperpflegezeiten waren klar festgelegt, es herrschte klösterliche Disziplin. Am Freitag ging der *Retreat* los und am Dienstag hatte ich erste *Jhāna*-Erfahrung, Erfahrung tiefer integrierter Einheit mit heftigen Glücksgefühlen. Mit Gänsehaut und Freudentränen saß ich lange in *Verzückung*, ein Gefühl, das sich nur an diesem und am nächsten Tag so stark, so phänomenal einstellte und in dem mir der objektiv wirklich nicht sonderlich attraktive Tempel wie die schönste himmlische Sphäre erschien.

Dann lag ein Zettel vor dem ÖkoBüro, wo ich nachts die Toilette besuchte: „Ben ist tot, Beerdigung morgen 14 h." Ein Familienmitglied hatte mich dankenswerter Weise darüber informiert, dass mein Onkel, der früher bei uns im Haus wohnte und der die Zahnarztpraxis seines Vaters Franz übernommen hatte, gestorben war. Am Abend hatte ich noch eine gute Meditation über Vergänglichkeit, ich sandte liebevolle Güte an Ben, Ruth, Heinz und Frieda, verstorbene Angehörige, die alle früher, wo jetzt der Großauheimer Tempel war, ihr Brennholz gelagert hatten,.Im Vorraum des Tempels lag damals noch die 8 m lange Fahnenstange, die vor langer Zeit die Hakenkreuzfahne getragen hatte. Hier hatte später *Himbi Moloch* gewohnt. *Tempora mutantur. Vergänglichkeit.*

Am nächsten Tag ging ich zu Bens Beerdigung. Eigentlich wollte ich danach meine Klausur fortsetzen, aber es ging nicht mehr. Der Einbruch der Realität, die Menschen auf der Beerdigung, hatten die Stimmung verändert. Aber ich nahm mir vor, regelmäßig Einzelklausuren zu machen, eine Praxis, die ich seitdem durchschnittlich einmal jährlich ausübe.

51

****

Im Jahr 1998 verbrachte ich meine letzte Nacht im Tempel. Es war schon seit Tagen Dauerfrost, die Nachttemperaturen lagen bei -10° C. Der Tempel hat an der Vorderseite nur eine 2 qm große Holzklappe, kein Fenster, er ist auf dieser Seite praktisch offen. Eine einzige Kerze in einem offenen Raum bei klirrender Kälte macht nicht wirklich warm. Ich lag im Schlafsack auf meiner Matratze und fror wie ein Schneider – trotz der Wärmflasche, die ich mir mit in den Schlafsack genommen hatte.

Am Morgen hatte ich eiskalte Füße – und es fühlte sich im Fußraum so klumpig an. Was war geschehen? Nun, die Wärmflasche war undicht und ausgelaufen. Das Wasser war daraufhin gefroren und hatte Schlafsack und Matratze teilweise zu einem Eisklumpen erstarren lassen, lediglich ein kleiner Raum bei meinen Füßen war noch frostfrei.

Ich verzichtete künftig auf Übernachtungen im Großauheimer Tempel.

Suche den Sangha!

= Szene 025 aus *Horsts Lebensbericht* –1995

Im Jahre 1992 hatte ich entdeckt, dass ich Buddhist bin (vgl. Szene 008 – Buddha in Indien suchen). Das hatte mich dazu geführt, erste Bücher über Buddhismus zu lesen und nach Indien zu reisen, von wo ich enttäuscht zurückgekommen war. Die nächsten Jahre waren von dem Versuch geprägt, den Dharma, die Lehre des Buddha, zu durchdringen. Während ich dabei anfangs zu mehr Klarheit kam, wurde ich mit steigendem Bücherinput jedoch immer verwirrter. Es schien gar nicht „den Buddhismus" zu geben, sondern vielmehr viele „Buddhismen", die sich zudem zu widersprechen schienen.

Um meiner Verwirrung Herr zu werden, exzerpierte ich Bücher, trug die Erkenntnisse zusammen und schrieb somit ein eigenes Buch, nur für mich, mit all dem, was zweifelsfrei festzustehen schien. Ich brachte Ordnung in mein Hirn, indem ich gewissermaßen meine Erkenntnisse in einem externen Speicher, als Datei auf der Festplatte meines PC und in ausgedruckter Form als mein Buch mit dem Titel „Der Buddhismus – Erkenntnisse des Menschen" festhielt.

Ich versuchte auch, andere Menschen in meinem Umfeld zu beeinflussen. Ich sah, dass der Dharma, die Lehre des Buddha, ein umfassender ganzheitlicher Ansatz war, der nirgends dem widersprach, was ich in der Friedens- und Ökologiebewegung kennen gelernt hatte, dass er aber sehr viel umfassender, sehr viel gründlicher war. Es war, als wäre ein Scheffel, der über ein Licht gestülpt war, entfernt und die Natur der Dinge sichtbar geworden. Während dessen stellte ich gleichzeitig eine gewisse

Enttäuschung bei vielen fest, die zur Gründergeneration der Grünen gehörten. Meine Idee war, diesen Enttäuschten die Wahrheit, die Erkenntnis der Dinge, wie sie wirklich sind, also den Dharma, zu bringen.

Ich setzte bei dem an, was mich sofort überzeugt hatte, bei den Vier Edlen Wahrheiten:

- Die Wahrheit von der Unvollkommenheit (alles abhängig Entstandene ist letztlich unvollkommen)
- Die Wahrheit von der Ursache der Unvollkommenheit (in erster Linie unsere Gier, aber auch unsere Verblendung und – ja – auch unser Hass, unsere Ablehnung)
- Die Wahrheit vom Ende der Unvollkommenheit (du musst diese Ursachen, also Gier, Hass und Verblendung, in dir selbst besiegen; wenn du diese Ursache beseitigst, vernichtest du auch deren Folgen)
- Die Wahrheit vom Pfad zum Ende der Unvollkommenheit (der Edle Achtfältige Pfad, also gewissermaßen die acht Baustellen, an denen du arbeiten musst, um Gier, Hass und Verblendung zu überwinden)

Leider hatte ich mit dem Wunsch, den Dharma in meinem Umfeld auf diese Art zu verbreiten, keinen Erfolg. Die Ursache lag in einer Vokabel. Das, was ich eben als Unvollkommenheit bezeichnet habe, hatte der Buddha mit dem Pali-Wort „dukkha" bezeichnet. Und dies wurde traditionell mit „Leiden" übersetzt, was ziemlich schlecht ist. Dukkha umfasst sicher auch Leiden. Aber ist ein Schokoladeneis für ein Kind an einem heißen Sommertag Leiden? Sicher nicht, obwohl es ganz sicher Elemente von Unvollkommenheit hat, die dann wieder leidvoll sein können:

- Eis macht dick

- Eis ist bald flüchtig, es ist schnell aufgegessen - schade
- Eis schmilzt
- es macht dem Kind unangenehm klebrige Finger
- es kostet Geld
- die Kuh, von der die Milch in dem Eis ist, wird vermutlich in tierquälerischer Massentierhaltung gehalten und, wenn der Milchertrag sinkt, geschlachtet – leidvoll für die Kuh
- der Kakao in der Schokolade kommt aus einer Plantage in Afrika, für den der Dschungel abgeholzt wurde
- die Arbeiter in dieser Plantage werden ausgebeutet...

Diese Liste ließe sich beliebig fortsetzen. Sicher waren da ganz viele Argumente dabei, die meine grünen Freundinnen und Freunde hätten überzeugen können. Aber sobald ich die Erste Edle Wahrheit in ihrer üblichen Kurzform im Deutschen aussprach: „Alles ist Leiden!", machten meine Zuhörer/innen gedanklich zu, leisteten Widerstand, hatten sich ein Vor-Urteil gebildet in der Art: „Nee, Schkoladeneis ist lecker; was der Buddha sagt, ist Quatsch."

Erst sehr viel später lernte ich eine Art kennen, wie man den Dharma vermitteln kann, dass er nicht abschreckt, sondern von Anfang an schön ist. Der Buddha sagt: „Der Dharma ist am Anfang schön, in der Mitte schön und am Ende schön." Und daher muss man den Dharma auch so erklären, dass den Menschen das klar ist. Heute orientiere ich mich am *upanisā-sutta* (einer Lehrrede des Buddha), an etwas, das mein Lehrer *Sangharakshita* als den „*Spiralpfad*" bezeichnet. Ich nenne es lieber: „der Pfad, der mittelfristig zu Glückseligkeit und langfristig zu Weisheit führt." Doch davon an anderer Stelle mehr.

Ich erreichte jedoch, da ich das Wort „Leiden" verwendete, die Menschen aus meinem Umfeld nicht, also die Leute, die sich bei den Grünen oder im *ÖkoBüro Hanau* engagierten. Und so hatte ich niemandem, mit dem ich über den Dharma, die Lehre des Buddha, sprechen konnte. Dass dies ein Mangel war, war mir zunächst jedoch gar nicht bewusst.

Es gab da (1.) den Buddha, mein Ideal, das leuchtende Vorbild, dem ich folgen wollte, denn ich war dabei den Pfad zu beschreiten, der mittelfristig zu Glückseligkeit und langfristig zu höchster Weisheit führt. Und es gab da (2.) die Lehre (Dharma), die erläuterte, wie das geht, ein Übungssystem, wie man an der Transformation seines Geistes arbeiten kann.

Allerdings spricht der Buddha immer von den Drei Kostbarkeiten – von „tri-ratna", den drei Juwelen, die man wertschätzen muss und die notwendig sind, um zur vollkommenen Weisheit, zur Einsicht in die Natur der Dinge, zu kommen. Und das dritte Juwel – neben dem Buddha und dem Dharma - ist der Sangha, was man mit „Gemeinschaft" oder besser mit „spirituelle Gemeinschaft" bzw. „Gemeinschaft der spirituell Erfolgreichen" übersetzen kann.

Diese dritte Kostbarkeit schätzen zu können, dagegen regten sich in mir jedoch Widerstände. Seit Jahrzehnten war ich in Gruppen gewesen, bei den Roten Zellen, beim Marxistischen Studentenbund Spartakus, im Komitee für *Stiefografie*, bei den Grünen, bei *Robin Wood*, beim *VCD* und, und, und. Alle diese Gruppen waren höchst suboptimal, es bildeten sich Gruppenstrukturen heraus: der Anführer, der Mitläufer, der Opponent usw. Damals kannte ich nämlich noch nicht den Unterschied zwischen einer Gruppe und einer spirituellen Gemeinschaft.

In einer wirklichen spirituellen Gemeinschaft, in einem Sangha, herrscht keine solche Gruppendynamik. Es ist eine Gemeinschaft von Individuen, die sich in eine Richtung - aber durchaus unterschiedlich, je nach ihrer Individualität - entwickeln wollen und sich dabei unterstützen und in ihrer Verschiedenartigkeit respektieren. (Natürlich sind die allermeisten buddhistischen Gruppierungen eine Mischform aus einer normalen Gruppe und dem, was einen Sangha ausmachen sollte. Schließlich ändern wir unser Verhalten nicht urplötzlich, wenn wir anfangen, uns als Buddhist*in zu bezeichnen.)

Ich war also damals noch nicht wirklich überzeugt vom Nutzen eines Sangha, weil ich ihn für eine buddhistische Gruppe hielt. Aber die Tatsache, dass der Buddha von den „Drei Kostbarkeiten" sprach und so die Wichtigkeit des Sangha betonte, ließ in meinem Kopf den Wunsch aufsteigen, mir einen solchen „Sangha" zu suchen. Mein Bauchgrimmen aber wehrte sich dagegen, wollte keine Gruppe, leistete Widerstand. Doch dann kam mir eine Idee...

Es gab zu dieser Zeit noch etwas anderes, was bei mir Widerstand erzeugte, und das war der Zwang „o.k." zu etwas zu sagen, was nicht „o.k." ist. Leute zu einem solchen Verhalten zu zwingen – denn das, was man sagt, beeinflusst das, was man denkt – war ein typisches Mittel der Gehirnwäsche und wurde vor allem im stalinistischen und im maoistischen System eingesetzt. Und mein Computer, genauer gesagt, das Computerprogramm Windows, verlangte das immer wieder von mir. Da tauchte zum Beispiel ein Anzeigefeld auf und sagte: „Ein schwerer Ausnahmefehler ist aufgetreten". Das war ärgerlich. Dummerweise konnte man dann aber nur weiterarbeiten, wenn man diese Aussage mit „o.k." bestätigte. Das ärgerte mich! Das konnte mich richtig wütend machen! Es war verdammt noch mal absolut nicht ok, dass ein schwerer Ausnahmefehler aufgetreten war! Und wenn ich das jetzt anklicken würde, wäre das eine Lüge, es entsprach nicht meinem Empfinden. Und es bediente sich implizit der Technik der stalinistischen Gehirnwäsche. Daher leistete ich Widerstand.

Warum ich das hier erzähle? Nun, das war der Trick, mit dem ich mich von der Suche nach dem Sangha überzeugen konnte:

mit Gehirnwäsche. Ich programmierte also den Computer so, dass er mich alle zwei Stunden aufforderte: „Horst, suche den Sangha" und dann folgte ein O.K.-Feld. Nur, wenn ich das bestätigte, durfte ich weiterarbeiten.

Also erschien alle zwei Stunden die Aufforderung „Horst, suche den Sangha". Ich sagte dann zu mir: „Ja, der Buddha spricht von drei Kostbarkeiten. Alles was der Buddha gelehrt hat und was du bisher ausprobiert hast, war hilfreich. Sicher wird der Buddha auch damit recht haben", also betätigte ich mit Überzeugung den O.K.-Knopf. Alle zwei Stunden. Drei Monate lang. Dann hatte ich mich selbst so stark überzeugt, hatte eine erfolgreiche – bewusst herbeigeführte - Gehirnwäsche absolviert, dass es mir ein echtes Bedürfnis war, den für mich geeigneten Sangha zu suchen. Ein halbes Jahr später – eine Zeit, die ich für die Suche nach einem richtigen Sangha – keiner buddhistischen „Gruppe"! - benötigte, hatte ich eine spirituelle Heimat gefunden. Bei der Buddhistischen Gemeinschaft *Triratna*, die damals noch „Freunde des Westlichen Buddhistischen Ordens" hieß. Aber das ist wieder eine andere Geschichte.

Nachtrag

Wie ich heute weiß, ist das, was ich da gemacht habe, um mich vom Sinn des Sangha zu überzeugen, eine typisch buddhistische Vorgehensweise. Man nennt das: Nutzen geschickter Mittel. Im Buddhismus gelten alle Mittel als geschickt (kusala), die der spirituellen Entwicklung dienen, solche, die die spirituelle Entwicklung behindern, werden als ungeschickte Mittel (akusala) bezeichnet.

Was wollte mir dieser Engel sagen?

= Szene 014 aus Horsts Lebensbericht – 1972

Es war in den letzten Juli-Tagen des Jahres 1972, und ich war mit meinem Campingbus – das war inzwischen schon das dritte Fahrzeug dieser Art, das ich in meinem noch jungen Leben mein Eigen nennen konnte – allein in Schottland unterwegs, irgendwo in den *Highlands*, also dort, wo Schottland besonders schottisch ist. Es war ein wunderschöner Tag, die Sonne schien auf diese wildromantischen, damals noch völlig unbewaldeten Hügel, auf denen sattes, fleischiges Gras auf feuchten Böden wuchs. Und da es an diesem Tag für *Highland*-Verhältnisse ungewöhnlich warm war, an die 20 Grad schätzte ich, entschloss ich mich, in der Sonne zu sitzen.

Ich hatte meinen VW-Bus neben einer dieser *B-Roads* abgestellt, die sich einspurig durch die *Highlands* zogen und zwar asphaltiert waren, wo aber in der Mitte der Fahrspur inzwischen wieder Gras wuchs. Auf den befahreneren dieser Straßen begegnete man etwa einmal pro Stunde einem Auto, auf den abseits gelegeneren vielleicht einmal am Tag. Für den Begegnungsverkehr gab es alle zwei- bis dreihundert Meter eine Ausweichstelle, aber manchmal ging es neben der Straße auch recht ebenerdig und mit nicht morastigem, sondern relativ festem Boden weiter, so wie an der Stelle, wo ich mein Auto geparkt hatte und wo ein Weg abging.

Es war einer dieser nicht befestigten Wege, die man gut zum Wandern verwenden kann, wenn man sich auskennt oder eine *one-inch-map* hat, eine sehr gute Landkarte. Wanderwege waren hier nicht ausgeschildert, dazu gab es einfach zu wenige Wanderer und wohl auch keine Wandervereine oder Touristenorganisationen; Schottland war damals vom Tourismus noch kaum erschlossen. Dieser Weg war eher so etwas wie festgefahrenes Gras, sicher ging es zu irgendeinem einzelnen Gehöft, denn offensichtlich fuhr auf diesem Weg hin und wieder ein Fahrzeug, vermutlich ein Land Rover.

Und diesen Weg war ich einige hundert Meter gegangen, etwas aufwärts, bis sich von einem Hochplateau eine wunderschöne Aussicht ergab: Eine Landschaft, wildromantisch und karg, von Gras bedeckt, das nie gemäht wurde und sich in hundert verschiedenen Farbschattierungen, die alle eine Variante von Grün waren, in die Weite erstreckte. Darüber ein tiefblauer Himmel, an dem in rascher Folge – in Schottland ist es immer windig – Schönwetterwolken vorbeizogen. In einiger Entfernung konnte man ein Loch sehen, einen dieser schottischen Seen, die entstanden, als sich die Eiszeit zurückzog, die Gletscher abschmolzen und bei ihrem Rückzug tiefe Mulden gebildet hatten, die nun mit Wasser gefüllt waren, den „Lochs".

Ich wusste: Dies müsste der ideale Platz zum Meditieren sein. Also setzte ich mich einige Meter abseits des Weges auf eine kleine Erhöhung, die nicht feucht war – bei diesen schottischen Wiesen muss man immer aufpassen, denn das Land ist sehr niederschlagsreich und die Böden sind meist mit einer Torfschicht bedeckt und daher ideale Wasserspeicher. Aber hier war es ganz trocken. Ich setzte mich also mit gekreuzten Beinen nieder, die Hände auf den Oberschenkeln, und begab mich in Meditation.

Nun muss man wissen, dass Meditation damals nicht gerade zu meinen Hauptbeschäftigungen gehörte. Eigentlich hatte ich solche Anwandlungen, nämlich mich mit gekreuzten Beinen hinzusetzen und bewusst meditieren zu wollen, nie zuvor, soweit ich mich entsinnen kann. Zwei, drei Jahre vorher hatte ich einmal die Idee, meditieren zu wollen, aber jemand überredete mich, stattdessen autogenes Training zu machen, das sei gewissermaßen die europäische Variante und daher für unsereins viel angemessener als dieses asiatische Meditieren.

Ich hatte das auch eine Zeit lang gemacht. Man musste sich dabei hinlegen, die Arme liegen neben dem Körper auf der Unterlage, dem Bett oder was auch immer, und sich suggerieren: „Mein rechter Arm wird immer schwerer, ganz schwer", und das sollte dann eine entsprechende Empfindung auslösen, bei der man den Arm praktisch nicht mehr heben könnte. Ich hatte das einige Male ausprobiert. Doch ich konnte keineswegs eine Schwere in meinem Arm feststellen. Ich hatte im Gegenteil den Eindruck, mein Arm würde immer leichter. Und als ich dann die Augen aufmachte, stellte ich fest, dass mein Arm, den ich doch auf dem Bett rechts von mir abgelegt hatte, deutlich über dem Bett schwebte, als würde er von unsichtbaren, gasgefüllten Luftballons nach oben gehoben. Ich geriet darob derart in Wut – Geduld war damals nicht gerade meine große Stärke, ein Umstand, der mir leider gut erhalten blieb – dass ich wütend aufstand und die Wand mit Fäusten traktierte. Ich musste dann einige Zeit mit verbundenen Händen herumlaufen, denn die Knöchel an beiden Fäusten waren aufgeschlagen, außerdem war die Wand noch jahrelang blutbefleckt und mit deutlichen Dellen verunziert. So weit also zu meinen Erfahrungen mit autogenem Training oder Meditation.

Aber nun in dieser herrlichen Highland-Landschaft überkam mich das unbedingte Bedürfnis zu meditieren. Ich saß also mit gekreuzten Beinen da, die Augen geöffnet, und begann Zeit und Raum hinter mir zu lassen. Das Gras, die Wolken, die Sonne, der Wind, der meditierende Horst, das Loch, die sanften Hügel, alles verband sich zu einem Gesamtkunstwerk der *Soheit*. Ich war sofort völlig absorbiert und wenn ich heute sagen sollte, wie ich mich dabei gefühlt habe, so wäre es am angemessensten zu sagen: wie ein Baum oder wie ein Stein. Ein Stein, der seit unendlich langer Zeit hier lag, der die Eiszeit hat kommen und gehen sehen, der die Rodungen der Wälder gesehen hat und die Schlachten zwischen Engländern und keltischen Schotten, ein Stein, der Millionen von Malen die Sonne im Osten auf- und im Westen wieder untergehen sah und der mehr Regen hatte auf sich herabprasseln lassen als der ganze weite Ozean Wasser hat. Ich weiß nicht mehr, wie lange ich da saß, aber es war ziemlich lange. Ob eine Stunde, zwei oder vier, ich weiß es einfach nicht mehr, ich hatte jedes Zeitempfinden verloren. Ich war in einem Raum jenseits der Zeit, und obwohl ich mit offenen Augen diese erhaben-romantische Landschaft vor mir liegen hatte, möchte ich behaupten, ich sei auch außerhalb des Raumes gewesen.

Und wie ich so außerhalb von Raum und Zeit in den Weiten des Universums saß, da kam er. Er kam den Weg entlang. Ich weiß nicht, wie ich auf ihn aufmerksam wurde, denn er machte beim Gehen keinerlei Geräusch. Aber er kam von links den Weg entlang, der leicht abwärts ging, bis zu der Stelle, wo ich auf einer kleinen Anhöhe saß, und sich dann in die Richtung, in die ich mit dem Gesicht saß, die leichte Hügellandschaft hinabschlängelte, irgendwo in Richtung des Lochs. Ich identifizierte ihn sofort als Engel, war aber auch nicht besonders überrascht darüber, einen Engel zu sehen.

Er kam da einfach, so wie Engel eben einen Weg entlanggehen. Natürlich hatte er keine Flügel, es war ja ein richtiger Engel und keine Märchenfigur. Auf jeden Fall belegte ich ihn gedanklich mit dem Begriff „Engel", er stellte sich zwar nicht als solcher vor, aber den Palibegriff *deva* kannte ich noch nicht, also war „Engel" das angemessene Wort, ihn zu beschreiben, wobei „ihn" vielleicht auch nicht das ganz richtige Pronomen ist, aber das, welches dem Phänomen noch am nächsten kommt, denn wir sagen ja „der" Engel. Wenn ich sein Geschlecht jetzt identifizieren sollte, so würde ich am ehesten „androgyn" sagen, denn es waren keine ausgesprochen geschlechtsspezifischen Merkmale an ihm. Ich wäre auch nicht auf die Idee gekommen, darauf zu achten, eben weil es ja ein Engel war und sich die Frage daher gar nicht stellte.

Wie sieht ein Engel aus? Darüber kann ich leider keine allgemeine Auskunft geben, ich kann nur diesen Engel beschreiben, denn derartige Wesen stellen sich bei mir nicht regelmäßig ein. Also dieser Engel war groß, ziemlich groß. Nicht so wie ein Märchenriese, aber doch ziemlich groß, so an die zwei Meter würde ich sagen. Seine Kleidung war etwa so, wie man sie von einem Engel erwarten würde, also ein langes, helles Gewand, etwas ähnlich wie ein Nachthemd. Das Gewand war aber keineswegs das Auffallendste an ihm, sondern dieses Leuchten, dieses Strahlen. Es war nicht gleißend hell, nichts, wovon man die Augen abwenden müsste, aber ihn umgab eine strahlende Aura. Von daher war es gar keine Frage, dass ich ihn sofort als Engel identifizierte. Die ganze Figur war allerdings nicht so materiell gegenständlich wie Menschen oder Tiere. Sie sah zwar völlig wirklich aus und bewegte sich völlig normal, hatte aber so eine leichte Tendenz ins Transparente; nicht dass man durch ihn durchsehen konnte, es war vielmehr so, wie auf einer weichgezeichneten Fotografie.

Dieses wunderschöne – und ich meine hier nicht wunderschön in dem Sinne, wie man das von einer sehr schönen Frau sagen kann, sondern eher von einer spirituellen Schönheit – dieses wunderschöne Geschöpf kam also den Weg entlang, näherte sich mir, ich sah es und es sah mich auch. Es erhob die rechte Hand wie zum Gruße und ich tat ihm gleich, das schien mir wohl die angemessene Art, einen Engel zurück zu grüßen. Und dann sprach er mich an, sagte nur einen einzigen Satz, einen Satz, den ich niemals vergessen werde, obwohl ich mitunter jahrelang nicht daran zurückdachte, er sagte: „Hüte den *Vanitas*-Gedanken!" Ich nickte ihm zustimmend zu und er verschwand.

Nein, nicht so, dass er sich in Luft auflöste, er ging einfach weiter, ich sah ihn noch einen Augenblick auf dem Weg, der dann eine Biegung machte, und damit verlor ich ihn aus den Augen. Da mich die Begegnung zwar etwas überrascht hatte, aber keineswegs völlig erschütterte, es war für mich eher so, als sei ein Engel zwar keine alltägliche, aber auch keine wirklich außergewöhnliche Begegnung, war ich gleich wieder in meiner Meditation versunken. Was vielleicht nicht ganz richtig ist: Ich war ja nicht aus der Meditation draußen, als mir der Engel begegnete.

Etwas später, ich weiß nicht wie viel später, aber etwas später, kam es zu einer weiteren Begegnung. Insgesamt dauerte meine Meditation auf diesem Hügel etwa vier Stunden, wie ich feststellte, als ich später wieder zum Wagen zurück kam und auf die Uhr sah. Diese zweite Begegnung war für mich viel schockierender, obwohl hier nur ganz gewöhnliche Menschen auftauchten, dennoch war sie viel erschreckender, denn sie rief mich in die Realität zurück. Ich sah zwei Leute den Weg herabkommen, offensichtlich ein Paar, augenscheinlich Wanderer, der Kleidung nach. Als sie ungefähr so nahe gekommen waren wie der Engel, als er mich ansprach, grüßte ich sie, allerdings nicht mit erhobener Hand, sie waren ja keine Engel, sondern eben wie Menschen: „Grüß Gott!"

Sie sahen sich verwundert an; er fragte: „*What did he say?*", und sie: „*Well, I don´t know, my dear.*" Und das schockierte mich nun wirklich! Das Entsetzen muss mir aus den Augen gesehen haben, denn als sie meinen Gesichtsausdruck sahen, erschraken die beiden und beeilten sich wegzukommen.

Aber was war es, was mich schockierte? Nun, es war die Tatsache, dass die beiden meinen freundlichen Gruß weder erwiderten, noch ihn überhaupt als Gruß identifizieren konnten. Wo war ich? Ich schaute mich um: Da sind doch Berge, bin ich denn etwa nicht in Österreich im Urlaub? Selbst wenn mir irgendwo in den Alpen Engländer begegnet wären, hätten sie meinen Gruß doch zumindest als dieses merkwürdige österreichische Idiom erkennen müssen.

Da saß ich irgendwo, irgendwann und wusste nicht wo und wann und wie ich dorthin gekommen sein mochte. Ich stand auf, sah mich in der vertraut-fremden Landschaft um. Mir war, als hätte ich seit Äonen hier gesessen, wäre Teil dieser Landschaft, und nun wusste ich schlicht nicht mehr, wo ich war? Ob ich mein Gedächtnis verloren hatte? Ich stand auf, ging ein paar Schritte auf dem Weg. Ich stellte fest, dass ich nicht nur nicht wusste, wo ich bin, sondern auch nicht wann. Welches Jahr haben wir? Ich konnte mich einfach nicht mehr erinnern. Ich versuchte es systematisch: Kann ich wenigstens sagen, welches Jahrhundert wir haben? Leider auch Fehlanzeige.

In dem Moment kam ich an die Wegbiegung, dort unten stand mein VW-Bus. „O.k.," sagte ich mir, „das haben wir schon einmal geklärt, 20. Jahrhundert, und es kann nicht vor 1968 sein, weil da sahen die VW-Busse noch anders aus, also letztes Drittel des 20. Jahrhunderts, vermutlich 70er Jahre." Ich versuchte weiter logisch zu denken: „Die Leute sprachen Englisch und wunderten sich, dass jemand anderes eine andere Sprache sprach, also muss es sich um ein englischsprachiges Land handeln. Vielleicht Kanada?"

„Mäh", sagten die Schafe am Wegesrand. „Aha," stellte ich fest, „Schafe, das spricht eher für Australien oder Neuseeland. Aber ich bin mit dem Auto da, ich spreche deutsch, werde also aus Deutschland sein, das ist ein deutsches Auto, ich werde es mitgebracht haben. Wenn ich aber in Australien bin und das Auto dabei habe, muss ich mit dem Schiff gekommen sein. Gibt es irgendeine Erinnerung an eine Schiffspassage, an eine Schifffahrt?" Und da endlich dämmerte es mir wieder: die Fähre, der Ärmelkanal – ich war in Großbritannien!

Soweit also die historische Erinnerung, nunmehr kommt die Interpretation dieses Ereignisses.

Der Endteil der Geschichte ist für diese Betrachtung irrelevant. Dass ich ihn hier wiedergegeben habe, dient nur der Verdeutlichung, wie weit ich in meiner Meditation Raum und Zeit entrückt war. Wesentlich sind hingegen drei Dinge, nämlich, dass ich überraschend meditiert habe, dass ein Engel auftauchte und dann dieser ominöse Vanitas-Gedanke.

Die Tatsache, dass ich meditiert habe und augenscheinlich in der Meditation recht tief gekommen bin, führe ich darauf zurück, dass ich in früheren Leben meditiert haben muss, sonst wäre mir nicht an dieser (und einigen weiteren Stellen des Lebens) dieses Bedürfnis aufgestiegen und hätte mich relativ weit getragen. Offensichtlich lösen bestimmte Gefühle in mir dieses Verhaltensmuster aus. Eine andere logische Erklärung sehe ich nicht.

Und nun zum Engel. Dass ich die Bezeichnung „Engel" damals gewählt und auch jetzt beibehalten habe, liegt daran, dass es der geeignetste deutsche Name ist, ein solches Wesen zu klassifizieren. Bis dahin hatte ich Engel für Phantasiewesen gehalten, die zwar in Märchen und religiösen Geschichten auftauchen, aber eher mythologische Figuren sind. Das geschilderte Erlebnis hat natürlich dazu geführt, dass mir von da an klar war, dass es solche engelhaften Wesen gibt und dass wir mit ihnen Kontakt aufnehmen können. Aber eben nur, wenn wir in sehr verfeinerten spirituellen Zuständen sind, wie beispielsweise in meditativen *Vertiefungszuständen*.

Im Buddhismus nennen wir solche Wesen *deva*, d. h. wörtlich Götter, meint aber Wesen, die im Deutschen am ehesten als „Engel" klassifiziert werden können. *Devas* leben in ihrer eigenen Sphäre, sie können aber von Menschen erkannt werden, wenn diese sich in verfeinerten spirituellen Zuständen befinden. Man sagt auch, wenn man in den *jhānas*, den meditativen Vertiefungen wäre, würde man in der Sphäre der *devas* sein. Damit ist für mich als Buddhisten klar, dass es sich bei dem von mir als Engel bezeichneten Wesen um einen *deva* gehandelt haben musste.

Bleibt noch diese Aussage des *deva* – so werde ich ihn von nun an nennen – ich möge den *Vanitas*-Gedanken hüten. Als ich nämlich zurück bei meinem Auto war und über das Geschehen reflektierte, musste ich zugeben, dass ich keine Ahnung hatte, was ein *Vanitas*-Gedanke sei. Ich wusste, dass das Wort *vanitas* aus dem Lateinischen stammte, ich hatte aber seine Bedeutung vergessen und vermutete damals zunächst – wie sich herausstellte, nur teilweise zu recht – dass es sich um so etwas wie Weisheit oder Streben nach dem Vollkommenen handeln müsste. Da ich in den schottischen *Highlands* war und es damals auch noch kein Internet und damit keine Internet-Cafés gab, sah ich auch für die nächsten Wochen keine Chance herauszufinden, was sich denn hinter diesem ominösen Begriff versteckte.

Eine Woche später verliebte ich mich recht heftig und damit war der *Vanitas*-Gedanke erst einmal weit weg. (Wie ich inzwischen weiß aber nicht der *carpe-diem*-Ansatz, der mit dem *Vanitas*-Gedanken in einer kritischen Spannung liegt, und das mindestens seit dem 17. Jahrhundert, denn genau dieser führte zu meiner heftigen Verliebtheit.) Und wie das so geht, wenn man sich frisch verliebt hat, verlor ich den *deva* und seinen Rat bald aus den Augen. Es gab ja auch sooooo viel anderes zu tun.

Immer, wenn ich mich doch einmal an den *deva* und seinen Rat erinnerte, war leider kein Nachschlagewerk zur Hand, so dass es zwanzig Jahre dauerte, bis ich endlich in einem Lexikon unter „*vanitas*" nachschlug - und das Wörterbuch sofort wieder entsetzt schloss, denn dort stand, „*vanitas*" hieße „Eitelkeit" - und mit so etwas wollte ich nun wirklich nichts zu tun haben.

Nein, so etwas, ich will doch nicht so ein blöder Fatzke sein, der vor dem Spiegel steht, sich die Haare gelt und womöglich die Augenbrauen zupft.

Und wieder hatte ich den Rat des *deva* vergessen. Nein, nicht wirklich vergessen, ich hatte vielmehr den Eindruck, dass unter dem *Vanitas*-Gedanken etwas anderes verstanden werden müsste als diese blöde Übersetzung aus dem Wörterbuch, forschte aber erst einmal nicht weiter, hatte den Gedanken eben etwas aus den Augen verloren. Und abermals gingen zwanzig Jahre ins Land.

„Vanitas vanitatum et omnia vanitas" Die Vergänglichkeit der Vergänglichkeit und alles ist vergänglich.

Das könnte fast ein buddhistischer **Koan** sein, obwohl es aus der Bibel ist (Pred. 1,2). Wenn ich heute im Wörterbuch nachschlage, finde ich für *vanitas* „leerer Schein, Nichtigkeit, Vergänglichkeit".

Wie kam dann mein Nachschlagewerk dazu, *vanitas* mit Eitelkeit zu übersetzen? Nun, inzwischen weiß ich: Martin Luther ist schuld. Er übersetzte bekanntlich die Bibel ins Deutsche und verwendete dabei bei der Übersetzung dieses Wort. Eitel scheint im Mittelalter auch vergänglich geheißen zu haben und Luther verwendete die damals schon veraltete Übersetzung beim Buch Kohelet, dort heißt es (Prediger 1,14) nach Luther: „Ich sah alles Tun, das unter der Sonne geschieht; und siehe, es war alles eitel und Haschen nach Wind." Die deutsche Einheitsübersetzung der Bibel von 1980 übersetzt jedoch: „Ich beobachte alle Taten, die unter der Sonne getan wurden. Das Ergebnis: Alles ist Windhauch und Luftgespinst." Also nix mit Eitelkeit, es geht vielmehr um Vergänglichkeit.

Was aber ist Vergänglichkeit in der buddhistischen Sicht? Vergänglichkeit, auf pali **anicca**, ist eines der drei **lakṣaṇas**, der drei Wesensmerkmale alles abhängig Entstandenen, man

68

könnte auch sagen: alles Irdischen, also von allem außer *Nirwana*. Diese drei *lakṣaṇas* sind *dukkha* (Unvollkommenheit), *anicca* (Vergänglichkeit) und **anattā** (Wesenslosigkeit, Prozesshaftigkeit).

Was also wollte der *deva* mir sagen, als er mich meditieren sah? Nun, er machte mich darauf aufmerksam, welches der drei *lakṣaṇas* ich langfristig (deshalb: Hüte es!) in den Mittelpunkt meiner Betrachtungen stellen sollte, nämlich Vergänglichkeit.

Nun könnte man einwenden, dass der *deva* keine real existierende Person war, sondern eine Projektion meines Geistes, die in der Tiefe meiner Meditation aufgestiegen war, und der *Vanitas*-Gedanke irgendetwas, das ich während meiner Schullaufbahn einmal vernommen hatte, was jedoch aus meiner bewussten Ebene ins Unbewusste abgestiegen war. Dafür spräche auch, dass mir der Spruch: „*Vanitas vanitatum et omnia vanitas*" während meiner Schullaufbahn in Latein schon einmal über den Weg gelaufen war. Aber das würde letztlich nichts anderes bedeuten als dass aus meinem Unbewussten etwas aufgestiegen war, was mich ermahnen wollte, einen wichtigen Aspekt mehr in den Mittelpunkt meiner Betrachtungen zu stellen. Diese beiden Interpretationsmöglichkeiten gelten jedoch nur, wenn man zwischen einem „in mir" und einem „da draußen" unterscheidet, das würde wiederum eine Subjekt-Objekt-**Dualität** voraussetzen, die genau durch Einsicht in die drei *lakṣaṇas* überwunden werden sollte. Damit ist dieses Problem **obsolet**.

Bleibt natürlich die Frage, warum mir gerade jetzt dies alles auffiel, jetzt über 40 Jahre nach der Begegnung mit dem *deva*. Warum war jetzt die Zeit reif, bei etwas anzuknüpfen, das mir – von außen oder von innen – verkündet worden war: Hüte den *Vanitas*-Gedanken?

Ich befand mich zu dieser Zeit auf einer 24-tägigen Einzelklausur: „Meditation, Studium der buddhistischen Lehre und Reflexion darüber" stand auf meiner Agenda. Und während ich die erste Zeit meiner Einzelklausur mit meinen Meditationen recht zufrieden sein konnte, war plötzlich, seit etwa zwei, drei Tagen ein altes Meditationshindernis wieder da: Müdigkeit, tiefe Müdigkeit. An äußeren Bedingungen konnte es nicht liegen, also war es irgendein innerer Widerstand. Mir war klar, dass es sich um einen Widerstand gegen die Objekte meiner Meditation handeln musste. Irgendetwas in mir sagte: Nein, das nicht! Und schaltete ab.

Und dann plötzlich war dieser Satz wieder in meinem Kopf: „Hüte den *Vanitas*-Gedanken". Ich wusste da zwar immer noch nicht, was *Vanitas* ist, war ja noch immer von Luthers etwas misslungenem Übersetzungsversuch irregeleitet, aber mein Entschluss stand fest: Ich würde mich dieser *Vanitas* oder auch diesem *Vanitas*-Gedanken zuwenden müssen, was immer es war. Das schien es, was mir mein Körper mit seiner Müdigkeit sagen wollte. Und plötzlich war ich hellwach, jetzt wo ich wusste, was ich zu tun hatte, womit ich mich zu beschäftigen hatte.

Ich saß auf meinem Kissen, strahlend wie ein junger Gott, richtete die Augen auf die Buddha-Figur mir gegenüber, und es schien mir, als würde diese Figur zurücklächeln, der Raum sah plötzlich viel freundlicher, viel einladender aus. Er war mit vielen winzig kleinen Elektrolämpchen geschmückt, wie man sie in der Weihnachtszeit z. B. an den Fenstern verwendet. Nur eine einzige Kerze brannte, sie stand direkt vor der *rūpa*, der Buddhafigur, und ließ die Hände und das Gesicht der Figur in mildem Licht strahlen.

Ich wollte gerade zufrieden meine Augen wieder schließen, da vernahm ich ein merkwürdiges, zischendes Geräusch – es kam aus der Gegend der *rūpa*. Erschrocken starrte ich auf den

Schrein – und sah etwas Unheimliches. Die Kerze leuchtete hell auf, und dann wurde ihre Flamme kleiner, immer kleiner, obwohl die Kerze doch noch groß genug war, noch Stearin für viele, viele Stunden hatte. „Um Himmels willen", dachte ich, „gerade jetzt, wo ich so guten Mutes über meine künftigen Meditationen war, wird diese Kerze doch nicht erlöschen, das wäre ein miserables Omen."

Doch die Flamme wurde immer kleiner. „Bitte, bitte nicht!", dachte ich, doch die Flamme war jetzt schon winzig klein. „Wie soll meine Meditation gelingen, wenn ich es nicht einmal schaffe, eine brennende Kerze am Brennen zu halten?", fragte ich mich, und begann meine ganze Willenskraft auf die Kerze, auf den Docht zu konzentrieren. Doch sie verlosch, zunächst war die Flamme noch sehr klein und dann – dann war sie aus, nur der Docht glomm noch. Zu spät!

Dennoch konzentrierte ich weiter meine ganze Willenskraft auf den nur noch leicht glimmenden Docht. „Buddha hilf mir! Das soll kein schlechtes Omen sein, sie soll wieder strahlend leuchten!" In diesem Moment war das Glimmen auch erloschen, die Kerze war definitiv aus! Was jedoch nicht erloschen war, war meine Konzentration und mein fester Wille, ich möge die Kerze allein Kraft meines Willens wieder zum Leuchten bringen.

Und dann, entgegen meinen physikalisch-naturwissenschaftlichen Erwartungen, zeigte sich wieder eine ganz kleine Flamme, eine Flamme, die anwuchs, größer wurde und heller und klarer zu leuchten schien als je zuvor. Und das Lächeln der *rūpa* schien mir noch milder als sonst.

Nun weiß ich inzwischen nicht nur, was *vanitas* ist, nämlich Vergänglichkeit, sondern ich weiß auch mehr über den *Vanitas-*Gedanken, denn das war ja der Begriff, den der *deva* verwendet hatte, also recherchierte ich danach. Der *Vanitas*-Gedanke befasst sich natürlich mit Vergänglichkeit und er ist ein beliebtes Kunstmotiv, vor allem in der Malerei. Totenschädel, welkende Blumen, verrottendes Obst und erloschene Kerzen (!) sind einige der wichtigsten Motive bildnerischer Kompositionen des *Vanitas*-Gedankens.

Und da fallen mir sofort zwei Dinge ein. Einmal natürlich die erlöschende Kerze auf meinem Schrein. Diese war offensichtlich nicht nur Bestätigung meiner Willenskraft, sondern das Erlöschen war auch ein *Vanitas*-Symbol. Und das, obwohl sie nicht endgültig verloschen ist – oder vielleicht sogar gerade deshalb, heißt es doch: **Vanitas vanitatum et omnia vanitas**. Und das Zweite, was mir dazu einfällt ist, dass ich vor einigen Jahren an einer Veranstaltung mit dem Titel „Malen und Meditieren" teilnahm. Krönender Abschluss dieser Veranstaltung war ein Bild, das jeder nach einem Motiv seiner Wahl zeichnen oder malen konnte. Mein Bild hieß „Scully mit Kerz'" und es zeigte einen Totenschädel und daneben eine erloschene Kerze. (Das Bild befindet sich am Ende dieser Szene.)

Ich wusste zwar nicht, was der *Vanitas*-Gedanke ist und dass er ein wichtiges Motiv in der Malerei ist, aber ich verwendete ihn, denn irgendetwas aus meinem Inneren versuchte, sich dem *Vanitas*-Gedanken zuzuwenden, wann immer sich die Gelegenheit dazu bot.

Und auch in der Literatur spielte der *Vanitas*-Gedanke eine wichtige Rolle, entscheidend prägte er die Literatur des Barock. Bei meinen Recherchen dazu stieß ich immer wieder auf zwei Namen, den eines Lyrikers und den eines Prosadichters. Der Lyriker war Matthias Gryphius, und ich erinnere mich inzwischen wieder, dass dieser zu meiner Schulzeit im Deutschunterricht eine nicht unbeträchtliche Rolle spielte. Der andere Dichter war Johann Jakob Christoph von Grimmelshausen.

Vom Fenster meines Meditationsraumes, in dem ich gerade sitze und diese Zeilen schreibe, kann ich das Denkmal des „Simplizissimus" sehen, der bekanntesten Roman-Figur des hier in Gelnhausen geborenen Barock-Dichters Grimmelshausen. Daneben, gewissermaßen als Nachbarhaus von *Meditation am Obermarkt*, steht ein großes Verwaltungsgebäude; hier war bis 1542 ein katholisches Kloster. Manchmal habe ich mich gefragt, ob ich gezielt hierher nach Gelnhausen gegangen bin, weil ich aus früheren Existenzen Erinnerungen an diesen Ort und an das Kloster habe.

Das Kloster wurde 1542 – die Reformation Martin Luthers hatte in Gelnhausen Einzug gehalten – in eine Lateinschule umgewandelt – *vanitas vanitatum et omnia vanitas*. Hier ging Johann Jakob Christoph von Grimmelshausen im Barock zur Schule. Später wurde die Schule nach ihm benannt: Grimmelshausen-Gymnasium.

Und so fügt sich eins ins andere, wächst zusammen, was zerrissen erschien, kommt ein Mosaikstein zum anderen. Unnötig zu sagen, dass ich in den anderthalb Jahren hier in Gelnhausen schon drei Romane von Grimmelshausen gelesen hatte, darunter die „Landstörzerin Courage", in der der *Vanitas*-Gedanke noch viel deutlicher ausgearbeitet ist als im Simplizissimus. Während meiner Schulzeit war übrigens Brechts überarbeitete Fassung dieses Romans, die „Mutter Courage", mein Lieblingsstück.

Die Courage, Grimmelshausen, eine erlöschende Kerze, mein Umzug nach Gelnhausen, Scully mit Kerz und ein Engel – oder *deva* – in den schottischen Highlands, es fügt sich eins ins andere. Was zerstreut war und unklar, ergibt allmählich einen Sinn, fügt sich zusammen wie die Pinselstriche eines Malers zum Gesamtkunstwerk. Ich bin angekommen.

Ich werde den *Vanitas*-Gedanken üben, hüten.

Ich werde den *anicca*-Aspekt in meiner Praxis stärker betonen.

O wunderbares Tun! O unbeständigs Stehn!
Wenn einer wähnt, er steh, so muss er weitergehn.
O schlüpfrigster Stand! Dem statt vermeinter Ruh
Schnell und zugleich der Fall sich nähert zu,
Gleich wie der Tod selbst tut.

Was solch hinflüchtig Wesen   (*anattā*)
Mir habe zugefügt, das wird hierin gelesen;
Woraus zu sehen ist, dass Unbeständigkeit   (*anicca*)
Allein beständig ist - immer, in Freud und Leid   (*dukkha*)

(Hans Jacob Christoffel von Grimmelshausen)

Nachtrag 2019

Als ich den Text, der deutlich von meiner Gelnhäuser Zeit (2009-2017) geprägt war, jetzt erneut las, erkannte ich ein Versäumnis, das nahezu ein halbes Jahrhundert zurückliegt. Ich habe oben geschrieben: *„Da ich in den schottischen Highlands war und es damals auch noch kein Internet und damit keine Internet-Cafés gab, sah ich auch für die nächsten Wochen keine Chance herauszufinden, was sich denn hinter diesem ominösen Begriff (vanitas) versteckte."*

Das, was ich da geschrieben habe, ist zu sehr aus dem Blickwinkel des 21. Jahrhunderts geschrieben. Natürlich habe ich 1972 kein Internet vermisst. Wenn ich wirklich den *vanitas*-Begriff hätte ergründen wollen, so hätte ich nur in eine Buchhandlung in Edinburgh oder London gehen müssen und hätte dort in einem Lexikon unter „vanitas" nachschlagen können.

Und beim Schlagwort „London" ist mir eingefallen, was es war, das mich in meinem einwöchigen Aufenthalt in London, weniger als ein Monat nach dem Erlebnis mit dem *deva*, am meisten berührte. Es war eine Aufführung des Musicals „Jesus Christ - Superstar". Hier beeindruckten mich am stärksten zwei Szenen. Die erste stellte die Ankunft Jesu am Palmsonntag in Jerusalem dar. Er wurde umjubelt und gefeiert. Dargestellt wurde das durch Tänzerinnen, die jubelnd und euphorisch um ihn herumtanzten. Jesus hielt eine Hand über den Kopf und von dort gingen blaue Bänder zu den Händen der Tänzerinnen. Es sah aus, als führte, als manipuliere Jesus die Choreografie all dieser Tänzerinnen, fast so, als wären sie Marionetten („Like a puppet on a string"). Dann, einige Tage später, am Karfreitag eine ähnliche Szene, aber die Choreografie-Führung entgleitet ihm. Die Tänze werden bedrohlich, die Musik aggressiv, er verheddert sich in den Bändern, am Ende liegt er am Boden, gefesselt von den Bändern, die nun die ehemaligen Tänzerinnen und jetzigen Wutbürger in Händen halten. (Man könnte sogar von den zehn Fesseln sprechen, die ein *Dhammacārī* auf dem Weg zur Heiligkeit überwinden muss.)

„Sic transit gloria mundi" schoss es mir damals durch den Kopf: „So vergänglich ist weltlicher Ruhm". Das besagt nichts anderes als der Vanitas-Gedanke, nichts anderes als die Lehre von *annicca*, von Vergänglichkeit. Und die blauen Bänder zeigten die Interdependenz alles abhängig Entstandenen auf.

Irgendwie hat sich der Vanitas-Gedanke mir also dennoch in diesem Sommer aufgedrängt. Die Mahnung des *deva* sollte erst später in meinem Hirn ankommen, aber die Empfänglichkeit für den *vanitas*-Gedanken war auch damals in mir.

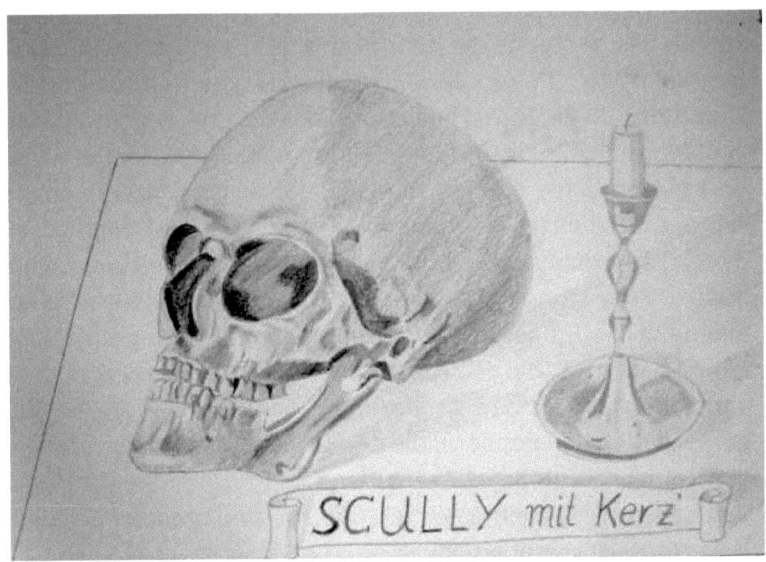

Das Bild „Scully mit Kerz", mit dem ich unbewusst den Vanitas-Gedanken aufgriff und einmal mehr mich dem Auftrag des Engels entsprechend verhielt, entstand auf einem Workshop „Meditieren und Malen" in Vimaladhatu. Während die vorherigen Motive vorgegeben waren, war das letzte ein Motiv der eigenen Wahl.

Jesus in der Schule

= Szene 031 aus Horsts Lebensbericht – 1961

Irgendwann in der Grundschule kam Jesus dazu. Natürlich nicht etwa ein Mitschüler dieses Namens, sondern der Religionsstifter trat im Unterricht auf. Bereits in meiner Vorschulzeit gab es in manchem, worauf meine liebe Großmutter hinwies, den „lieben Heiland, der für uns gestorben ist". Ansonsten kam Jesus nur in der religiösen Pflichtübung des Morgen- und Abendgebets vor, das mir die Großmutter beigebracht hatte, und dort war er mir sehr fremd geblieben: *„Ich bin klein, mein Herz ist rein, soll niemand drin wohnen als Jesus allein."* Das schien mir ziemlich eifersüchtig zu sein, wenn ich auch den Begriff der Eifersucht noch nicht kannte. Aber auf meine Frage, warum denn nicht auch meine Mama und mein Papa drin wohnen sollten, habe ich nie eine wirklich zufriedenstellende Antwort bekommen. Ich glaube mein *mettā*-Ansatz war damals schon ein ganzes Stück weiter, als der von demjenigen, der dieses Kindergebet formulierte.

Mein Papa erzählte mir Märchen, aber da kam kein Jesus drin vor. Meine Mutter war für Weihnachten zuständig. Das war ein höchst mysteriöses mythenumwobenes Ereignis, in dem ein Christkind, die Advents-Engelein sowie der Nikolaus mitmachten und das einen ganzen Monat auf den Kopf stellte. Meine Mutter liebte es, den bürgerlichen Mysterienkult des 19. Jahrhunderts um dieses Fest der vielen Gaben herum zum Leben zu erwecken. Aber als ich irgendwann von der Schule heimkam und feststellte, dass das Kind, das in der Krippe liegt, doch der spätere Heiland gewesen sein müsse, das sei doch wohl ein Junge, während das Christkind unseres Weihnachtsfestes doch eine weibliche Figur sei, hat das meine Mutter doch sehr verunsichert. Heute würde ich sagen, das Christkind meiner Mutter war ihre Vorstellung ihres idealen Mutterselbsts, das sie jährlich aufs Neue inszenierte. Aber die Geschichte unseres Großauheimer Weihnachtsfestes soll an dieser Stelle nicht erzählt werden.

In der Grundschule gab es dann Religionsunterricht, und der war konfessionell getrennt. Plötzlich war klar, dass es zwei Sorten Menschen gab: die Evangelen und die Katholen. Wir und die anderen. Zuhause war das niemals ein Thema. Mein Vater war katholisch, schien jedoch mit Glauben nichts am Hut zu haben. Meine Mutter und die liebe Großmutter waren evangelisch. Aber meine Großmutter betete für den Papst.

Natürlich konnten die Katholiken nur einen katholischen Religionslehrer haben. Ansonsten herrschte das Klassenlehrerprinzip, aber für diese zwei Unterrichtsstunden pro Woche kam ein anderer Lehrer. Das war anfangs unser Schulrektor, der hieß Runde und sah auch so aus. Außerdem war er Fraktionsvorsitzender der CDU in Großauheim, was irgendwie passte. Ich kann mich allerdings beim besten Willen an kein einziges Thema erinnern, was wir bei ihm hatten, was gewiss nicht für seinen Unterricht spricht. Er ist mir später noch einmal begegnet: Er war im Prüfungsausschuss für Kriegsdienstverweigerer, vor dem ich vernommen wurde, und lächelte mir dort gütig zu. Immerhin!

Da ich katholisch war, gab es irgendwann auch Kommunionsunterricht und den leitete der Pfarrer, Monsignore Atzert. Ich glaube, Atzert ist von ätzend abgeleitet. Jedenfalls war dieser Unterricht alles andere als inspirierend. Es gab Glaubenssätze, Dogmen, den Katechismus, die Gewissenserforschung, die Warnung vor unkeuschen Gedanken und viele andere merkwürdige Regeln. Allerdings war ich später sehr froh, dass ich kein „Evangele" war, denn die mussten im Konfirmations-unterricht jede Menge auswendig lernen, was für mich eine Tortur gewesen wäre. Dieser Kelch immerhin ist an mir vorbei gegangen!

Richtig interessant wurde es jedoch in der vierten Klasse. Und wenn es das nicht gegeben hätte, hätte ich diese Episode hier nicht aufgeschrieben und mit Sicherheit nicht diesen Titel verwendet. In der vierten Klasse bekamen wir nämlich einen neuen Reli-Lehrer, Herrn Stehlik, und der erzählte uns Geschichten von Jesus. Das war tatsächlich inspirierend. Nicht diese abgehobenen Texte in Bibelform. Er erzählte uns das Neue Testament in lauter kleinen Episoden kindgerecht nach. Ich glaube, er hat mich damals nachhaltig beeinflusst. Ob dies auch hinsichtlich der Inhalte war, weiß ich nicht, aber ganz bestimmt in der Form. Ähnlich habe ich weite Teile meines Unterrichts in der Schule später gestaltet: Ich war der Märchenonkel, der den jungen Leuten die Wirtschaft verständlich erläuterte. Das jedenfalls war dabei mein Selbstbild.

Und auch als Leiter der buddhistischen Veranstaltungen in Hanau, Frankfurt und Gelnhausen wandelte ich auf den Spuren von Lehrer Stehlik: Ich erzählte Geschichten vom Buddha in einer zeitgemäßen Sprache nach. (Und irgendwie sind wohl auch diese Erzählungen von Themen aus meinem Leben, die du gerade liest, von Lehrer Stehlik beeinflusst...)

Und weil dies mich für mehr als ein halbes Jahrhundert offensichtlich stark inspirierte, möchte ich mich an dieser Stelle tief verbeugen vor meinem alten Religionslehrer, Herrn Stehlik, der Jesus in die Volksschule von Großauheim brachte.

Gassho!

Die Volksschule in Großauheim, wo uns Herr Stehlik Geschichten vom Knaben Jesus erzählte

Klaus Wölfling

= Szene 034 aus Horsts Lebensbericht – 1968-71

Es war zu jener Zeit, als ich die Klasse 10 wiederholen musste. Natürlich war es alles andere als angenehm, in einer Schule, die sich als elitär versteht, als Wiederholer zu gelten. Meine ehemaligen Klassenkameraden besuchten die gymnasiale Oberstufe und ich kam nach meinem Scheitern in der Latein-Nachprüfung (vgl. *Szene 009*) in die Klasse meines ehemaligen Latein-Nachhilfelehrers, Dr. Havekoss:

„Herr Gunkel, setzen Sie sich dorthin, da ist Platz. Der Karl-Heinz, dieser *Troglodyt*, der vorher dort saß, ist auch abge-stiegen, hehe, geht noch mal in die Obertertia – ähh – Klasse 9 heißt das ja jetzt wohl." Ich setzte mich auf den freien Platz. Mein Tischnachbar grinste mich an.

Havekoss: „Und ihr beide werdet bestimmt viel Spaß mit-einander haben, der Herr Gunkel, den sie im Lehrerzimmer nur `Väterchen Stalin´ nennen, und der Klaus Wölfling, der allgemein als der letzte Nazi bekannt ist."

Klaus blickte mich weiter schelmisch an, seine Augen funkelten, aber nicht etwa aus Hass, sondern aus einem obskuren Vergnügen heraus. „Tach, du Kommunist", grinste er mich breit an. „Tach, du Faschist!", antwortete ich. Klaus´ Grinsen war ansteckend. Wir waren beide 15, 16 Jahre, in einem Alter, in dem man noch gerne provoziert und sich abgrenzt. Der Zeitgeist wehte seit Neuestem von links. Als ich mit der Kommunisten-nummer begonnen hatte, war das noch nicht so, da konnte ich damit noch provozieren. Ich interpretierte das schelmische

Grinsen des Wölflings unbewusst gefühlsmäßig so, dass da auch in ihm ein kleiner Provokateur am Werke war. Wir sahen uns weiter beide in die Augen. **Thich Nhat Hanh** würde sagen: „Die beiden blickten sich tief an, ganz tief". Jetzt hielt mir Klaus die Hand hin: „Auf gute Feindschaft!", sagte er. Ich schlug ein: „Das ist vielleicht der Anfang einer fabelhaften Gegnerschaft."

In der Pause standen wir zusammen, klopften uns gegenseitig ab, zeigten beide, wo unsere jeweiligen Vorurteile lagen. Nachdem wir damit fertig waren, sagte er: „Okay, Horst, auf unser gemeinsames Jahr!" Klaus hielt mir wieder die Hand hin. „Gut, Klaus, leben wir noch ein Jahr zusammen!" Wir schüttelten uns nochmals die Hand. Klaus begann beim ersten Handshake zu zählen „Eins" - die Hand ging dabei von oben nach unten. „Zwei!" Bei der zweiten Handbewegung kam unser Zählen schon wie aus einer Kehle. „Drei!" Mit einem strahlenden Grinsen besiegelten wir unsere Brüderschaft. Normalerweise wäre jetzt Schluss gewesen. Aber wir beide machten weiter, ohne zu Zögern, als müsste das so sein: „Vier!" und …

…wir hatten beide gleichzeitig im gleichen Bruchteil einer Sekunde mit dem Zählen gestoppt und sahen uns verwundert an. „Warum hast du bei Vier aufgehört", fragte mich Klaus. „Weil die Vier meine Lieblingszahl ist!", entgegnete ich selbstbewusst. „Komisch, meine auch! - Aber warum ist die Vier deine Lieblingszahl, alter Kommunist?" - „Naja, weißt du, die Drei wird immer genannt: Aller guten Dinge sind drei usw. Die arme Vier ist der verkannte Prolet unter den Zahlen, wertvoller, doch kaum beachtet, `denn man sieht nur die im Licht, die im Schatten sieht man nicht´", zitierte ich Bert Brecht.

„Und die Fünf ist dann wieder prominenter, hat im lateinischen Rechensystem ein eigenes Symbol, das „V"; sie wird bevorzugt, weil wir fünf Finger an einer Hand haben", bestätigte Klaus meine Vorliebe mit Worten, wie ich sie nicht treffender hätte ausdrücken können. „Wir sollten definitiv noch ein Jahr zusammenleben." - „Klar, zum Wohl aller Unterdrückten, einschließlich aller unterdrückten Zahlen."

Das war der Beginn einer Freundschaft, die bis zum Abi hielt. Von diesem Tag an waren wir beide unzertrennlich. Kam ich ausnahmsweise einmal irgendwo allein hin, so wurde ich gefragt: „Horst, wo hast du denn heute deinen Schatten gelassen?" Und erschien Klaus merkwürdigerweise irgendwo ohne mich, so hieß es: „Ist dein Zwillingsbruder krank?"

Allerdings beschränkte sich die Freundschaft irgendwie nur auf alles das, was eindeutig mit der Schule zu tun hatte. In der Freizeit waren unsere Interessen zu unterschiedlich. Ich war wissbegierig, nahm meine Freizeit als Gelegenheit zum Lesen und um Kurse an der Volkshochschule und anderen Bildungseinrichtungen zu besuchen. Mein Ziel war Weisheit. Klaus nutzte seine Zeit, um Plastikmodelle von Panzern und Kampfflugzeugen zu bauen. Meine Mutter unterstützte meine Wissbegierde, sein Vater unterstützte seine Kampfeslust. Klaus´ Vater war, so hörte ich von meinem Freund selbst, ein ehemaliger Kampfbomber, ein in der Sowjetunion gesuchter Kriegsverbrecher. Jetzt arbeitete er für einen Rüstungskonzern im Verkauf - „Panzerfähren für die Araber, damit der Judenstaat vernichtet werden kann!", wie Klaus provokativ ausführte, nicht ohne ein Grinsen, das alles andere als ernsthaft aussah, mehr wie in einem Spiel, wenn man den richtigen Begriff genannt hatte. Was man so sagt, wenn man sich rechts gibt und provozieren will, aber in Wirklichkeit ein Typ ist, der Ungerechtigkeiten so hasst, dass er sich sogar für die vernachlässigte Zahl Vier einsetzt.

Irgendwann beschlossen wir, gemeinsam die Philosophie-AG der Hohen Landesschule zu besuchen, die begann donnerstags um 15 h. Schulaus hatten wir um 11 h, also blieben uns dazwischen volle vier Freistunden. Da wir beide nicht in der Schulstadt Hanau wohnten, lohnte sich der Heimweg praktisch nicht. Also nahmen wir unser Mittagsmahl – Pommes mit Ketchup für 60 Pfennig – gemeinsam in einer nahegelegenen Imbissstube ein, dem Löwenquick. „Löwen", weil sie Münchner Löwenbräu hatten, „Quick" weil es ein Imbiss war. Ich taufte das Löwenquick - blöder Name - um in „Himbi-Quiek", nach der Sprache meines Meerschweinchens *Himbi Moloch* (vgl. *Szene 005*). Klaus schaute skeptisch. „Himbi for President", skandierte ich. „Himbi for Bratenspieß", provozierte Klaus.

Es gab im Himbi-Quiek allerdings auch einen Flipper, also einen dieser in den 60er und 70er Jahren besonders beliebten Spielautomaten ohne finanzielle Gewinnchance. Man konnte allerdings Freispiele gewinnen. Wir entwickelten uns zu wahren Meistern. Selbstverständlich tranken wir dazu Bier, Löwenbräu, 0,5 l zu 60 Pfennig. Und weil uns das häufige Bestellen allmählich lästig wurde, gingen wir zum Wirt: „Sagen Sie, kann man bei Ihnen die Biere eigentlich auch abonnieren?" Erst war er skeptisch. Aber bald hatte es sich recht gut eingespielt und er brachte uns alle 20 Minuten zwei Halbe. Es wird nicht verwundern zu hören, dass wir ausgezeichnet wortreiche und spitzfindige Diskussionsbeiträge in den anschließenden Philosophieunterricht einbrachten. Der arme Philosophielehrer, Herr Müller, der uns zu ertragen hatte! Wir aber waren immer heiter – und immer sichtlich angeheitert.

Mitunter philosophierten wir auch im Himbi-Quiek, vor allem dann, wenn der Flipper besetzt war. Wir beschäftigten uns unter anderem mit *Karma*, aber auch mit dem Leben nach dem Tod. Wir fanden das ein ziemlich spannendes Thema, allerdings für uns als angehende Wissenschaftler auch reichlich spekulativ. Ich wies darauf hin, dass der spätere Papst Johannes XXIII. – alle guten Kommunisten pflegten Kirchenfürsten zu zitieren – sich mit seinem Jugendfreund genau darüber auch gestritten hatte, und sie vereinbarten, dass der Erste von beiden, der stirbt, dem anderen ein Zeichen geben sollte, wenn es ein Leben nach dem Tode gäbe. Johannes war inzwischen Papst geworden und hatte die Verabredung längst vergessen, als sein Freund starb. Er hatte zu diesem Zeitpunkt auch schon lange nichts mehr von ihm gehört. Eines Nachts konnte der Papst in seinem Gemach im Vatikan nicht einschlafen, weil es dauernd klopfte. Er erkundigte sich am nächsten Morgen, was denn die Ursache dieses Lärms gewesen sei und stellte verwundert fest, dass niemand das wusste, ja, dass außer ihm niemand dergleichen gehört hatte. Im Laufe des Tages erfuhr er dann vom Tod seines Freundes.

Klaus und ich waren uns einig, dass das längst kein Beweis sei, sondern genauso gut Propaganda sein konnte, schließlich lebt die Kirche davon, dass die Leute an ein Leben nach dem Tod glauben. „Aber der Versuchsaufbau war gut," erklärte Klaus. „Meinst du, wir sollten...?" „Klar!" Wir bekräftigten die Abmachung mit vierfachem Händedruck und einem Bier auf Ex.

Überhaupt Religion! Wir waren beide katholisch getauft und besuchten gemeinsam den Religionsunterricht. Und natürlich waren wir beide in Opposition zur katholischen Kirche und zum Reli-Lehrer sowieso. Unser damaliger Religionslehrer war Pfarrer Trost. Toller Name für einen Pfarrer - auch wenn wir beide der Meinung waren, der Pfarrer sei nicht mehr ganz bei solchem. Natürlich gaben wir überall Contra. Was wollte dieser Himmelskomiker uns auch mit solchen Dingen wie der jungfräulichen Empfängnis Mariens vermitteln?! Selbstverständlich entwickelten Klaus und ich unsere eigenen Theorien in dieser Sache, spielten uns in der Diskussion gewissermaßen die Bälle zu, verstiegen uns in teilweise absurde, pseudologische Argumentationen, die Begründungszusammenhänge des trostlosen Pfarrers imitierend. Schließlich bat uns der Gottesmann nach dem Unterricht zum Gespräch: „Euch beide will ich hier nicht mehr sehen, meldet euch einfach vom Religionsunterricht ab! - „Nee, Herr Pfarrer, sonst kommen wir womöglich nicht in den Himmel", entgegnete ich. - „Kein Fach ist so lustig wir Ihres, und da kann man so trefflich argumentieren", strahlte Klaus den

Schwarzbeanzugten an. „Ich sage euch eines", begann der Gottesmann zu drohen, „wenn ihr euch nicht vom Religionsunterricht abmeldet, gebe ich euch eine Fünf in Reli. Wenn ihr euch aber abmeldet, gebe ich euch eine Zwei. Und wenn ihr beide noch aus der Kirche austretet, eine Eins! Überlegt es euch. Mir ist es ernst."

Klaus und ich überlegten im Himbi-Quiek, was wir tun sollten. „Austreten ist mir zu umständlich, da muss man zum Gericht", sagte ich. „Und Abmelden finde ich blöd, ich kneif doch nicht vor dem Himmelskomiker", meinte Klaus.

„Wieso, der gibt uns echt 'ne Fünf. Und stattdessen könnten wir in der Zeit uns mal den Laden der Evangelen ansehen oder wir gehen in den zusätzlichen Freistunden ins Himbi-Quiek." Wir waren uns diesmal leider nicht einig. Ich meldete mich ab – und bekam tatsächlich eine Zwei. Klaus, der alte Trotzkopf, blieb im Reliunterricht. Und dieser unselige Pfarrer gab ihm doch wirklich eine Fünf – bei der gleichen Leistung wie ich sie hatte.

Schon bald hatten wir übrigens ein eigenes Begrüßungsritual. Wenn wir uns morgens auf dem Schulhof erstmals an diesem Tag über den Weg liefen, so stürmte der später Eintreffende freudestrahlend auf den anderen zu und zeigte den Römischen Gruß – die rechte Hand erhoben wie ein römischer Legionär. Das war eine Handhaltung, auf die wir uns einigen konnten. Die offene Hand war ein Friedenszeichen, allerdings erinnerte die geöffnete Hand auch an den Deutschen Gruß... Andererseits war die Haltung des Armes, also der abgewinkelte Ellbogen, die gleiche Handhaltung wie beim Rot-Front-Gruß. Also irgendwie ein guter Kompromiss.

So gingen wir also immer morgens im Schulhof vor all unseren Mitschülern strahlend aufeinander zu: *„Pax tecum!"*, sagte der erste und „Der Friede sei mit dir!", der andere. Dann gab es den vierfachen Handshake – mit lautem Zählen: „Eins, zwei, drei, vier!" So ging das drei Jahre lang jeden Morgen, bis...

...ja, bis das letzte Schuljahr angebrochen war. Die Hohe Landesschule war nunmehr keine reine Jungenschule mehr – Koedukation hieß das Schlagwort der Zeit. Ich war an diesem Morgen im Gespräch mit Britta, einem der beiden Mädels, mit denen ich am liebsten die Schule schwänzte, als Klaus strahlend ankam: „Pax tecum!" Ich unterhielt mich weiter, reagierte gar nicht auf meinen Freund. Klaus nahm wohl an, ich hätte ihn nicht bemerkt. Er baute sich vor mir auf: „PAX TECUM!" - „Mann, ich bin gerade im Gespräch, siehst du das nicht!", ließ ich ihn abblitzen. Unser früheres Ritual kam mir doch jetzt allmählich wie pubertärer Jungskram vor.

Klaus war verletzt. Ich bemerkte dies und es tat mir Leid. Am nächsten Morgen ging ich versöhnlich auf ihn zu: „Pax tecum!" Klaus sah mich an, kein Grinsen, kein schelmisches Lächeln. Da war nur Enttäuschung und ein Anflug von Verbitterung in seinem Blick. „Du hast es kaputt gemacht", sagte er, drehte sich um und ging. Nein, wir waren jetzt nicht etwa verfeindet, aber unsere Blutsbrüderschaft bestand nicht mehr. Mit meinem Verhalten hatte ich selbst diese tiefe Freundschaft beendet, was ich damals allerdings gar nicht so sehr bedauerte, Mädchen waren inzwischen viiiiiel interessanter. Klaus fühlte sich irgendwie abserviert, was mir allerdings damals gar nicht auffiel. Meine Achtsamkeit war jetzt auf andere Objekte gerichtet, was wohl hormonelle Ursachen hatte.

Die Schulzeit ging zu Ende, das Abi nahte. Es war das Jahr 1971, viele alte Konventionen waren gefallen, doch beim Abi hatten alle Mitschüler Muffensausen. Zunächst waren wir uns einig: Wir laufen doch nicht ´rum wie die Faschingskasper und ziehen uns anders an, nur weil Abi ist. „Kein schwarzer Anzug, keine Krawatte", dieses Ziel wurde ausgegeben. Was heute als völlig normal galt, war damals noch immer ein ungeheurer Affront.

Also verabredeten sich alle Jungs, die „links" waren, ohne Anzug und Krawatte zum Abitur anzutreten. Alle außer mir.

„Ich werde es machen wie ihr – ich ziehe mich auch nicht besonders an, sondern wie immer", erklärte ich. Dazu muss man wissen: ich trug damals in der Schule immer Anzug, Krawatte, Hut, Regenschirm, eine Taschenuhr mit goldenem Kettchen und eine Krawattennadel mit einem Brillanten. Das war meine Art Nonkonformismus, weil alle anderen Jeans anhatten. Und in meinem reichlich overdressten Outfit ging ich auch auf Demos und zu Sit-ins. Klar, ich war damals Nonkonformist, hob mich von dieser informellen Uniformierung des Zeitgeistes ab. Ich hatte auch nicht diese Beatles-Frisur wie alle anderen, sondern einen Kurzhaarschnitt: 1 cm kurz! Meine Entscheidung, konsequenterweise auch wie sonst mit Anzug und Krawatte zu erscheinen, fand allgemein Respekt. Aber alle anderen Linken wollten ohne Krawatte und Anzug zum Abi kommen. Sagten sie.

Der Abitag kam. Ich kam natürlich mit Anzug und Krawatte. Jackie, ein Wortführer der Linken, zeigte sich als politisch besonders geschickt. Er trug eine schwarze Hose und ein schwarzes Jackett in etwas unterschiedlichem Schnitt, also keinen Anzug...naja. Außerdem trug er zwar keine Krawatte, aber einen adretten weißen Rollkragenpullover. Das war geschickt, denn Dr. Havekoss, unser Klassenlehrer, und Dr. Haseloff, unser Schulleiter, waren damals beide in der SPD. Und **Helmut Schmidt** war *jüngst* in genau dem gleichen weißen Rollkragenpullover und dunklen Sakko an den Rednerpult des Bundestages getreten. Damit hatte sich Jackie zwar formal an die linke Übereinkunft gehalten, aber was Helmut Schmidt im Bundestag trug, musste man natürlich auch einem Abiturienten durchgehen lassen, zumindest wenn man ein SPD-Parteibuch in der Tasche hat. Und alle unsere anderen Linken? - Sie haben alle, alle gekniffen: kamen alle in Anzug und Krawatte. Die Lehrer grinsten – und alle diese Schüler bestanden das Abi.

Ein einziger Schüler war wie immer gekommen, nicht verkleidet und auch nicht im Anzug. Kein Linker. Der Einzige, der dem linken Aufruf gegen das Establishment gefolgt war, war Klaus Wölfling. Und was machte daraufhin diese Mischpoke von einem Lehrerkollegium? Sie ließen Klaus durchfallen. Als einzigen! Obwohl er immer ein durchschnittlicher Schüler war.

Klaus kam auch zur Abifeier. Wir wussten beide, dass dies unsere letzte gemeinsame Veranstaltung war. So sehr wir uns auch im letzten Schuljahr auseinandergelebt hatten, an diesem Tage zelebrierten wir noch einmal unsere alte Blutsbrüderschaft – wenn auch ohne Begrüßungsritual. Wir feierten in einer Scheune in Kahl. Irgendwann nach Mitternacht waren dann alle nach Hause gegangen. Ich war als der bekannt, „der auf Veranstaltungen und in Kneipen immer den Vorletzten gehen sieht".

Diesmal sah es so aus, als würde ich nicht den Vorletzten gehen sehen, sondern wir beide, Klaus und ich, würden das gemeinsam aussitzen. Wir saßen da und tranken die Reste aus. Irgendwann wurde es hell. Uns war jetzt verdammt kalt. Wir mussten noch nach Hause, ich mit dem Himbomobil, meinem Käfer, Klaus mit dem Motorrad. Gut, dass wir Fahrzeuge dabei hatten, denn laufen konnten wir kaum noch bei dem wenigen Blut im Alkohol. Das Motorrad wollte nicht anspringen. Was jetzt? „Anschieben?" fragte Klaus. „Nö, anziehen! Ich zieh dich mit dem Himbomobil, und du versuchst den Gang kommen zu lassen."

Das war eine echte Schappsidee! Zumal mir einfiel, dass man beim abschleppenden Fahrzeug das Seil auf der linken und beim abgeschleppten auf der rechten Seite befestigen muss – oder umgekehrt. Dass das eine blöde Idee war, wenn der Abgeschleppte ein Motorrad hat, war uns beiden nicht aufgefallen. Also ein Abschleppseil an die linke hintere Stoß-stange des Himbomobils und ganz rechts an den Lenker des

Motorrades. Wir schienen beide weder im Physikunterricht aufgepasst zu haben noch besonders gesunden Menschenverstand zu haben, jedenfalls nicht mit drei Promille.

Ich zog mit dem Himbomobil und Klaus schrie auf dem Motorrad auf. - „Du, ich versteh´ dich nicht", schrie ich zurück und drehte meinen Kopf um. Klaus bemühte sich mit allen Körperkräften, einen Sturz zu vermeiden: Er versuchte mit beiden Händen rechts an der Lenkstange nach hinten zu ziehen und drückte mit dem Fuß krampfhaft gegen das linke Ende der Lenkstange. Jetzt verstand ich und hielt. Das war gerade nochmal gut gegangen.

Wir ließen das Motorrad zurück und ich brachte ihn mit dem Auto nach Hause, nach Wachenbuchen. Es war inzwischen etwa sechs Uhr am Sonntagmorgen. Wir wussten beide, dass das unsere letzte gemeinsame Veranstaltung war. Vielleicht würden wir uns nie wiedersehen.

„Was machst du, Klaus, wiederholst du die 13. Klasse?" - „Nein, den Zirkus mach ich nicht nochmal mit, ich geh´ zur Bundeswehr."

Schrecklich, Kriegsdienst war das Schlimmste, was ich mir vorstellen konnte. Wann würde die Bundeswehr an der Seite der Amis in den Krieg ziehen? Vermutlich jetzt im Vietnamkrieg nicht mehr – aber vermutlich im nächsten Krieg. Und mein Freund und Blutsbruder, würde er zum Mörder werden? Wir schwiegen. Dann fragte ich: „Nur die Wehrpflicht, oder...?" - „Nein, ich habe mich als Zeitsoldat verpflichtet." Wir kannten uns sehr gut. Jeder wusste, was im anderen vorging. Wir wussten auch, dass damit jetzt der Abschied für uns besiegelt wäre. Wir würden einander nie wiedersehen. - Schweigen. Wir kamen inzwischen in Wachenbuchen an.

„Klaus, ich wünsche dir, dass du getötet wirst, bevor du einen anderen tötest."

Das klingt merkwürdig hart. Aber Klaus Wölfling verstand, was ich damit sagen wollte. Wir hatten uns oft genug über Handeln und die karmischen Folgen von Handeln unterhalten. Wir hatten tatsächlich den Begriff *Karma* untereinander verwendet, auch wenn wir beide vom Buddhismus keinen Schimmer hatten.

Klaus nickte. Er drehte sich um und sah nicht mehr zurück. Ich wusste, warum: weil er verweinte Augen hatte. Genau wie ich. Nicht weil ich das gesagt hatte, sondern weil uns der Abschied schwer fiel, der endgültige Abschied. Wem fällt es schon leicht, seinen Zwillingsbruder zu verlieren.

Zwei Jahre später hörte ich, dass Klaus im Krankenhaus läge. Er hatte sich einen Milzriss in einer Nahkampfübung zugezogen. Ich wollte ihn besuchen, doch das war aussichtslos, er hatte das Bewusstsein noch nicht wieder erlangt. Außerdem würde Klaus´ Vater dem niemals zustimmen, denn dieser Mann hasste mich. Ich hatte Herrn Wölfling nur ein einziges Mal gesehen, als ich bei Klaus zu Besuch war. Ich hörte damals, dass sein Vater auch anwesend sei, dass er am Arbeitstisch säße. „Ich sag ihm mal `Guten Tag`", informierte ich meinen Freund. Klaus war anderer Meinung: „Horst, mach das besser nicht...!" Aber ich wusste, was sich gehört - dachte ich. „Guten Tag, Herr Wölfling!", grüßte ich und ging mit ausgestreckter Hand auf ihn zu. Er sah nicht auf. „RAUS!!!", war das Einzige, was er brüllte.

Armer Klaus. Aber alles das war jetzt lange her, jetzt, wo Klaus im Koma lag. Ich lag in diesen ersten Novembertagen in meinem Zimmer in der Mansarde unseres Hauses in Großauheim, als ich aufschrak. Was war das? - Ein heftiges Poltern, als würde jemand mit einem großen Knüppel auf das Dach schlagen. Es klang aber nicht wie Holz auf Ziegel, sondern viel dumpfer. Da, erneut! Was zum Teufel ist das? Plötzlich von allen Seiten und dann ein eisiger Lufthauch ... hörte ich da meinen Namen? POLTERN!!!

Mir standen die Haare zu Berge, eiskalt lief es mir den Rücken herunter. Ich hatte plötzlich Angst wie noch nie. Ich rannte die Treppe herunter, in die Wohnung meiner Mutter. Die sah meinen entsetzten Blick. „Mutter, der Klaus ist gerade gestorben." Die nächsten Nächte schlief ich in der Wohnung meiner Mutter, war überzeugt, dass dort kein Poltergeist umgehen würde. Eigentlich wollte ich immer wissen, ob es ein Leben nach dem Tode gäbe, aber jetzt spürte ich nur noch Grauen, nur noch Angst.

Dann die Beerdigung. Eine Beisetzung mit militärischen Ehren, Klaus war schließlich im Kampf gefallen – im Nahkampf, getötet von einem deutschen Soldaten. Bundeswehrsoldaten in Uniform trugen den Sarg. Sechs Schuss Salut. Die Fahne mit dem Bundesadler über dem Sarg. Sie wird eingerollt. Großer Zapfenstreich für Klaus. Das wird seinem Vater gefallen, dachte ich mir, ausgerechnet an diesem Tag! Es war der 9. November 1973, der 50. Jahrestag des Hitlerputsches.

Ich gehe vor, kondoliere. Frau Wölfling schaut erst fragend in mein Gesicht, ich trage inzwischen einen Vollbart. Dann plötzlich ein dankbares Aufleuchten in ihren Augen – sie hat mich erkannt. Ich kondoliere auch Klaus´ Vater. Er sieht jetzt nicht aus wie dieser aggressive Typ von vor drei Jahren. Auch nicht wie ein Kriegsverbrecher. Er ist ein gescheiterter, zerstörter Mann, dessen Leben seinen Sinn verloren hat, einer, der gerade sein einziges Kind zu Grabe getragen hat, einen Sohn, den er – Vater Wölfling – mit seinem Hass und seiner Verblendung zu einem zwar noch immer irgendwie liebens-werten, aber auch total kaputten Wesen gemacht hat. Er ist in meinen Augen der Mann, der meinen Freund wirklich getötet hat, ihn in den Tod getrieben hat. Klaus hat in dieser Nahkampf-übung so hart gekämpft, so berichten seine Kameraden, dass er seinen eigenen Tod provoziert hat.

Klar, Herrn Wölfling trifft daran ein gerüttelt Maß an Schuld, er hat Bedingungen geschaffen, die Klaus´ Tod bewirkt haben.

Aber was ist Schuld? Und wie viel Schuld habe ich?

(Wollte Klaus vielleicht getötet werden, bevor er jemanden tötet? Mir meinen so drastisch formulierten Wunsch erfüllen?)

Pax tecum, Klaus! Der Friede sei mit dir! - - - - Eins. Zwei. Drei. Vier!

Papst Johannes XXIII. hatte mit seinem Freund ausgemacht, dass der Erste von beiden, der stürbe, dem anderen nach seinem Tod ein Zeichen geben sollte. Das hatte Klaus und mich dazu inspiriert, das Gleiche zu tun – eine Begegnung mit dem Transzendenten.

Jayacitta und die FWBO

= Szene 036 aus Horsts Lebensbericht –1996

*„Ich suchte nichts Exotisches, ich suchte den **Dharma**, die Lehre, suchte Übungsschritte, um mich spirituell entwickeln zu können. Es müsste doch auch etwas ohne diese ganze asiatische Kultur geben. Ich stolperte bei dieser Suche über einen Namen, der vielversprechend klang: Freunde des Westlichen Buddhistischen Ordens."*

So endete der Abschnitt „Vom Wat und vom Otto", die **Szene 33**. Ich war damals auf der Suche nach einer Sangha, einer buddhistischen Gemeinschaft, in deren Rahmen ich praktizieren konnte. Und in den ersten Tagen des neuen Jahres 1996 wollte ich dies endlich in Angriff nehmen. Da ich in meiner unmittelbaren Nähe nicht wirklich zufriedenstellend fündig geworden war, machte ich mich bundesweit auf die Suche. Ich dachte mir, ein Retreat, ein Meditationsseminar, müsste wohl das Richtige für mich sein und hatte mir vorgenommen, in diesem Jahr zu finden, was ich suchte.

Von den bestimmenden Lehrern her schien mir die Richtung von **Ayya Khema** im Allgäu das Richtige zu sein oder die Gruppen, die sich an dem vietnamesischen Lehrer **Thich Nhat Hanh** orientierten. Auch das „Internationale Netzwerk engagierter Buddhisten" klang toll, jedoch stellte sich heraus, dass dieses eine Vernetzung von Personen aus verschiedenen Sanghas war, keine eigene Sangha. Oder eben die FWBO, die „Freunde des Westlichen Buddhistischen Ordens". An dieser Gruppierung zog mich nach meinen bisherigen Erfahrungen besonders das „westlich" an. Ich schrieb also einen Brief an die Adresse, die in den „Lotusblättern", der Zeitschrift der

Deutschen Buddhistischen Union, angegeben war: FWBO, 45127 Essen, Herkulesstraße 13 a. Man schrieb damals noch Briefe. Internet und E-Mail begannen gerade erst ihren Siegeszug und waren noch keineswegs Standard.

Ich bekam auch umgehend Antwort: Das Beste sei, ich käme einfach einmal vorbei, in zwei Wochen, am Samstag, dem 27. Januar, sei ein Tag der Offenen Tür. Ich solle um 10 Uhr da sein, dann könne ich gleich eine Einführung in die dort geübte Meditationstechnik bekommen. Ich sah in meinen Kalender. Samstag 10 Uhr in Essen ist ja reichlich früh. Und am Tag davor hatte ich eine Abendveranstaltung, die Jahreshauptversammlung unserer regionalen Gliederung des VCD, des alternativen Verkehrsclubs Deutschland. Ich war dort bislang Vorsitzender und schickte mich gerade an, dieses Amt – wie so viele andere auch – abzugeben, um mich mehr um meine religiöse Praxis kümmern zu können. Das könnte ein langer Abend werden. Gerade deshalb hatten wir ja auf Freitagabend terminiert, da könnten alle am nächsten Morgen ausschlafen.

Wie auch immer: Die FWBO kennen zu lernen war mir wichtig, also ging ich zum Bahnhof, um eine Fahrkarte zu kaufen. In Großauheim gab es damals bereits keinen Fahrkartenschalter mehr, also kaufte ich die Fahrkarte in Gelnhausen – denn „online" war damals noch nicht. Und was ich dort erfuhr war besonders herb: Abfahrt 4.49 h morgens. Egal, jetzt galt´s!

Leider zog sich die Veranstaltung des VCD bis spät in die Nacht, es wurde 1.30 h morgens, bis ich endlich ins Bett kam – und mir brummte der Schädel. Nur gut zwei Stunden später, um 4 h in der Frühe, klingelte unbarmherzig der Wecker. Rasch zog ich mich an und ging zum Großauheimer Bahnhof, doch schon auf dem Weg dorthin bereute ich, dass ich – wie üblich – meine Birkenstocks angezogen hatte. Die offenen Schuhe erwiesen sich nur als mäßig geeignet, denn es herrschte Schneeregen.

Ich stand auf dem eiskalten Bahnhof in Wind und Wetter und fragte mich, ob das nun wirklich klug gewesen sei. In mir stieg Ärger auf. Die nassen Füße, die Müdigkeit, mein brummender Schädel, unausgeschlafen, Ärger. Das alles ließ Kopfschmerzen aufkommen. Zwar versuchte ich unterwegs etwas zu schlafen, doch es stellte sich kein erholsamer Schlaf ein. Rückenschmerzen vielmehr, die über die Wirbelsäule mit meinen Kopfschmerzen korrespondierten.

Ich holte das Faltblatt, das mir die Leute von den FWBO geschickt hatten, heraus, sah mir die nächsten Veranstaltungen an: „*Milarepa* – Tibets großer Heiliger, Dichter und Sänger der 10.000 Lieder" und „*Padmasambhava*, genannt „Guru Rimpoche", der den nach Buddhismus Tibet nach brachte". Mir grauste: wieder dieser asiatische Kulturkram. Von Padmasambhava wusste ich, dass er den Dämonenkult in den Buddhismus einbrachte. Auch das noch!

In Essen angekommen machte ich mich auf den Weg zum Buddhistischen Zentrum, das nicht weit vom Hauptbahnhof entfernt ist, im Prinzip nur der Hollestraße nach. Die Hollestraße ist offensichtlich nicht nur bezeichnenderweise nach Frau Holle benannt, sondern auch die stürmischste Straße der Republik: Schneeregen im Sturm. Schon nach 100 m war mein Schirm zerfetzt. Ich versuchte, auf der schneematschigen Straße nicht auszurutschen, der Sturm war mein Gegenspieler. Und all das nur, um wieder Padmasambhava-Verehrern zu begegnen! Übermüdet, durchgefroren, mit nassen Strümpfen und durchgeweicht vom Schneeregen, kam ich im BZE (Buddhistisches Zentrum Essen) an. Man hat mich selten schlechterer Laune gesehen.

Eine junge Frau öffnete mir die Tür und aus mir ergoss sich die ganze aufgestaute Negativität dieses Morgens: „Da quält man sich bei diesem Scheißwetter, die halbe Nacht hierher, um nur wieder Padmasambhava und ähnliche Tibeter vorgesetzt zu bekommen. Hätte ich mir nur nicht gleich die Fahrkarte gekauft. Und dann auch noch diese stürmische Straße. Ich würde am liebsten gleich wieder gehen und ins Bett!"

Mit einem solchen - oder ähnlichen - Wortschwall konfrontierte ich die junge Frau. Doch erstaunlicherweise reagierte sie nicht so, wie Menschen gewöhnlich reagieren, wenn man sie anschnautzt. Sie sagte: „Komm erst mal rein, du bist ja ganz durchgefroren. Du brauchst keine Angst zu haben, hier sind keine Tibeter. Wir geben uns nur so seltsame Namen, mich nennt man hier beispielsweise Jayacitta, bin aber aus Düsseldorf, wie man hört. Am besten du ziehst dir erst mal die Birkenstocks aus und die Strümpfe auch. Schau, hier haben wir ganz warme, trockene Socken. Nimm dir ein Paar und dann holst du dir erst mal einen heißen Tee, du bist ja ganz durchgefroren."

Wow! So liebevolle, einfühlende Worte hatte ich in den letzten Jahren selten gehört. Und das, obwohl ich sie so angebluﬀt hatte. Es scheint hier schon ein besonderer Geist zu wehen... Mein Ärger löste sich recht schnell auf.

Dann bekam ich eine Einführung in die Meditation. Anschließend gab es einen Vortrag zum Thema „Erleuchtung". Der Referent hieß Shantipada und er erinnerte mich von seinem Habitus und seinen Gesichtszügen an Erich, einen der Leute aus dem *ÖkoBüro*. Erich arbeitete in einer Gruppe namens „Radikale Linke" und wenn er redete, klang er auch genau so radikal. Aber dieser Shantipada schien so etwas wie die weichgespülte Variante von Erich zu sein, wie ich im Laufe des Tages feststellte. Schon erstaunlich, was diese FWBO aus Menschen macht.

Noch erstaunlicher war die Tatsache, dass Shantipada zugab, dass er Schwierigkeiten hatte, etwas gutes Neues zu dem Thema *„Erleuchtung"* beizutragen. Er verwies darauf, dass es dazu einen Aufsatz von *Sangharakshita* gäbe, der so viel besser sei als alles, was ihm selbst dazu einfiel. Daher habe er sich entschlossen, statt eines eigenen Vortrages einfach den Aufsatz von *Sangharakshita* vorzulesen. Das fand ich erstaunlich. Ich hatte in den letzten zehn Jahren zahllose Vorträge und politische Reden gehalten, hatte dabei immer mein Ego aufgeblasen, und dieser Mann schien ganz egolos an die Sache heranzugehen, lobte stattdessen einen anderen, der das viel besser könne als er, eben diesen *Sangharakshita*.

Hinterher gab es auch hier ein Buffet, aber das war ganz anders als bei den Thai-Buddhisten in Langenselbold (vgl. *Szene 033*) Es war ein rein vegetarisches Buffet! Hier gehöre ich her, stellte ich fest; das ist das, was ich gesucht hatte.

Anschließend saß ich mit einigen anderen Leuten in einer Art Lounge zusammen, Jayacitta und Shantipada waren auch da. Ich lobte das vegetarische Mahl und erzählte, dass ich auch Vegetarier sei und mir auch extra Hühner angeschafft hätte, da ich keine Eier aus der tierquälerischen Massentierhaltung essen wollte. (Damals gab es noch keine Kennzeichnungspflicht für Eier, und auf die mündlichen Angaben der Händler konnte man sich leider nicht verlassen.)

Jayacitta stimmte mir zu: Ja, es sei gut, auf solche Eier zu verzichten – und auf Schokolade. (Vielleicht war das eine leichte Anspielung auf meinen Bauch?) „Warum denn auf Schokolade?" fragte ich erstaunt.

„Nun, in Schokolade ist Milch und die Milch kommt in der Regel auch aus der tierquälerischen Massentierhaltung. Darauf verzichte ich, und auch ganz auf Milch und Milchprodukte, ich bin Veganerin", sagte Jayacitta. Das war damals nicht nur noch nicht Mode. Ich hörte das Wort „vegan" an diesem Tag in der Tat zum ersten Mal. Die schienen hier tatsächlich weiter zu sein als die fortgeschrittensten Leute, die ich bei den Grünen kannte.

Bis dahin hatte ich gedacht, man könne gar nicht auf Milchprodukte verzichten, gewisse tierische Eiweiße brauche man. Mir wurde schlagartig klar, dass ich damit offensichtlich der Propaganda der Bauern- und Milchlobby auf den Leim gegangen war. Diese Jayacitta war nicht nur ausgesprochen schön, sie strotzte auch geradezu vor Gesundheit und strahlte eine derartige Wärme aus, wie ich es von einer „verbissenen Asketin" absolut nicht erwartet hatte. Hier war ich richtig. Hier waren Leute, die ethisch fortgeschrittener sind als ich, deren Praxis weiter entwickelt war. Herrlich!

Man redete den Leuten aber keineswegs nach dem Mund. Ich erinnere mich, dass Shantipada jemandem, der Abtreibung befürwortete, zwar verbindlich in der Sprache und mit freundlichen Worten, aber sehr engagiert und deutlich in der Sache, vorhielt, dass dies eine Haltung sei, die Respekt vor dem Leben vermissen lässt, und dass dies ethisch falsch und karmisch unheilsam sei.

Ich schaute anschließend noch in das Retreatprogramm der FWBO, denn inzwischen war ich mir sicher, dass ich mit genau solchen Leuten meinen ersten *Retreat* machen wollte. Und da ich doch noch recht vorsichtig war, suchte ich nach einem kurzen Retreat, einem Schnupperretreat. Und ich fand etwas: einen Retreat über Ostern, beginnend am Donnerstagabend und endend am Ostermontag. Ich las auch, welche Ordensmitglieder diesen Retreat leiten würden: Shantipada und Jayacitta. Super! Ich meldete mich *stante pede* an und beglich auch gleich die Anzahlung.

Meine Suche schien zu Ende zu sein. Ich war angekommen. Hier wollte ich bleiben, wenn denn alles so lief, wie es in diesem Moment den Anschein hatte.

Ich habe diesen Retreat besucht und mich sofort für einen weiteren Retreat angemeldet, diesmal für 14 Tage. So war das bei und nach meinem ersten Besuch im Buddhistischen Zentrum Essen. Es sollten viele weitere folgen. Zwei Jahre später erklärte ich, dass ich mir überlegt habe, ganz nach Essen zu ziehen. Allerdings war ich mir ziemlich sicher, dass mein Berufsschullehrerdasein im beschaulichen Gelnhausen etwas anderes war als im Ruhrgebiet arbeits- und perspektivlose junge Männer mit Migrationshintergrund zu domptieren. Nein, das wäre alles andere als positiv für meine Geisteszustände. Statt dessen erklärte ich meinen Freunden in Essen, dass ich unmittelbar nach meiner Pensionierung nach Essen ziehen würde.

„Und wann ist das?", wurde ich gefragt. Als ich antwortete, dass dies 2017, also rund 20 Jahre später sei, winkte man ab. Bis dahin könne alles Mögliche passieren.

- Während ich dies schreibe, sitze ich in meiner neuen Wohnung in Essen.

- Ich bin planmäßig am 31. Januar 2017 pensioniert worden.

- Um 12.40 h endete an diesem Tag mein Dienst in Gelnhausen.

- Um 17 h bin ich in meiner neuen Wohnung in Essen eingezogen.

Danke Shantipada!
Danke Jayacitta!

*Die **Rūpa** im Schreinraum des Buddhistischen Zentrums Essen.*

Die Sache mit dem Rumpsteak

= Szene 039 aus Horsts Lebensbericht – 2002

Seit Anfang 1984 hatte ich nichts mehr aus der Massentierhaltung gegessen, etwas später wurde ich vollständig
Vegetarier. Von 1996 bis 2000 lebte ich völlig vegan. Das war
etwas schwierig, denn wenn ich beispielsweise mit meinen
Kindern zum Essen gehen wollte, lehnten diese das ab, denn sie
wussten, ich würde im Lokal nichts bekommen, was mir
schmeckt. Selbst im vegetarischen Salatteller sind gewöhnlich
Eier und Käse, und wenn man die noch weglässt, macht ein
solcher Salat eher hungrig als satt. Wenn ich mir zuhause einen
Salat machte, so war der mit allerlei Gemüse, Oliven und in Öl
eingelegten Tomaten, mitunter auch mit Nüssen angerichtet.
Ein solcher Salat macht wirklich satt! Zu Hause kochte ich auch
leckere vegane Mahlzeiten für die ganze Familie. Da ich jedoch
auch meine Kinder und Freunde gelegentlich in ein Lokal
ausführen wollte, entschied ich mich dafür, nur noch zu Hause
vegan zu leben, wenn ich hingegen mit Leuten ausging, nahm
ich eine nichtvegane aber selbstverständlich vegetarische
Mahlzeit zu mir. Dies war ein Kompromiss.

Wie das so mit Kompromissen ist, haben sie mitunter die
Tendenz, ausgehöhlt zu werden. So musste ich feststellen, dass
ich tatsächlich gelegentlich begann, mir im Café auch ein Stück
Kuchen zu bestellen, wenn ich allein war. Oder wenn der
Kaffee, den ich normalerweise schwarz trank, im Café zu stark
war, machte ich mir doch etwas Kondensmilch hinein. Nicht oft,
aber manchmal.

Wenn ich damals für mich alleine kochte, machte ich mir häufig meine Leibspeise der späten 90er Jahre. Ich nannte es Schwarzkraut. Als Kind hatte ich Weißkraut nie gemocht. Es war das einzige Gemüse, das ich wirklich ablehnte. Und auch wenn ein Onkel von seiner Zeit in sowjetischer Kriegsgefangenschaft erzählte, schimpfte er immer aufs Essen: „Jeden Tag Kapusta!", beschwerte er sich, „ohne das kleinste Stückchen Fleisch!" Ich fand es ganz gut, dass es dort kein Fleisch für die Häftlinge gab. Und nachdem die Russen damals selbst kaum etwas zu essen hatten, wäre es ja wohl vermessen gewesen zu glauben, dass sie ausgerechnet den gefangenen Wehrmachtssoldaten Fleisch servieren! Ich hatte in diesem Punkt recht viel Verständnis für die Sowjets. Aber wenn die Erzählung meines Schwiegervaters stimmte, dass sie fünf Jahre lang nur Kapusta, Weißkraut, bekommen hätten, und er das offensichtlich ohne Gesundheitsschäden überlebte, dann musste Weißkraut ja ein ausgezeichnetes Gemüse sein, das alle wichtigen Nährstoffe und Vitamine enthält, sagte ich mir.

Meine Tochter machte sich mitunter Weißkrautsalat als Diät gegen Übergewicht: einfach gerebeltes Weißkraut mit etwas Zitronensaft, Salz und Pfeffer. Ich probierte das auch: gar nicht mal schlecht! Also aß ich jetzt auch davon. Bald nahm ich allerdings Kümmel dazu, was meine Tochter nicht mochte. Ich hingegen liebe Kümmel sehr!

Allmählich veränderte ich diese Mahlzeit: Ich briet das Weißkraut jetzt in der Pfanne mit Sonnenblumenfett an – ha, das schmeckte tatsächlich etwas nach Braten. Ich holte mir im Reformhaus mexikanischen Tofu und gab ihn auch in mein neues Lieblingspfannengericht – herrlich. Außerdem hatte ich, seit ich vegan lebte, ein neues Würzmittel entdeckt, das von vielen Veganern geschätzt wird, weil es die wichtigsten Mineralien für Veganer enthält – und dementsprechend hatte sich auch mein Geschmack verändert: mein Körper fand dieses Würzmittel, das ich in England kennen gelernt hatte, ganz lecker. Man nannte es dort „yeast", die bekannteste Marke in England ist Marmite. Auf Deutsch heißt yeast „Bierhefeextrakt", was längst nicht so toll klingt. Und die führende deutsche Marke „Vitam-R" ist auch bei weitem nicht so hard-core-mäßig wie Marmite. Aber inzwischen habe ich mich auch daran gewöhnt. Damals jedoch würzte ich mit Original-Marmite. Jetzt schmeckte mein Weißkrautgericht, mein „Schwarzkraut", ganz ausgezeichnet. Allmählich nahm ich noch zwei verschiedene Soja-Soßen dazu – und dann war das Gericht geradezu himmlisch. Ich vermisste Fleisch überhaupt nicht mehr!

Glaubte ich, bis...

...eines Tages im Jahr 2002 an Fasching. Ich ging mit meinen beiden kleinen Enkelsöhnen „zum Lotz". Der „Lotz" hatte die Gaststätte „Zum Ratskeller" in Großauheim, eine Gaststätte mit einer Metzgerei. Als Kind war ich immer gern an Fasching beim Lotz, denn dort gab es eine alte Bierrutsche. Mit einer Bierrutsche wurden früher die Bierfässer in großen Gasthöfen in den Keller gerutscht. In meiner Jugend, in den 50er und 60er Jahren, war in dem alten Bierkeller eine Bar eingerichtet, und immer zu Fasching baute der Lotz die Bierrutsche auf, und wir Kinder konnten im Faschingskostüm herunter rutschen. So kam es, dass von Faschingssamstag bis zum Dienstag dort immer ein Kindermaskenball mit Rutschbahn war. Ich war früher gern dort. Und auch in den 80er Jahren war ich mit meinen beiden Töchtern oft an Fasching beim Lotz. Nun hatte ich Enkel und ging mit meiner Tochter und ihren Söhnen, eben diesen Enkeln, dorthin.

Womit ich jedoch nicht gerechnet hatte, waren die Gerüche aus der Küche. Am Anfang, als wir hinkamen, störte mich der Fleischgeruch aus der Metzgerei noch. Aber irgendwann wurden dann Mahlzeiten serviert. Die offensichtlich beliebteste Mahlzeit war Rumpsteak mit Zwiebeln und irgendeiner Beilage. Die gerösteten Zwiebeln erinnerten an mein Weißkrautgericht und mir lief das Wasser im Mund zusammen. Und dann wurde da immer Rumpsteak mit Zwiebeln und Bratkartoffeln vorbei getragen – und in mir stieg die Erinnerung auf. Ja, ich hatte früher auch gern Rumpsteak mit Zwiebeln gegessen, damals im Alt-Auheim (vgl. *Szene 015*). Schon seit fast 20 Jahren hatte ich so etwas nicht mehr bekommen. Ich erinnerte mich jedoch an den Geschmack und an die sehnige Struktur des Fleisches: richtig etwas zum Beißen! Das ist schon etwas anderes als dieser doch etwas lapprige Tofu...

Ich wäre jedoch nie auf die Idee gekommen, mir ein solches Essen zu bestellen. - Kurz nach Fasching hatte ich jedoch eine ziemlich öde Arbeit zu machen, viele Akten für meine Tätigkeit in der Regionalversammlung zu bearbeiten. Ich kam auf die Idee, zum Lotz zu gehen, der hat ja ein leckeres alkoholfreies Bier dort. Und so saß ich im Lokal und arbeitete. Ich hatte mir einen Tisch in der Nähe der Küche gesucht und auch an diesem Tag wurden leckere Rumpsteaks an mir vorbei getragen. Ich verspürte wieder diese Sehnsucht, wusste jedoch: das ist nichts für dich. Aber riechen wird man ja wohl noch dürfen...

Tags darauf bin ich – als wäre es Routine – wieder zum Lotz gegangen, habe mir mein alkoholfreies Bier bestellt und meine Akten dort bearbeitet.

Doch plötzlich beobachtete ich mich: Was mache ich denn da? Warum bin ich zum dritten Mal in dieser Woche in einer Gaststätte? Gut, das Bier ist inzwischen alkoholfrei – aber ganz im Ernst, was mache ich hier eigentlich? Und in diesem Moment kam wieder der Geruch von Rumpsteak mit Zwiebeln. Und da wurde es mir bewusst: Es ist dieser Geruch, wegen dem ich hier bin. Es ist eine große Sehnsucht nach etwas, das ich über-wunden glaubte, und das sich nun zurück meldete. Ja, dafür wurden Kühe geschlachtet, was ich aufs Entschiedenste ablehnte. Aber diese Kühe wurden geschlachtet, weil sie keine Milch mehr gaben, oder jedenfalls zu wenig. Und an dieser

Milchviehhaltung war ich mit schuld, schließlich aß ich hin und wieder im Café ein Stück Kuchen, wofür gewöhnlich Butter, Quark oder Sahne und Milch verwendet wurde. Mitunter machte ich mir sogar etwas Kondensmilch in den Kaffee. Und wenn ich mit anderen Leuten in ein Lokal ging, bestellte ich mir inzwischen ja auch wieder eine Pizza mit Spinat und Käse. Oder ein Käsebrot.

Und nun war da auch wieder die Sehnsucht nach dem Rumpsteak. Würde das zu einer Manie werden? Sollte ich am besten nie wieder in diese Wirtschaft gehen? Aber was würde das mit meinem Geist machen? Ich hatte diese Sehnsucht angestachelt. Würde sie sich einnisten, zu einer fixen Idee werden? Früher aß ich Rumpsteak – aber nie war das Verlangen danach so groß wie jetzt. Bestimmt übersteigerte ich in meiner Erinnerung den damit verbundenen Genuss. Und der würde mich weiter plagen...

„Kellner, bringen Sie mir bitte ein Rumpsteak mit Zwiebeln und Salzkartoffeln, gut durch!" Jetzt war es passiert. Ich hatte es tatsächlich bestellt. Vorsichtshalber mit Salzkartoffeln und nicht mit Bratkartoffeln, die sind zwar leckerer, aber dort ist womöglich Schweinefleisch in Form von Räucherspeck drin. Und Schweine werden im Gegensatz zu Milchvieh noch enger, noch quälerischer gehalten. Es war ein merkwürdiger Kompromiss! Wohin würde mich das führen?

Und dann kam es, mein erstes Rumpsteak seit über 15 Jahren. Es roch herrlich! Ich stach mit der Gabel hinein, schnitt mit dem Messer ein Stück vom Steak ab, drapierte geröstete Zwiebeln darauf und führte es zum Mund. Und dann? Naja... also es ist tatsächlich von dieser Konsistenz, die ich vermisst hatte, meine Zähne hatten ordentlich etwas zu kauen, und auch eine Fleischfaser klemmte sich wieder zwischen meine Zähne wie früher – irgendwie unangenehm.

Und der Geschmack? Nun der Geruch, der kostenlose, der nicht dazu führte, dass ich die Nachfrage nach Fleisch anfachte, war eindeutig leckerer als der Geschmack. An den Kartoffeln fehlte Kümmel, sie hätten auch etwas angebraten sein können... Aber dieses Fleisch? Einmal abgesehen von dem Pfeffer, der drauf war und von dem Geschmack, der von den gerösteten Zwiebeln kam, schmeckte das Fleisch eigentlich nach gar nichts! Das hätte man doch viel besser machen können. Natürlich, man hätte es in der Pfanne mit yeast anrösten können, dann zum Ablöschen Sojasauce verwenden können und vielleicht auch irgendetwas Würzig-Fruchtiges hinzu tun, vielleicht gerebeltes Weißkraut! Ja, dann würde es richtig gut schmecken, aber so doch nicht, wenn die mich mal hätten in der Küche werkeln lassen, dann wäre es richtig lecker, dann würde es schmecken wie, wie...

...ja, tatsächlich, dann würde es genauso schmecken, wie mein herrliches Schwarzkrautgericht! Ich stutzte. Ich war geheilt! Ich war von meiner unheilsamen Gier geheilt! Durch achtsames Betrachten dessen, was wirklich geschieht. Die Zubereitung macht den Unterschied – und der Geruch. Jetzt wusste ich, dass ich nie wieder ein Rumpsteak essen würde, dass ich nie wieder Gier nach Fleisch haben brauchte. Das schmeckt in Wirklichkeit gar nicht! Es kommt allein auf die Zutaten, auf die Zubereitung an. Und die kann ich mit vegetarischen, mit veganen Speisen allemal besser.

Ich habe mein Rumpsteak ganz langsam und achtsam zu Ende gegessen. Nachdem ich die Sache mit dem Geschmack abgehakt hatte, forschte ich noch etwas der Sache mit der Konsistenz nach. Ja, das würde man bei Soja noch etwas besser hinbekommen können als bisher. Andererseits hatte die Konsistenz des Steaks auch Nachteile: die Fasern zwischen den Zähnen, man musste ganz lang kauen, da war der Geschmack schon längst weg, nur die Zähne mussten noch arbeiten. Die

Kaumuskulatur war gefragt, eigentlich war das eher Muskeltraining für die Kaumuskulatur.

Ich habe mich sehr geschämt, dass ich ein Stück von einem Wesen gegessen habe, das leben und nicht sterben wollte. Dass ich mit schuld war am Leiden eines lieben Wesens, das panische Angst hatte, als es ins Schlachthaus geführt wurde. Und dass ich so dumm war, mir daraus einen Genuss zu versprechen! Andererseits bin ich auch froh, dass ich das getan habe, denn es hat mich ein für allemal kuriert. Ich weiß, dass da in mir nicht nur Gier war, sondern auch die Verblendung, dieser Genuss könnte größer sein als das, was ich jeden Tag genießen konnte: meine leckere Schwarzkraut-Mahlzeit.

Ich bin sehr froh, dass ich mittels yoniso manasikara, mittels weisem Erwägen und mittels sati-sampajañña, also durch Achtsamkeit und Wissensklarheit, mein unheilsames Tun betrachten konnte. Und ich bin sicher, dass ich in Zukunft alle diese Fähigkeiten einsetzen kann, <u>bevor</u> ich wieder zur unheilsamen Tat schreite. Möge ich auf dem Pfad, der auf Ethik gründet, durch Meditation gefestigt wird und zu Weisheit führt, der irgendwann zu höchster Weisheit, zu sammasambuddhasa, zum völligen Erwachen führt, fortschreiten.

Und mögen alle Kühe glücklich sein!

Der „Lotz" (oder richtiger: Gasthof „Ratskeller"), das Lokal in der Großauheimer Rochusstraße, in dem sich „die Sache mit dem Rumpsteak" zutrug.

Nachspielzeit

= Szene 043 aus *Horsts Lebensbericht* - 2001

Obwohl das Jahr dieser Szene mit 2001 angegeben ist, muss ich etwas weiter ausholen. Denn vor der Nachspielzeit liegt die reguläre Spielzeit und das Wissen um das Ende der regulären Spielzeit. Und um das zu verstehen, müssen wir zurück ins Jahr 1970, in eine Zeit also, in der ich 18 Jahre alt war. Zu dieser Zeit erfreute ich mich der Unterstützung meiner Mutter (vgl. *Szene 042* – Unterrichtsübernahme), was meist recht angenehm war, mitunter allerdings auch skurrile Züge annahm, und um einen ebensolchen ging es damals im Jahre 1970.

Meine Mutter hatte in der Zeitung gelesen, dass der bekannte Hellseher Hanussen II. in Hanau gastierte, und sie hat sich von ihm die Zukunft vorhersagen lassen. Sie schien ziemlich beeindruckt und sagte mir, sie würde die Kosten übernehmen, wenn ich ihn auch konsultieren wolle. Nun war ich nicht wirklich ein Anhänger von Hellsehern – und bin es auch heute nicht. Ich habe mir übrigens heute, an dem Tag, da ich diese Szene erstmals niederschrieb, am 19. Mai 2017, auf youtube erstmalig ein Video dazu angesehen: "Hanussen II - Der Hellseher mit den Röntgenaugen" – naja... Andererseits: wenn man es bezahlt bekommt...

Ich willigte ein und so traf ich den Seher wenige Tage später in seinem Hanauer Hotel; die nötige Gebühr – 50 DM – hatte mir meine Mutter mitgegeben.

Ich hörte mir an, was er mir zu sagen hatte - und war nicht sonderlich beeindruckt. Er hat mir prophezeit, ich würde 80

Jahre alt, das lag damals mehr als 10 Jahre über der Lebenserwartung und war damit mithin das, was ich einem jungen Kunden auch gesagt hätte. Er erklärte, ich würde heiraten und zwei Kinder bekommen, also das statistische Mittel. Ich würde ins Ausland gehen und den größten Teil meines Lebens in einem fernen Land wohnen und arbeiten, aber die Kontakte zu meiner Heimat aufrecht erhalten. Auch das war nicht sehr verwunderlich. Schließlich hatte er mich vorher nach meinen Berufswünschen gefragt. Ich hatte ihm erklärt, ich wolle Sinologie und Wirtschaft studieren und als Wirtschaftsreporter nach China gehen. Also: das hätte ich an seiner Stelle auch einem jungen Mann mit diesen Berufswünschen gewahrsagt.

Eine Prophezeiung hätte ich jedoch mit Sicherheit nicht gemacht. Ich hätte – im Gegensatz zu ihm – niemals einem 18jährigen Mann gesagt, er könne unbedenklich schnell mit dem Auto fahren, er würde keinen Unfall verursachen, jedenfalls keinen mit Verletzten (wörtlich: "bitte sehr, über Blechschäden reden wir nicht"). Also diesen Rat einem jungen Mann zu geben, halte ich für absolut verantwortungslos. Und ich will nicht ausschließen, dass mich das später zu meinen Ungunsten beeinflusst hat, vor allem, wenn ich bereit war, mich betrunken ans Lenkrad zu setzen.

Es war nicht so, dass ich wirklich viel Vertrauen in seine Wahrsagekunst hatte. Andererseits hatte er unter anderem in meiner Hand gelesen. Und im Körper soll sich ja alles Mögliche ausdrücken, da gibt es u. a., so wusste ich, die Lebenslinie. Und als er mir mein Alter (80 Jahre) voraussagte, hat er zwei-, dreimal rasch hintereinander geblinzelt, wie es Leute oftmals dann tun, wenn sie lügen. Ansonsten wirkte er sehr selbstsicher.

Ich ging also mit dem Verdacht weg, er könne in meiner Lebenslinie mein zu erwartendes Alter gesehen und mich dabei belogen haben. Dieser Sache wollte ich nachgehen. Und wenn ich eben schrieb "wollte", so bedeutete das, dass ich mich sofort in eine Buchhandlung begab und ein Buch über die Kunst des Handlesens kaufte. Was mich dabei interessierte, war einzig und allein die Sache mit der Lebenslinie.

Ich las also, was dort über die Lebenslinie stand, verglich die Abbildungen mit meiner eigenen Hand, maß nach und interpolierte – wie ich das bei der Arbeit mit dem Rechenschieber (dieses Instrument gab es damals noch) gelernt hatte – mein zu erwartendes Alter. Ich war ziemlich gut im Interpolieren, es war in der Tat das Einzige, wofür mir mein Nachhilfelehrer jemals Anerkennung gezollt hatte, und ich stellte fest: wenn das, was in dem Buch steht, stimmt, dann müsste ich zwischen 47 und 49 Jahre alt werden. Mein Leben würde voraussichtlich 1998 oder 1999 zu Ende sein. Ich würde meinen 50. Geburtstag nicht erleben - wenn das denn stimmt, was ich aus diesem Buch entnahm...

Ich beschloss daher, mein Leben so zu leben, dass ich im Jahre 1998 sterben kann, ohne mich sorgen zu müssen, etwas noch erledigen zu müssen. Daraus folgt, dass ich alle meine Kinder vor dem 30. Lebensjahr bekommen müsse, um meine Erziehungsaufgabe wahrnehmen zu können. Daraus folgt weiterhin, dass ich mit spätestens 25 Jahren heiraten müsste. Ich müsse so bald wie möglich einen gut bezahlten Beruf ergreifen, damit meine Familie abgesichert ist. Und ich muss alle Planungen so machen, dass ich meinen Lebensplan bis 1998 fertig habe.

Und obwohl ich keineswegs sicher war, dass die Sache mit der Lebenslinie stimmt, hielt ich es doch für angebracht, davon auszugehen, dass ich die Jahrtausendwende nicht erleben würde. Und diese Angewohnheit hielt ich in der Tat volle 30 Jahre durch. Ich plante für keinen Tag im 21. Jahrhundert, selbst in den Jahren 1998 und 1999 nahm ich noch keinen einzigen Termin an, der nach dem 31.12.1999 war.

Selbstverständlich freute ich mich, dass ich im Jahr 2000 noch lebte und zog immer ernsthafter in Betracht, dass meine Annahme bezüglich meines Todesdatums falsch war. In mir reifte die Erkenntnis, dass ich in meiner regulären Spielzeit alles das umgesetzt hatte, was ich in dieser Zeit umsetzen wollte. Ich hatte eine Familie, hatte drei Kinder gezeugt, hatte ein Eigenheim für meine Familie, hatte mich planmäßig in die Politik eingemischt, hatte Institutionen initiiert, manche mit Erfolg, wie die EnergieWende, das *ÖkoBüro*, meine Arbeit in Bürgerinitiativen und Vereinen, die ich gegründet hatte, manche ohne Erfolg, wie mein Engagement in der *Stiefografie*. Ich hatte mich sogar dem Buddhismus zugewendet und war überzeugt davon, dass ich nie – ich betone: nie – wieder von diesem Pfad abkommen würde. Was aber, wenn ich meinen 50. Geburtstag erleben würde? Wenn die reguläre Spielzeit um wäre und ich eine Verlängerung bekäme? Keine Verlängerung von 2 x einer festen Zeit wie beim Fußball, sondern so, wie damals die Verlängerungen beim Eishockey waren: auf unbekannte Zeit. Wenn beim Eishockey in dieser Zeit ein Tor fällt, ist das Spiel aus, man nannte es "sudden death". Dieser Terminus gefiel mir!

Ja, ich würde noch einmal ein Projekt starten, in meiner Nachspielzeit, egal wie weit ich damit komme, es würde durch den "sudden death" enden. Ein Spiel bis zum Tod. Und mir war auch klar, was das für ein letztes Projekt sein würde, mit dem ich zum Wohl aller Wesen wirken wollte: ich würde für die buddhistische Gemeinschaft, der ich, seitdem ich 1999 zum Mitra geworden war, angehörte, für die Buddhistische Gemeinschaft *Triratna*, versuchen, ein Zentrum im Rhein-Main-Gebiet aufzubauen. Am 29. August 2001, an meinem fünfzigsten Geburtstag, schrieb ich daher einen Brief: Ich bat um Ordination in den Buddhistischen Orden Triratna.

Heute, 18 Jahre später, glaube ich nicht mehr daran, dass ich noch in diesem Leben in den Triratna-Orden ordiniert werde, ich habe daher in dieser Woche mein Ordinationsgesuch zurückgezogen. Aber die Ordination war auch nicht das Ziel für die Nachspielzeit. Das Ziel für die Nachspielzeit war zu versuchen, ein Zentrum für die Buddhistische Gemeinschaft Triratna im Rhein-Main-Gebiet zu initiieren und so zum Wohl aller Wesen beizutragen.

Alles, was ich seitdem in Angriff genommen hatte, diente dem. Ich möchte den Dharma leben, ich möchte dazu beitragen, dass der Dharma weitergegeben wird, ich möchte mich spirituell entwickeln und anderen Wesen bei ihrer spirituellen Entwicklung helfen, so weit es mir eben möglich ist. Der Nukleus dazu ist gelegt. Es gibt die **Buddhistische Gemeinschaft Gelnhausen**, sie wird von Satyadhara geleitet, einem Ordensmitglied, das durch mich zu Triratna kam. Ich unterstütze ihn gemeinsam mit anderen Leuten des Sangha-Teams, den **Dharma** im Herzen Deutschlands zu verbreiten.

Nachdem ich mein Ordinationsgesuch zurückgezogen habe (2018), bin ich zu meiner Lebensabendsgefährtin nach Thüringen gezogen und bin gespannt, was der Ozean der Leerheit für mich hier bereithält. Ob das das Ende meines Versuches ist, den Dharma nicht nur zu leben, sondern auch zu geben, zu versuchen, anderen Menschen den Dharma zu vermitteln? Sicher nicht, denn ansonsten würdest du dieses Buch nicht in Händen halten!

Und so geht der Mensch seinen verschlungenen Pfad in Richtung eines Lebens zum Wohl aller Wesen...

...sudden death...

...und es wird dann wieder ein kleiner Mensch den Pfad in Richtung eines Lebens zum Wohl aller Wesen gehen...

Das Retreatzentrum der
„Freunde des Westlichen Buddhistischen Ordens"
in Kühhude im Sauerland in den 90er Jahren

Kühhude

= *Szene* 046 aus Horsts Lebensbericht –1996-2000

Im Januar 1996 war ich erstmals bei einer Veranstaltung der Buddhistischen Gemeinschaft *Triratna* (damals: FWBO) in Essen. Ich war begeistert vom Klima bei Triratna und insbesondere von zwei Ordensmitgliedern: Jayacitta und Shantipada (vgl. *Szene* 036). Und da ich an diesem Tag auch feststellte, dass diese beiden gemeinsam ein verlängertes *Retreat*-Wochenende über Ostern leiten, habe ich mich sofort dafür angemeldet.

Am Gründonnerstag ging es dann zu diesem sonderbaren Ort im Sauerland nahe Bad Berleburg. Das Haus war von Triratna gemietet, es gehörte einem Bauern, dessen Bauernhof direkt daneben war. Kühhude war früher eine Jugendherberge gewesen. Da sie in den 60er Jahren nicht mehr dem gestiegenen Jugendherbergsstandard angemessen war, vermietete sie der Bauer zunächst an alle möglichen Gruppen, zuletzt aber ganz an Triratna. Allerdings investierte er nicht in eine Modernisierung und auch Triratna tat das nicht, weil man nicht wusste, wie lange wir hier zur Miete bleiben konnten. Daher war der Standard weit von dem entfernt, was bei vergleichbaren Retreathäusern üblich war – ich aber fand es himmlisch. Es erinnerte an meine Zeit in besetzten Häusern während des Häuserkampfes im Frankfurter Westend (vgl. *Szene 032*). Die Möbel waren vom Sperrmüll und die Etagenbetten hoffnungslos durchgelegen. Aber da die meisten Leute ihre Matratzen sowieso aus den Betten nahmen und sie auf den Boden legten, machte das nichts - auch wenn die Matratzen und Bettdecken deutliche Spuren von jugendlicher Nutzung aus vielen Jahrzehnten trugen. Heute haben wir ein viel schöneres *Retreatzentrum*, Vimaladhatu im Sauerland, aber ich denke immer noch voller Wehmut an Kühhude zurück. *Vimaladhatu* heißt „Vollendeter Ort" - Kühhude war das hoffnungslose Gegenteil davon, aber ein Ort mit einem ganz besonderen Charme.

Wir waren etwa 40 TeilnehmerInnen. Wir verwalteten alles selbst, es gab keine Angestellten, wir hatten Küchendienst, kochten das Essen, deckten die Tische. Morgens um 6.30 h war Wecken, von 7.00 h bis 8.45 h Meditation, dann Frühstück, anschließend Yoga, wieder Meditation, Mittagsimbiss, Mittagspause, dann wieder Meditation und Kommunikationsübungen, eine Gesprächsgruppe, um 18.00 h die Hauptmahlzeit und um 20.00 h *pūjā* (Ritual) und wieder Meditation.

Sehr gewöhnungsbedürftig waren die Kommunikationsübungen, in denen es um empathische, nonverbale Kommunikation ging, was allerdings so nicht gesagt wurde. Statt dessen wussten wir nur, dass wir mit schönster Redundanz immer wieder ein und denselben Satz unserem Gesprächspartner sagen sollten. Mein Satz war: „Wasser ist nass" und mein Gesprächspartner erwiderte mit Engelsgeduld: „Fliegen die Vögel?" Mein Kommunikationspartner war ein sehr beeindruckender Mann. Erst hatte ich noch gedacht er sei so etwas wie ein alter Hausmeister, da er so einfach und zurückhaltend wirkte. Später bekam ich mit, dass er früher Benediktinermönch war, Theologie studiert hatte, bis er die Nichtexistenz Gottes erkannte, dann marxistische Wirtschaftslehre studierte, später im Finanzministerium in Brüssel arbeitete, dann Mitbegründer der flämischen Grünen war (er ist Belgier), zehn Jahre dem belgischen Parlament angehörte, seit einem Jahr ordiniert war und nun Dhammaketu hieß und derzeit Triratna in Gent aufbaute.

Yogaunterricht gab Dharmapriya, ein Kanadier, der Triratna in den 80ern in Deutschland (zusammen mit Dhammaloka) aufbaute und der Yogalehrer in ganz Europa und in Lateinamerika ausbildete, die Meditationen leitete Shantipada. Am Abend in der *pūjā* wurden unter anderem *Mantras* rezitiert, was ganz wunderbar klang, vor allem wenn Jayacitta sie einleitete, die eine engelsgleiche Stimme hat. Außerdem erinnere ich mich mit großer Freude an buddhistische Geschichten, die sie erzählte. Mich brachte dies später auf die Idee, auch in meinen Veranstaltungen Geschichten zu erzählen, viele davon finden sich auch auf meiner Internetseite www.kommundsieh.de und teilweise auch in anderen Bänden dieser Buchreihe.

Dennoch störte mich einiges. Die *pūjā* fand ich von einigen ihrer Inhalte her ziemlich schräg, sie machte mich sogar relativ wütend. Danach hatte ich starken Gesprächsbedarf. Doch ausgerechnet nach der *pūjā* war ein zwölfstündiges Schweigen vorgeschrieben. Ich setzte mich also in den Aufenthaltsraum auf ein Sperrmüllsofa und schrieb mir meine Wut vom Leibe.

Auch morgens saß ich schon recht früh in diesem Aufenthaltsraum. Das war die Zeit, als eines der Mädels mit der Glocke herumging, um die Leute zu wecken. Sie tat das in knapper Unterwäsche, was ich ganz reizend fand. Dies war sicher nicht der entscheidende Grund, dass ich mich hinterher sofort für eine längeres Retreat anmeldete, aber mag wohl bei den entsprechenden Überlegungen auch mitgespielt haben. Es hat sich allerdings dann herausgestellt, dass dies eine eher untypische Bekleidungssitte war. (Irgendwie schade.)

Im Sommer war ich wieder in Kühhude, diesmal für zwei volle Wochen. Und in dieser Zeit hatte ich richtig tolle Meditationen. Unter anderem hatte ich hier die Meditation, die ich in Szene 002 beschrieb („Wie ich einmal starb?"). Tatsächlich habe ich in dieser Zeit auch merkwürdige Träume gehabt wie denjenigen, dass ich die Zeitung aufschlug und mit Interesse meine eigene Todesanzeige las.

Besonders ergreifend war eine Meditation, in der ich mich selbst wie einen andere Person betrachtete, nämlich aus den Augen meiner Familienmitglieder, und mir so aus ihrer Perspektive alle diejenigen Verhaltensweisen ansah, die für diese problematisch waren. Ich nahm mir fest vor, dies zu ändern und die gewonnenen Erkenntnisse in die Praxis umzusetzen. Dies war leider nicht in jeder Hinsicht von Erfolg gekrönt. Die damals in meinem Leben wichtigste Person ging, als ich wieder von Kühhade zurückkehrte auf Distanz, sie witterte wohl in meiner Hinwendung zum Buddhismus und zu dieser buddhistischen Organisation so etwas wie Verrat. So war mit meiner Begegnung mit der Buddhistischen Gemeinschaft Triratna zwar der Anfang etwas Neuen, etwas Bedeutungs-vollem verbunden, gleichzeitig war aber damit auch ein Verlust verbunden. Ich hatte eine spirituelle Heimat gefunden, aber gleichzeitig etwas Wichtiges verloren. So hatte mein Kühhude-Aufenthalt einschneidende Veränderungen. Andererseits erstarb da etwas, das wohl wirklich am Ende war.

Doch zurück nach Kühhude: Der Schrein- und Meditationsraum befand sich in einem extra Gebäude, einer Holzbaracke. Wir saßen damals auf Schaum stoffblöcken, die etwas bröcklig waren (heute haben sie schicke Überzüge). Die Decken, die man um sich legen konnte, hatten keinen einheitlichen, auf die Überzüge von Kissen und Matten abgestimmten Farbton, wie heute, sondern waren aus chaotisch bunter Vielfalt, so wie sie eben gespendet worden waren. Das Holz der Baracke war teilweise durchgemodert und von zahlreichen Mäusen durchgenagt. Im Winter versuchten wir mit einem Elektroradiator und einem Gasofen etwas Wärme in den Raum zu bringen, dennoch waren die Temperaturen nicht sehr weit über dem Gefrierpunkt, unseren Atem konnte man deutlich sehen – aber unter zwei Decken ließ es sich ganz gemütlich meditieren. Alles war sehr improvisiert, aber ich fand es herrlich. Ich denke, auch der Buddha legte nicht besonderen Wert darauf, dass das Grün von Gras, Büschen und Bäumen in den Wäldern, in denen er meditierte, farblich aufeinander abgestimmt war. Meines Wissens hatte er auch kein Ästhetik-Team eingesetzt, wie das heute bei Triratna üblich ist. Und ich glaube nicht, dass seine Meditationen und die seiner *Sangha* dadurch wirklich schlechter waren als das heute bei Triratna der Fall ist.

Wie man unschwer erkennen kann, trauere ich etwas vergangenen Zeiten nach. Doch diese Zeiten mussten vergehen. Der Bauer heiratete, und die Miete für das Haus wurde daraufhin um 100 % erhöht, gleichzeitig gab es noch immer keine Sicherheit für die Zukunft und keine Investitionen ins Gebäude. Daher wurde ein anderes Objekt gesucht, eines, das Triratna kaufen und renovieren konnte. Es wurde im Jahr 2000 gefunden. Damals zogen wir mit einem Ritual von Kühhude nach *Vimaladhatu* („Ort der Perfektion") um. Auch dieses Gebäude war damals heruntergekommen, aber es wurde von Ordensmitgliedern und Freunden unter Leitung von *Bodhimitra* umgebaut und ist jetzt ein adrettes Gebäude, ästhetisch schön, zweckmäßig. Leider hatte ich dort niemals so erfolgreiche Meditationen wie in Kühhude. Während ich in Kühhude fünfmal jährlich war, bis zu zwei Wochen am Stück, ging ich danach höchstens dreimal im Jahr nach Vimaladhatu, maximal für eine Woche. Zuhause - und insbesondere im Meditationsraum in Gelnhausen - sind die Meditationen für mich erfolgreicher, gelingt es mir besser, an meinem Geist zu arbeiten. Das muss nicht am Ort liegen, das kann einfach an mir liegen.

Aber mitunter denke ich wehmütig zurück an die Zeiten, in denen wir zum Beispiel das Sangha-Fest in Kühhude feierten; erinnere mich an Zeiten, in denen nicht alles vom Ordensteam vorgegeben wurde, sondern als einfache Freundinnen und

Freunde Übungen vorschlugen und wir diese ausprobierten, Spaß hatten und uns selbst besser verstanden.

Höchsten Genuss bereiteten mir die Gehmeditationen, barfuß im Freien, auf der Weide hinter dem Retreathaus. Frischer Tau unter den Füßen; ein dichter Nebel ließ nichts anderes sichtbar werden als das, was im Umkreis von 5 m um uns war. Einfaches achtsames Gehen in der unendlichen Leerheit des Nebels, ein *Mantra* auf den Lippen, die kühle Frische des Bodens unter den Füßen, der Blick in ein bis zwei Meter Entfernung auf den Boden gerichtet oder auf die Füße der Person vor einem.

Nachts auf dem Friedhof meditieren

= Szene 050 aus Horsts Lebensbericht – 2002

Der Buddha hat vor seiner Erleuchtung häufig auf Leichenfeldern meditiert und übernachtet, um sich der *Vergänglichkeit* tief bewusst zu werden und um dabei auch die eigenen Ängste zu überwinden. Leichenfelder sind allerdings mit unseren Friedhöfen nicht zu vergleichen. Zu Buddhas Zeiten war es in Indien üblich, die Toten zu verbrennen. Dazu wurde der Leichnam an einen Verbrennungsplatz gebracht. In dem Teil Indiens, in dem der Buddha lebte, lagen diese Plätze häufig an den Ufern des Ganges, der bei den Hindus als heiliger Strom gilt. Hier wurden dann Scheiterhaufen aus Holz errichtet, die Leiche darauf gelegt und im Beisein der Angehörigen verbrannt.

Menschen aus den unteren Kasten konnten sich jedoch häufig das relativ teure Holz nicht leisten - und vermutlich auch nicht die Gebühren der *Brahmanen* für die Durchführung der Totenzeremonie. Arme Leute legten daher ihre Toten außerhalb des Dorfes auf einem sogenannten Leichenfeld ab. Die Beseitigung der Leichen wurde dann auf natürliche Weise von Tieren vorgenommen: von Hyänen, Wölfen, Aasgeiern, Fliegen oder Würmern beispielsweise.

Hier unternahm der spätere Buddha die Meditationen, die noch heute von einigen *Theravada*-Mönchen durchgeführt werden, und die als die "Zehn Stufen der Dekompostierung des widerwärtigen Objektes" bezeichnet werden. Diese gehen von der ersten Stufe, der bläulich verfärbten, teilweise aufgeplatzten, stinkende Flüssigkeit absondernden Leiche bis zur letzten Stufe, bei der nur noch einzelne unverbundene Knochen übrig sind, die bei Berührung zu Staub zerfallen: Asche zu Asche, Staub zu Staub, Erde zu Erde.

Vom Buddha und vielen anderen Meditierenden wurden die nächtlichen Leichenfelder jedoch auch aufgesucht, um sich den eigenen Ängsten zu stellen. Schließlich zerrten hier nicht nur Schakale und Kojoten an den Körpern der Toten und rissen Stücke heraus. Nein, es konnte auch ganz schön gespenstisch sein, wenn die Leichen nachts plötzlich zu glucksen anfingen, als würden sie einen auslachen, denn schließlich gärten Flüssigkeiten in ihnen und auch Gase bildeten sich, sodass es sein konnte, dass durch Gase aufgeblähte Gliedmaßen sich bewegten und dabei Laute hervorbrachten, die wie ein Stöhnen klangen. Gase konnten sogar dazu führen, dass sich Leichen plötzlich aufsetzten, und erst, wenn die faulgasgefüllten Gefäße platzten, legte sich der „Zombie" wieder hin.

Nun gut. Dagegen ist natürlich eine nächtliche Meditation auf einem deutschen Friedhof ein vergleichsweise idyllisches Unterfangen. Ich wollte aber auf jeden Fall ausprobieren, was eine nächtliche Meditation auf dem Friedhof mit mir macht. Und es zeigte sich, dass das eine wunderbare Idee war. Und da es nachts, wenn man lange im Freien sitzt, ganz schön kalt werden kann, entschied ich mich für eine Hochsommernacht. In einer warmen Julinacht des Jahres 2002 begab ich mich zu dem von meiner damaligen Wohnung aus nächstgelegenen Friedhof - nur etwa 300 m von meiner Wohnung im Auwanneweg entfernt. Hier waren vom frühen 19. Jahrhundert bis 1957 die Großauheimer Beerdigungen vorgenommen worden. Mir war der Friedhof vor allem dadurch bekannt, dass ich in den 50er und frühen 60er Jahren des 20. Jahrhunderts oftmals mit meiner lieben Großmutter hier war, die das Grab ihres Ehemannes Franz, der 1953 gestorben war, pflegte (vgl. die *Szene 011* "Franz").

Außerdem musste ich, als ich in Großauheim noch zur Volksschule (die ersten vier Schuljahre, das entspricht der heutigen Grundschule) ging, jedes Jahr im November bei Regen zum Volkstrauertag und/oder Heldengedenktag hierher. Der Pfarrer, Monsignore Atzert, führte dann eine ätzende Zeremonie im nasskalten November an den Gräbern der "Helden" durch. Die dort liegenden Helden waren junge Männer - Teenager - von der HJ, die ihre Flak-Stellungen dort hatten, wo später die Hanauer Nuklearbetriebe waren. In den letzten Kriegstagen haben sie von dort aus versucht, die Amerikaner mit Artilleriefeuer am Überqueren des Mains zu hindern. Die US-Soldaten glaubten, das feindliche Feuer käme aus Großauheim und wollten den Ort bombardieren lassen, um den Feind (inkl. der Zivilbevölkerung) auszumerzen.

Der frühere Bürgermeister von Großauheim (aus den 20er Jahren), Rudolph Weber, überquerte jedoch den Main mit einem Nachen und einer weißen Fahne, um den GIs mitzuteilen, woher das Feuer wirklich käme. Er konnte die Soldaten überzeugen und so wurde das Dorf Großauheim nicht zerstört (andernfalls gäbe es mich wohl nicht). Bombardiert wurden nur die Stellungen mit den halbwüchsigen Soldatchen, die bereit waren, jeden Meter deutschen Bodens mit ihrem Leben zu verteidigen. Und an deren Gräbern gedachten wir dann dieser "Helden". Die 50er und 60er Jahre hatten schon merkwürdige post-nazistische Auswüchse.

Und an diesem Ort, wo mein Großvater und die armen verblendeten Jugendlichen lagen, wollte ich also meditieren, eine ganze Nacht hindurch. Ich begab mich dementsprechend mit zwei Meditationskissen, einer Decke und einer dicken Jacke für die Nacht um 21 Uhr abends auf den inzwischen teilweise abgeräumten Friedhof. Fast alle früheren Grabsteine waren verschwunden, bis auf ganz wenige historische am Rand, die Gräber waren zu Rasen eingeebnet worden. Lediglich die Gräber der "Helden" waren noch sichtbar.

Ich baute mir einen Meditationssitz an einer Bank nahe der Stelle, wo Franz lag, auf. Zunächst setzte ich mich jedoch noch andächtig auf die Bank. Es war erst kurz nach 21 Uhr, noch nicht dunkel, und Menschen führten ihre Hunde spazieren. Es kam mir merkwürdig pietätslos vor, wenn die Hunde auf die ehemaligen Gräber pissten. Andererseits: wo auf der Welt besteht der Boden nicht größtenteils aus Leichen? Die Erde ist voller toter Menschen, Tiere, Pflanzen und voller Insekten und Würmer, die den organischen Recyclingprozess vollziehen. Ich saß also dort auf der Bank und wollte, solange hier noch Leute herumliefen, nicht als Meditierender kenntlich sein; so saß ich und blickte stumm auf den Totenacker.

Dort hinten, hinter der Mauer, war früher ein kleines Gräberfeld in nichtgeweihter Erde. Hier wurden die begraben, die nicht der Gnade des christlichen Gottes teilhaftig werden konnten, Selbstmörder zum Beispiel und Heiden. Meine kleine namenlose Cousine lag auch dort. Sie war kurz nach dem Krieg geboren worden, in der Hungerzeit, und sie starb kurz nach der Geburt, ungetauft, mit der Erbsünde belastet, ohne Chance aufs Himmelreich und auf Seligkeit, vielmehr verdammt zu ewiger Hölle, und so musste sie dort in ungeweihter Erde begraben werden. Ich habe ihr Grab nie gesehen. Man ging dort nicht hin. Zu den Gottlosen. Dort wollte kein anständiger Christenmensch gesehen werden. So war das damals in den fünfziger Jahren des 20. Jahrhunderts mitten in Deutschland noch immer.

Etwa gegen 23 Uhr verschwanden ziemlich plötzlich alle Menschen und Hunde. Jetzt war es wirklich dunkel. Naja, ganz dunkel ist es in der Stadt natürlich nie. (Das frühere Dorf Großauheim war 1956 zur selbstständigen Stadt und 1974 zu einem Stadtteil Hanaus geworden.) Nicht nur der Mond und die Sterne spendeten Licht, auch von den benachbarten Straßen und der Bahnstrecke drang Helligkeit auf den Friedhof. Abgesehen von den Zügen war es jetzt wirklich friedlich hier. Ich genoss die Ruhe, soweit es Ruhe gab. Ich wusste bis dahin nicht, wie laut es sein kann, wenn es ganz leise ist.

500 m entfernt war der Main. Das Tuckern der Schiffe, die offensichtlich (besser: offenhörbar!) die Nacht durchfuhren, war deutlich zu hören. Ab 23 Uhr flogen jedenfalls fast keine Flugzeuge mehr den Frankfurter Flughafen an. Aber nicht nur die Züge der angrenzenden Bahnlinie waren zu hören, sondern auch die auf der Bahnstrecke Hanau - Fulda, die doch volle 3 km entfernt war. Und selbst das gleichförmige Rauschen des Verkehrs auf dem Autobahnkreuz von Hanau, 4 km entfernt und versteckt im Wald, lärmte in meinen Ohren.

Es dauerte lange - ca. eine Stunde - bis ich mich an diese Hintergrundgeräusche gewöhnt hatte. Seit 23 Uhr, nachdem die Hunde mit ihren Menschen verschwunden waren, saß ich jetzt auf dem Meditationskissen und nicht mehr auf der Bank. Allmählich legte sich die Schwere der Nacht auf den Ort und auf meine Glieder. Mitternacht war vorbei und ich bemerkte, wie ich sehr müde wurde. Mit Sicherheit würde ich hier nicht die ganze Nacht dem Schlaf trotzen können. Wie wäre es also mit einem kurzen, erfrischenden Schlaf? Danach könnte ich mich mit neuen Kräften meiner gewählten Herausforderung stellen!

Vielleicht sollte ich mich auf die Bank legen? Ich blickte mich um. Dort die Tanne kannte ich noch von früher, inzwischen war sie natürlich sehr viel größer. Das zweite Grab rechts davon war das von Franz, von meinem Großvater. Es wäre doch sicher angemessen, mich zu meinem Großvater zu legen! Im letzten Jahr war ich 50 geworden, nie hatte ich erwartet, so alt zu werden, war immer davon ausgegangen, kurz vor der Jahrtausendwende zu sterben (vgl. Szene 043 - Nachspielzeit). Also: eigentlich gehöre ich schon zu Franz auf den Friedhof! Lächelnd legte ich mich daher neben meinen Vorfahren. Ich lag auf der rechten Seite, die Hand stützte den Kopf ab, so wie der sterbende Buddha abgebildet wird. Und ich blickte auf das Gras, das sich dort befand, wo ich früher mit meiner lieben Großmutter das Grab gepflegt hatte. Es war ein sehr familiäres Idyll!

Doch dort vor mir war das Gras plötzlich verschwunden, kein bisschen grün mehr. Alles weg, kaum dass ich mich hingelegt hatte. Aber es wunderte mich keineswegs. Genau so musste es sein. Da, neben mir, war jetzt das offene Grab. Und dort unten der Sarg meines Großvaters. Der Sarg war offen. Aber es war doch nichts von wegen Leichenfeldbetrachtung am widerwärtigen Objekt, mein Großvater war keineswegs widerwärtig, er war ein befremdlicher, aber liebenswerter alter Gesell. Großvater sah genau so aus wie auf dem einzigen Bild, das uns beide zusammen zeigt. Franz öffnete die Augen etwas und sah mich an – und ich sah ihn an – genau wie vor exakt 50 Jahren. Etwas befremdet, etwas skeptisch, aber mit großer Bereitschaft, uns aufeinander einzulassen.

Ein Wiedersehen nach einem halben Jahrhundert. Und es entspann sich ein ungeheuer intensiver Dialog zwischen uns beiden, ein Dialog, der nicht mit Worten geführt wurde. Wir sahen uns einfach an, blickten uns ganz tief an – und verstanden. Franz sah mein Leben, und er wusste. Ich sah sein Leben, und ich verstand. Leben ist – wie alles abhängig Entstandene – in Abhängigkeit von Bedingungen entstanden. Nicht, dass wir keinen freien Willen hätten, nein: Unsere Entscheidungen treffen wir selbst, aber die Bedingungen, unter denen wir unsere Entscheidungen treffen, nicht. Da war ein tiefes Verstehen - nicht wie ein Verstehen von zwei getrennten Bewusstseinen, sondern da war keine Trennung mehr zwischen ich und du, zwischen Horst und Franz, sondern da war ein Bewusstsein um das Entstehen in Abhängigkeit. Es war dies ein Verstehen, das sich nicht in Worte fassen lässt, daher will ich es auch gar nicht erst versuchen.

Ich weiß nicht, wie lange unsere Begegnung dauerte. Es kann nicht allzu lang gewesen sein, sicher nicht länger als eine halbe Stunde – aber lang genug, um ein ganzes langes Leben zu sehen, zu verstehen, zu begreifen. Niemals zuvor habe ich an einem Tag so viel gelernt wie in dieser Geisterstunde im Juli 2002.

Aber obwohl wir uns ohne Worte unterhielten, schien es mir doch, als würden sich die anderen Leute von unserem Gespräch gestört fühlen, die anderen toten Leute, die hier überall lagen, und die doch nur ihren Frieden und ihre Ruhe wollten. Und ich hatte das Gefühl, als ob der, der im Grab hinter mir läge, mich auf die Ungebührlichkeit meines Verhaltens aufmerksam machen wollte. Mir war, als wüchse seine Hand aus dem Grab heraus, um mich auf die Schulter zu tippen und zu sagen: „Jetzt lass mal gut sein, Junge!"

Und genau in diesem Augenblick spürte ich tatsächlich, wie sich von hinten eine Hand auf meinen Rücken legte! Nie zuvor in meinem Leben habe ich mich – von Entsetzen gepackt – so schnell herumgedreht! - Und damit jetzt meinerseits jemandem einen großen Schrecken eingejagt: der Katze, die ihre samtweichen Pfoten auf den auf Gräbern Schlafenden gelegt hatte. Entsetzt sah sie mich an, als sei sie geschockt, dass ich lebe. Und nach der Schrecksekunde suchte sie hurtig und mit großen Sprüngen das Weite.

Mir war jedoch das Entsetzen genauso in die Glieder gefahren wie dem armen Tier. Das aber hatte einen ungemeinen Vorteil: Meine Müdigkeit war jetzt vollkommen verflogen. Also setzte ich mich wieder in Meditation. Und ich saß in der Meditation, wie das so meine Art ist, mit offenen Augen da. Nichts betrachtend, nichts beobachtend, nichts fixierend, einfach präsent im Hier und Jetzt. Ich absorbierte die Stimmung. Es war eine milde Sommernacht und auch die oben beschriebenen Hintergrundgeräusche waren keineswegs verstummt, ich hatte sie lediglich als zu diesem Ambiente gehörend akzeptiert und so waren sie aus dem Fokus meiner Achtsamkeit entschwunden und nur noch peripher in der Breite meines Hierseins vorhanden.

Vergänglichkeit war mein Thema und sollte mein Thema sein. Doch in dieser Vergänglichkeit war gleichzeitig ein Nachhall des Gewesenen. So wie Franz, mein Großvater, schon seit einem halben Jahrhundert tot war, sein Körper sich längst aufgelöst hatte, so hatte sich doch gerade in meinem Bewusstsein der Nachhall seines Seins gezeigt. Franz war tot, war vermodert – und doch lebte er in mir weiter. Ich hatte in dieser Zeit Empfindungen verspürt, die die Empfindungen von Franz waren. Ich hatte eine Wahrnehmung von vergangenen Geschehnissen, die seine Wahrnehmung war. Und ich spürte auch die Gestaltungskräfte, die mich in unterschiedlichste Bürgerinitiativen, in die Politik und zum Dharma brachten, als nicht fremd von Franz´ Gestaltungskräften, die ihn in Vereine, in die NSDAP führten und die ihn zum Anhänger des Dalai Lama werden ließen.

Vergänglichkeit fühlte sich anders an als erwartet. Ja, da war viel vergangen, aber das Vergangene hatte auch eine ungeheure Präsenz.

Aber das Thema war nicht nur *anicca*, Vergänglichkeit. Je länger die Nacht dauerte, desto mehr drängte sich ein anderes Phänomen auf, das zweite der drei *lakṣaṇas*, der drei Daseinsphänomene, die zu transzendieren Buddhist*innen sich bemühen: *dukkha*. Allerdings nicht *dukkha*, so wie ich es gewöhnlich beschreibe, wenn ich mich bemühe die deutsche Bedeutung wiederzugeben; ich sage dann: „das letztendlich nicht vollkommen Zufriedenstellende". Die traditionelle Übersetzung von dukkha ist jedoch: Leiden. Und dieses abgrundtiefe Leiden, das kommunizierte sich mir jetzt. Ich saß noch immer mit offenen Augen da und sah: In diesem Friedhof gab es auch Bäume, ziemlich am Rande waren sehr große, alte Bäume. Und gerade so wie man vielleicht in Wolken, wenn man sie nur lang genug betrachtet, ein Bild, ein Tier oder etwas anderes zu erblicken glaubt, so sah ich in einem großen Baum vor mir einen Totenschädel, einen aschfahlen Schädel mit tiefen schwarzen Augenhöhlen. Der Unterkiefer fehlte und die Zahnreihe des Oberkiefers war ziemlich lückenhaft, das Nasenbein schien gebrochen zu sein. Merkwürdig, höchst merkwürdig. Und der andere Baum, links daneben: ein grauenvoll schmerzverzerrtes Gesicht, abgrundtiefen Kummer beklagend.

Alle Bäume schienen Verkörperung des Leidens zu sein, aber diese beiden alten Bäume drückten das am besten aus. Und da wurde mir klar: diese Bäume stehen seit über 100 Jahren hier. Sie haben sich in dieser Zeit entwickelt. Sie bestehen aus Kohlenstoff, den sie aus der Luft absorbiert haben, sie bestehen aus Wasser, das hier herabregnete, und – ja – sie bestehen aus den Mineralien all der Leichen, die sie hier in mehr als 100 Jahren aufgenommen haben, und aus dem darin gespeicherten Leid. So saß ich inmitten des Leidens Abertausender von Großauheimern; von Menschen, die im deutsch-französischen Krieg kämpften; Industriearbeitern die in den Großauheimer Industriebetrieben des Frühkapitalismus ausgebeutet wurden; Menschen des ersten Weltkrieges; Menschen, die ihr Hab und Gut in der Hyperinflation der 20er Jahre verloren; unzähligen Arbeitslosen der Weltwirtschaftkrise und ihrer Familien; Menschen, die Opfer der Nazizeit wurden und die den zweiten Weltkrieg und die folgende Hungersnot erlitten; Opfer ungezählter Familientragödien.

Und diese Bäume hatten das alles mit den Toten aufgenommen. Kein Wunder, das sie zu *dukkha*-Bäumen geworden waren.

Aber warum konnte ich das jetzt, in den frühen Morgenstunden alles sehen? All das, was ich gestern Abend, als ich hergekommen war, nicht wahrnehmen konnte?

Die Meditation hatte etwas mit mir gemacht - die Meditation und dieser wunderbare Platz zum Meditieren. Dieser Platz und ich, wir hatten genauso wortlos miteinander kommuniziert wie zuvor Franz und ich. Und ebenso, wie ich vorher die Präsenz von Franz in mir wahrgenommen hatte, so nahm ich inzwischen diesen Ort und die Geschichte dieses Ortes in den letzten knapp 200 Jahren wahr.

Da ist kein abgetrenntes Ich, das sich wahlweise manchmal „Horst" und manchmal „Der Mensch" nennt und eine andere Person namens Franz. Genauso wenig wie dieser Platz, dieser Friedhof, dieses heilige Mandala, dieser Leichenacker und ich nicht verschieden sind, sondern wie wir einander durchdringen. So wie ich Teil der Geschichte dieses Ortes namens Großauheim bin und wie Großauheim Teil von mir ist. Ein erster schaudernder Eindruck des dritten *lakṣaṇas*, von *anattā*, von Nicht-Ich eröffnete sich mir in dieser Nacht, für die ich unendlich dankbar bin.

Allmählich jedoch schmerzte mein Rücken stärker und die Beine taten mir mehr und mehr weh. Und so sagte ich mir, dass es jetzt, es war etwa 4.30 h, Zeit war, dieses unglaublich tiefgründige Erlebnis zu beenden – bevor ich ganz mit diesem geheimnisvollen Ort, diesem Leichenacker, eins geworden sei.

Danke, Franz!
Danke, Alter Friedhof von Großauheim!
Danke euch, ihr *dukkha*-Bäume!

Und auch schönen Dank an die Katze der Wachsamkeit!

Ratnasambhava

= Szene 056 aus Horsts Lebensbericht – 2001

Es war am Ende des Jahres 2001 und es war in *Padmaloka*. Padmaloka ist eine Einrichtung der Buddhistischen Gemeinschaft *Triratna*, in der sich Männer auf die *Ordination* im Triratna-Orden vorbereiten. Ich war zum ersten Mal in Padmaloka, denn ich hatte nur wenige Monate zuvor um Ordination gebeten. Padmaloka liegt in England, genauer gesagt in Norfolk in einem Örtchen namens Surlingham. Ich war für zwei Wochen dort, über Weihnachten und Neujahr. Es wurde viel meditiert, es wurden devotionale Handlungen ausgeführt und es gab Arbeitsgruppen zum Thema spirituelle Freundschaft. Devotionale Handlungen sind zum Beispiel Lobpreisungen, *Pūjās* (so etwas ähnliches wie ein Gottesdienst, nur eben ohne Gott) und *Prostrationen* (Niederwerfungen vor dem, was größer ist als wir).

Mich begeisterte am Buddhismus, dass man selbst aktiv werden muss. Es gibt da nicht einen allmächtigen Gott, von dessen Gnade oder Ungnade wir abhängen, sondern der Buddha hat einen Übungsweg aufgezeigt, wie wir uns selbst perfektionieren können. Laut buddhistischer Überzeugung stimmt der Spruch „Nobody is perfect" nicht. Natürlich ist so gut wie niemand vollkommen, aber es gibt einen Weg, zur Vollkommenheit zu gelangen, und man kann dort wirklich ankommen: „Only a Buddha is perfect", müsste der Satz richtig heißen. Und um an dieser Perfektion, an Vollkommenheit, an *Erleuchtung* zu arbeiten, ist ein langer, mühevoller, aber gangbarer Weg zu beschreiten.

Allerdings wurde vom Gründer der Buddhistischen Gemein-schaft Triratna, Sangharakshita, auch gelehrt - und damit findet er sich im buddhistischen Mainstream wieder - dass es neben der unabdingbaren „self-power", dem eigenen Streben, auch noch so etwas wie eine „other power" gäbe, also eine Kraft von außen. Das schmeckte mir damals nicht so ganz. Es klang für mich nach der Wiedereinführung einer Art Gott durch die Hintertür, es erinnerte mich an die Nothelfer, zu denen Katholiken beteten, und das war mir höchst suspekt.

Diese „other power", so hieß es, würde sich durch so etwas wie das *Mandala* der fünf Buddhas, mitunter auch Mandala der fünf *Jinas* (Sieger) genannt, verkörpern. Und in diesem Mandala, in diesem heiligen Bild, waren in der Tat fünf Personen dargestellt, die wie der Buddha in Meditationshaltung saßen, allerdings einer mit gelber Haut, einer mit roter, einer mit weißer, einer mit blauer und einer mit grüner. Und das fand ich in der Tat äußerst abstrus. Und es gab auch Leute in Padmaloka, die sich immer vor diesem Mandala der fünf Jinas verbeugten und ihm Räucherstäbchen, Blumen oder Kerzen opferten. „Was ein Schwachsinn", dachte ich, „die verehren fünf bunt angestrichene Buddhafiguren".

So gab es für mich einen rationalen Aspekt innerhalb des Buddhismus, nämlich den Pfad der Übung. „Per aspera ad astra", so hatte ich in der Lateinschule gelernt, „durch Fleiß zu den Sternen", und genau das schien mir der buddhistische Übungspfad zu sein, ein Pfad, der eine nicht geringe Anstrengung verlangt, der aber durchaus zum scheinbar Unmöglichen, zur Vollkommenheit führt: per aspera ad astra. Und dann gab es da den irrationalen Aspekt im Buddhismus, nämlich dort, wo sich Leute vor bunt angestrichenen Buddha-figuren niederwarfen und völlig ahistorische Figuren verehrten, die die Namen *Ratnasambhava* (der gelbe Buddha), Amitabha (rot), Vairocana (weiß), Aksobhya (blau) und Amoghasiddhi (grün) trugen.

Dann kam der 24.12.2001, ein Tag, mit dem ich natürlich üblicherweise das Weihnachtsfest meiner Kindheit assoziierte. Und an diesem Tag wurde für den Abend eine *pūjā* für das Mandala der fünf Jinas angekündigt. „Na super", dachte ich, „statt des Jesuskindes in der Krippe diesmal fünf bunt angestrichene Buddhas im Himmel." Aber brav, wie ich war, nahm ich an der *pūjā* teil, nicht aus einem inneren Bedürfnis heraus, sondern mehr weil „man da hinging". Gruppendruck also, den es natürlich bei der Buddhistischen Gemeinschaft Triratna überhaupt nicht gibt... Ein klein wenig Neugier war vielleicht auch dabei, aber das war nicht wirklich das Entscheidende.

Die *pūjā* dauerte gefühlte fünf Stunden. Aber (mit Meditation) waren es bestimmt wirkliche drei Stunden. Mir taten die Beine vom Sitzen mit verschränkten Beinen weh und der Rücken auch. Dazu endlose Lobpreisungen von bunt angestrichenen Buddhas und der Gestank von Räucherstäbchen. (Ich glaube, der wichtigste emotionale Grund, mich aus dem Katholizismus zu verabschieden, war das Wedeln mit Weihrauch. Damals wusste ich noch nicht, dass dies meinen Blutdruck hochtreibt und von daher meine sonntäglichen Kopfschmerzen kamen.)

Auf jeden Fall fasste ich den Entschluss: nie wieder! Nie wieder wollte ich ohne wirklich zwingenden Grund an der Tortur zur Verehrung buntangestrichener Figuren teilnehmen. Und als bekannt gegeben wurde, dass eine Woche später, also am Silvesterabend, wieder eine *pūjā* zur Verehrung des Mandalas der fünf Jinas angesetzt wurde, wusste ich: ohne mich.

Doch dann wurde am Silvestertag etwas verkündet, das mich in meinem Entschluss wanken ließ: direkt von der *pūjā* im Schreinraum aus gäbe es eine Prozession in den dunklen Park, wo wir uns um ein „Bonfire" versammeln würden. Wir sollten dort Zettel mit negativen Gewohnheiten, die wir nicht mit ins nächste Jahr nehmen, sondern ablegen wollten, verbrennen.

Außerdem gäbe es dort die Theatergruppe von „Buddhafields" die buddhistische Szenen nachspielen würde, draußen im hohen Schnee, nackt und bunt angemalt. Und anschließend gingen wir von dort gemeinsam in den Versammlungsraum, zu einer Neujahrsfeier, in der es Punsch und Kuchen gäbe.

Wie man sich vorstellen kann, begann nun bei mir ein Abwägungsprozess. Mir schien einiges an den Ankündigungen durchaus attraktiv, andererseits gab es dort diese unangenehme *pūjā*. Es war eine Frage der Abwägung. Ich hatte zu wählen: entweder den ganzen Veranstaltungsblock oder gar nichts: Silvester in Einsamkeit auf dem Zimmer bzw. in der Dunkelheit spazieren gehen. Ich entschied mich dafür teilzunehmen – wobei ich mich hinsichtlich der *pūjā* nur für körperliche Anwesenheit entschied. Womit sich mein Geist beschäftigt, würde ja keiner sehen...

Also begab ich mich zur *pūjā* für die *fünf Jinas*. Zunächst begannen wir mit einer Meditation, an der ich noch normal teilnahm. Sobald jedoch diese Meditation vorbei war und der *Pūjā*leiter sich anschickte, mit der Verehrung der fünf Jinas - als erstem wollte er sich dem gelben *Ratnasambhava* zuwenden - zu beginnen, schaltete ich ab. Ich weiß nicht mehr, ob ich meinen Geist gezielt auf etwas zu lenken versuchte oder ob ich mich einfach Tagträumereien hingab. Auf jeden Fall schaltete ich ab.

Vorne verehrte Padmavajra, der die *pūjā* leitete, Ratnasambhava, der auf einem von Pferden getragenen Lotusthron residiere, und hinten in der letzten Reihe saß ich, mit meinen Gedanken ganz woanders.

Und dann war da plötzlich dieser merkwürdige Geruch in meiner Nase, ein Geruch, den ich von irgendwoher kannte, den ich aber lange nicht mehr gerochen hatte. Im Hintergrund murmelte Padmavajra etwas von Ratnasambhava, der den

Süden regiere, mit Großzügigkeit und Stärke, Energie und Tatkraft, gelb wie die Sonne - aber in meiner Nase war dieser merkwürdige Geruch, der mich so neugierig machte. Vor über 30 Jahren im Gymnasium roch es manchmal so, aber ich wusste nicht mehr, bei welchen Gelegenheiten. Aber der Geruch war auch irgendwann später noch einmal da, es handelte sich um etwas ganz Bestimmtes, und es musste vor ungefähr zehn Jahren gewesen sein, vielleicht etwas länger.

Da fiel es mir wieder ein: Natürlich, es war vor genau 15 Jahren, in den Tagen um Silvester 1986, und der Geruch kam von Plaka-Farben! Es war im Tschernobyl-Jahr, ich war zu dieser Zeit bei der Umweltorganisation Robin Wood und war gerade dabei, die neue EnergieWende-Bewegung bei uns in der Region aufzubauen. Wir wollten nicht mehr nur sagen, wogegen wir sind (gegen Atomkraft), sondern gerade an einem Standort wie Hanau, wo ich wohnte, dem Zentrum der deutschen Nuklearindustrie mit 4000 Arbeitsplätzen in der Atomtechnik, war es uns wichtig aufzuzeigen, wie stattdessen die Energie-versorgung gesichert werden solle und wie mindestens ebenso viele Arbeitsplätze geschaffen werden sollten wie sie in der Nuklearindustrie zwangsläufig verloren gingen. Es war nötig, positive Ziele aufzuzeigen. Daher wollten wir als **Robin Wood Hanau** einmal nicht das besetzen, nicht denen auf die Schornsteine steigen, wogegen wir waren, also einmal mehr die Nuklearbetriebe blockieren, sondern wir wollten ein positives Beispiel zukunftsgerichteter Technik besteigen und mit einem großen Transparent loben.

Das Objekt, das ich dazu ausgesucht hatte, war ein 8-MW-Blockheizkraftwerk der Stadt Hanau. Auf dem 40 qm großen Transparent, das ich malte, wurde zum ersten Mal neben Parolen unser neues Logo gezeigt: ein AKW, daneben die lachende Sonne, wie sie auf *den Atomkraft – nein danke!*-Aufklebern ist, und ein Pfeil der Umkehr (ein sog. U-turn) vom AKW zur Sonnenenergie. Das war es, unser neues Energie-

Wende-Logo. Und ich stand in meiner Wohnung und bemalte das Transparent mit Plaka-Farben. Ein Schmunzeln glitt über mein Gesicht, als ich mich dieser Szene erinnerte. (Im Hintergrund pries Padmavajra noch immer den gelben Ratnasambhava.)

Ich hatte inzwischen den Geruch in meiner Nase identifiziert, den Plaka-Farben-Geruch, und stellte achtsam fest, dass es nicht nur ein Geruch ist, sondern, dass ich dies jetzt auch schmecken konnte. Irgendwie hängen ja Geruchs- und Geschmackssinn zusammen. Und da war er in meinem Mund, der Geschmack der EnergieWende, etwas, wo ich mich selbst eingebracht, wo ich mitgestaltet hatte, mit Eifer den Pfad gegangen war, den Pfad zur Vollkommenheit in der Energieversorgung, mit self power, durch eigene Anstrengung. Und während sich der Plaka-Geruch allmählich von der Nase in den Mund verlagert hatte, wurde meine Nase frei für einen anderen Geruch, es roch irgendwie nach Zirkus. Merkwürdig. Genauer gesagt, es roch nach der Pferdenummer im Zirkus, wenn ungestüme Pferde in der Manege auftreten und alles diesen Geruch von Pferden, die in Sägespänen herumtraben, hat.

Pferde??? Da kam mir ein äußerst merkwürdiger Gedanke: Was habe ich denn mit Pferden zu tun? Aber war es nicht Padmavajra, der gerade gesagt hatte, der gelbe Ratnasambhava säße auf einem von Pferden getragenen Thron? Ich riss die Augen auf und glaubte, diesen nicht mehr trauen zu können: Mitten in unserem Meditationsraum thronte überlebensgroß, vielleicht drei Meter hoch, Ratnasambhava. Er war wirklich da! Und er saß auf einem Lotusthron, der von vier braun-gelben Pferden getragen wurde. Sie blähten die Nüstern und bewegten ungestüm ihre Hälse, aber doch so diszipliniert, dass der Lotusthron ruhig auf ihren Rücken stand. Ich sah die Muskeln der Pferde, ihre muskulöse Brust und die kräftigen Ansätze der Beine, doch ihre Beine waren nicht ganz vorhanden, sondern nur der obere Teil, aber nicht wie abgehackt, vielmehr verloren sie sich nach unten in einer Art Nebel, wie in weichgezeichneten Fotografien. Obwohl ein Hauch von Transparenz in diesem Bild lag und es auch leicht beweglich schien, wie eine Fahne im Wind, war dieses Bild absolut real.

Ein Hologramm! war mein erster Gedanke, die projizieren hier ein Hologramm-Bild in den Raum. Doch dieser Gedanke kam mir nur für den Bruchteil einer Sekunde, denn da war etwas, was diesen Gedanken absolut unsinnig erscheinen ließ. Dieser reale Ratnasambhava, der fast genau so aussah wie in den Abbildungen, die ich gesehen hatte, wich doch in einem entscheidenden Punkt von den abgebildeten Vorlagen ab, nämlich im Design der Robe, die er trug. Zwar war diese Robe gelblich, wie es sich für eine Robe gehörte, doch sie war gemustert, gemustert mit einem sich immer wiederholenden Motiv: dem EnergieWende-Logo, das ich vor 15 Jahren entwickelt und damals erstmals mit Plaka-Farbe auf ein Transparent gemalt hatte. Das konnte kein Hologramm sein, es musste eine Projektion meines Geistes sein. Aber wie kam mein Geist darauf, so etwas zu projizieren? Offensichtlich stand – und steht – Ratnasambhava für Kräfte, die ich damals in der EnergieWende-Bewegung verspürt habe, vielleicht sogar Kräfte, die diese Bewegung beeinflusst haben: Kraft, Stärke, Sonne, Großzügigkeit, Süden, all dies sind Assoziationen, die zur Sonnenenergie passen.

Erstaunlicherweise verblasste das Bild auch jetzt nicht, obwohl ich doch wusste, dass es sich um eine Projektion handeln musste. Schließlich erhob ich mich, ging durch die Reihen nach vorne, um, wie die anderen auch, Räucherstäbchen zu opfern, ganz gegen meine Gewohnheit. Und auch als ich direkt vor der Projektion stand, verschwand sie nicht, sondern blieb da. Ich umrundete ehrfürchtig die merkwürdige Figur. Das Emblem, das sie trug, war unser EnergieWende-Emblem, wie ich es damals entwickelt hatte, aber nicht genau in der Variante, wie auf dem Transparent, sondern so wie auf unseren Aufklebern (ich habe noch heute einen davon auf meinem Auto). Als ich Ratnasam-bhava während meiner Umrundung ganz nahe war, konnte ich sogar das Kleingedruckte auf dem Aufkleber lesen – ich musste schmunzeln: es war meine völlig veraltete Telefonnummer aus den 80er-Jahren.

Nachdem ich mich von allen Seiten vor Ratnasambhava verneigt hatte – es war tatsächlich ein dreidimensionales Bild, ich konnte ihn bei der Umrundung von allen Seiten, auch von hinten, betrachten – ging ich zurück zu meinem Platz, setzte mich wieder in Meditationshaltung, warf einen letzten Blick auf diese unwahrscheinliche Figur und schloss dann die Augen, um mich am Rest der *pūjā* zu beteiligen. Als nächstes wurde der rote Amitabha gepriesen, aber es stellte sich bei mir kein Geschmack ein, auch kein Geruch, und als ich die Augen öffnete, war da auch kein Amitabha zu sehen. (Es dauerte übrigens mehr als drei volle Jahre, bis ich ihm erstmals begegnete.) Und auch die anderen Jinas manifestierten sich damals vor mir nicht.

Am nächsten Tag hatten wir in unserer Arbeitsgruppe zum Thema spirituelle Freundschaft ein sogenanntes „reporting in", d. h. wir erzählten einander, was uns seit unserem letzten Treffen besonders bewegt hatte, und natürlich erzählte ich sofort von meiner wunderbaren Begegnung mit Ratnasambhava. Ein anderes Arbeitsgruppenmitglied sah mich verwundert an, dann berichtete er, auch er habe Ratnasambhava gesehen, allerdings nicht mit EnergieWende-Robe, dafür hatte er ein anderes Accessoire, eines, das mit seiner Vergangenheit zu tun hatte. Dann berichtete auch noch ein Dritter, wie er Ratnasambhava gesehen habe. Fast alle anderen in der Gruppe sagten, sie hätten auch die Anwesenheit von etwas Ungewöhnlichem während der Ratnasambhava-Episode der *pūjā* bemerkt, ihn aber nicht gesehen.

Daraufhin habe ich mit Leuten aus anderen Arbeitsgruppen gesprochen, dort hatte keiner Ratnasambhava bemerkt, obwohl sie alle in der gleichen *pūjā* waren.

Es scheint so zu sein, dass in unserer Arbeitsgruppe irgendetwas vorgefallen war, das unsere Gruppe in besonderer Weise für etwas geöffnet hat, das die anderen nicht empfinden konnten. Die Kenntnisnahme dieser Erscheinung hatte also etwas mit uns als Einzelnem, mit der Gruppe und mit der *pūjā* zu tun – Entstehen in Abhängigkeit von Bedingungen. All das scheint mir jedoch darauf hin zu deuten, dass wir hier bessere Bedingungen hatten, uns für etwas zu öffnen, das tatsächlich existiert, woran ich aber vor diesem Erlebnis nicht glauben konnte: other power. Und ich bin überzeugt davon, dass es auch die anderen durch Jinas symbolisierten Aspekte von other power gibt, auch wenn ich bis heute einem davon noch nicht bewusst begegnet bin.

Ich halte es aber für gut, in mir die Voraussetzungen zu schaffen, dass ich für die other power empfänglicher werde. Nicht, dass ich nicht mehr auf meine self power vertrauen würde. Ohne die geht es nicht.

Aber noch besser geht es - with a little help from my friends:

Ratnasambhava

- Amitabha – Vairocana – Aksobhya – Amoghasiddhi

Im Jahre 2004 fand ich in meinem Meditationsraum diese
Statue mit einem Schild:
„Ich bin dir ein zweites Mal erschienen, jetzt bleibe ich bei dir."
Ein Geschenk meiner Freundin, sie wird im Abschnitt über
Guhyaloka erwähnt, ich habe sie dort „Sandra" genannt.

Der Vier-Stufen-Plan

= Szene 057 aus Horsts Lebensbericht – 2001

Eine meiner größten Erfolgsquellen ist das Planen. Eines meiner größten Probleme allerdings auch. Und kaum war ein neues Jahrhundert angebrochen, musste ein Plan her - wie das so meine Art ist. Wie ich an anderer Stelle bereits beschrieb (Szene 043 - Nachspielzeit), hatte ich früher geglaubt, das neue Jahrhundert nicht zu erleben. Das hatte sich inzwischen als Irrtum herausgestellt. Nun war ich keineswegs so vermessen, gleich Pläne für das ganze neue Jahrhundert zu machen, aber ein Zehn-Jahres-Plan sei schon angemessen, sagte ich mir.

Als erstes hatte ich um *Ordination* in der Buddhistischen Gemeinschaft *Triratna* nachgefragt (siehe Szene 043) und mir vorgenommen, das Meine dazu beizutragen, dass es bis zum Ende dieses Jahrzehnts ein Triratna-Zentrum im Rhein-Main-Gebiet gäbe. Mit moralischer Unterstützung meiner Freunde Shantipada und Dharmadipa hatte ich begonnen, Kurse über Meditation und Buddhismus an verschiedenen Volkshochschulen zu geben, insbesondere in meinem damaligen Wohnort Hanau und in Frankfurt.

Schon einmal, 30 Jahre zuvor, hatte ich an diesen Volkshochschulen unterrichtet – damals Stiefografie (vgl. *Szene 13*), ein neuartiges Kurzschriftsystem, und das hatte dazu geführt, dass ich mit einigen meiner SchülerInnen einen Verein für Stiefografie aufbaute. So wollte ich wieder tun! Diesmal allerdings mit Buddhismus statt mit *Stiefografie*. Und tatsächlich erhob sich nach einem Meditationskurs im Jahre 2002 die Frage in einem Kurs, ob man sich nicht gemeinsam zum Meditieren treffen könnte.

Ich lebte damals etwas beengt in der Mansardenwohnung des Hauses, das Franz und Frieda, meine Großeltern, 1930 gebaut hatten und das inzwischen meiner Noch-Ehefrau gehörte. In der Mansarde gab es eine kleine Küche und zwei nicht allzu große Zimmerchen, alle mit schrägen Wänden, denn das Haus hat ein Walmdach. In einem dieser Zimmer war mein Arbeitszimmer und gleichzeitig ganz viele Sachen aus dem früheren *ÖkoBüro*, das nicht lange zuvor aufgelöst worden war. Das andere Zimmer war mein Schlafzimmer, gleichzeitig diente es als Sitzungszimmer der wenigen kleinen Gruppen, die nach Auflösung des ÖkoBüros übriggeblieben waren (VCD Main-Kinzig, EnergieWende, Bürgerliste Umwelt). In diesem Zimmer stand eine Kommode, darauf die Buddhafigur, die Truhe meiner Großmutter und ein Tisch sowie einige aufeinander gestapelte Stühle. Unter dem Fenster befand sich ein Bücherregal. Auf dem Boden lag eine Matratze, die mir als Bett diente. War eine Sitzung eines der verbliebenen Vereine, dann verstaute ich mein Bettzeug in der Truhe, stellte die Matratze hochkant und schob sie hinter das Regal. Der Tisch kam in die Mitte des Raumes, und daran konnten bis zu acht Stühle platziert werden. Diesen Notbehelf nannte ich „das neue, kleine ÖkoBüro".

Dieser Raum wurde nun auch zum Meditationsraum. Dazu wurde mein Bett ebenso verstaut wie bei den Sitzungen der Vereine, die Stühle wurden in der Küche abgestellt, der Tisch kam an die hintere Wand, dort wo die Decke schräg war. Ich hatte einige Decken gekauft sowie einige Sitzkissen, so dass bis zu acht Personen Platz nehmen konnten. Im Juni 2002 war unser erster Meditationsabend, wir waren zu siebt. Es fühlte sich gut an, ein Anfang war gemacht. Was ich nicht wusste war, dass wir in unserem kleinen Meditationsraum nie wieder so viele sein würden. Leider. (siehe *Szene 062* „Dharma unterm Dach")

Stattdessen plante ich, wie es weiter gehen sollte.

<u>Stufe 1.</u> Diese Stufe war der Status quo. Ich wollte weiter Studienkurse und Meditationskurse an den Volkshochschulen geben und hoffte, dass sich die Gruppe stabilisieren würde. Wenn regelmäßig etwa sechs TeilnehmerInnen kämen, wäre Zeit für Stufe 2.

<u>Stufe 2.</u> Das wäre dann der Fall, wenn ca. sechs TeilnehmerInnen regelmäßig kämen und unser Raum an die Kapazitätsgrenze stoßen würde. Ich hoffte tatsächlich, dass einige meiner vhs-Kursteilnehmer aus Frankfurt nach Hanau-Großauheim kämen. Die Räumlichkeiten waren nur 200 m vom Bahnhof Großauheim entfernt, von wo es eine durchgehende Bahnverbindung nach Frankfurt gab (mit Haltepunkten in Frankfurt Hbf., Frankfurt Süd, Frankfurt Ost und Hanau Hbf.). Die Anfangs- und Endzeiten meiner Meditationsabende waren optimal auf die Bahnverbindungen abgestimmt. Die Bahn kam um 19.06 h an, die Abende begannen um 19.15 h. Die Bahn fuhr um 21.37 h ab, die Abende endeten zwischen 21.20 h und 21.25 h. Wenn unsere Räumlichkeiten zu eng würden, so hatte ich vor, würden wir in das Bürgerhaus „Alte Schule" in Großauheim umziehen, 300 m vom Bahnhof entfernt. Als in Hanau-Großauheim ansässiger Verein hatte die *Koordination EnergieWende e. V.* Anspruch auf kostenlose Anmietung von Räumen für ihre Veranstaltungen. Mit den Leuten von diesem Verein war abgesprochen, dass wir die „Abteilung Dharma" im Rahmen des Vereins aufbauen könnten. Irgendwie ist ja Dharma auch „EnergieWende": Wir werden uns unserer spirituellen Energien bewusst und wenden sie zum Besseren hin...

Ich wollte diese Räumlichkeiten nutzen, bis wir regelmäßig zu zweistelligen TeilnehmerInnen-Zahlen kommen würden, dann wäre es Zeit zum Übergang zu Stufe 3.

<u>Stufe 3.</u> Langfristig wird man eine Triratna-Einrichtung für das Rhein-Main-Gebiet nur in Frankfurt aufbauen können. Wenn regelmäßig genügend Menschen an unseren Veranstaltungen

teilnähmen, also mehr als zehn, so wäre es Zeit einen Raum in Frankfurt anzumieten, möglicherweise nur für ein oder zwei Abende in der Woche. Spätestens für diesen Zeitpunkt, den ich etwa im Jahr 2006 oder 2007 erwartete, würde ich auch ordiniert sein, so glaubte ich damals. Wenn wir erst in Frankfurt wären und einen festen Anlaufpunkt hätten, so mein Kalkül, müsste es möglich sein, mehr Leute anzuziehen, umso eher, wenn ich nicht mehr als „Horst" die Veranstaltungen leite, sondern vielleicht als „Mahamicchaditthi" oder so. Für diesen Zeitpunkt erwartete ich ein größeres Wachstum. Mein Kalkül war außerdem, dass weitere *Ordensmitglieder* nach Frankfurt zögen. Junge Ordensmitglieder, die berufstätig seien, so meine Überlegung, werden in Frankfurt vermutlich leichter eine Arbeit finden als im wirtschaftlich maroden Ruhrgebiet oder im armen Berlin, wo es bereits Triratnazentren gab. Und dann könnte Stufe 4 erfolgen.

Stufe 4: Gründung eines eigenen Zentrums in Frankfurt in einem vielleicht 100 bis 150 qm großen Lokal mit mehreren Räumen. Dies, so war damals meine Auffassung, sei ein realistisches Ziel für die erste Dekade des 21. Jahrhunderts. Am Ende dieser Dekade, so hoffte ich, hätte ich meinen Beitrag dazu geleistet, dass es ein Triratna-Zentrum im Rhein-Main-Gebiet, in Frankfurt gäbe.

Aksobhya löst meine Krise!

= Szene 065 aus Horsts Lebensbericht – 2009

In dieser Szene berichte ich über eine Person, die zwar real ist, aber kein menschliches Wesen.

Im Buddhismus gibt es neben historischen Personen auch nichthistorische, also Wesen, die nach herkömmlicher Vorstellung nicht „wirklich" existieren. Im Buddhismus existieren aber auch diese Personen. Ganz ähnlich wie in unseren Mythen auch Personen vorkommen, die ahistorisch sind, da wären z. B. die Frau Holle zu nennen, der Weihnachtsmann, der heilige Geist oder Superman. Manche von diesen Figuren haben einen äußerst zweifelhaften Wert, sind Projektionen unreifer Wunschvorstellungen, Superman beispielsweise. Andere sind Figuren aus alten Mythen, so z. B. die Frau Holle, hinter der sich die germanisch-keltische Gottheit von Wiedergeburt und Karma, Hel, verbirgt. Ich würde allerdings an dieser Stelle nicht über Aksobhya berichten, wenn er nicht einen wichtigen Einfluss in meinem Leben gehabt hätte, damals im Jahre 2009.

Im Buddhismus haben wir zum Beispiel das Mandala der fünf Buddhas, auch Mandala der fünf *jinas* genannt. *Jina* heißt Sieger; es handelt sich also offenbar um buddhistische Helden. Die größte Heldentat, die ein Buddhist vollbringen kann, ist natürlich Vollkommenheit, *Erleuchtung*, *Nirwana*, zu erreichen. Nun kann man sich fragen, warum man denn fünf ahistorische Buddhas braucht, wenn wir doch einen geschichtlichen und ausgezeichnet dokumentierten historischen Buddha haben.

Der Grund dafür ist, dass der Buddha, wie wir alle, ein sehr komplexes Wesen ist und daher die unterschiedlichsten Eigenschaften hat. Darum hat man gewissermaßen den historischen Buddha analysiert und in fünf verschiedene Aspekte aufgespalten. Und für jeden dieser fünf Aspekte steht einer dieser *jinas*. Das heißt nun nicht etwa, dass der Buddha genau fünf hervorragende Eigenschaften hatte. Jede solche Abbildung hat vielmehr Modellcharakter, will uns auf etwas Bestimmtes hinweisen.

Häufig spricht man z. B. von den beiden Hauptaspekten von Buddhaschaft (Erleuchtung, Vollkommenheit), diese beiden Hauptaspekte sind Weisheit und Mitgefühl. Auch diese beiden Aspekte habe ich – genauso wie die fünf jinas - im Gelnhäuser Meditationsraum am Obermarkt als Wandgemälde dargestellt. Da ist einerseits *Manjushri,* der Buddha mit dem flammenden Schwert, er symbolisiert Weisheit, und andererseits – ganz wörtlich, auf der anderen Seite der Wand – die G*rüne Tara*, sie symbolisiert den Mitgefühlsaspekt der Vollkommenheit.

Doch zurück zu unserem Mandala der fünf *jinas*, genauer zu *Aksobhya. Aksobhya* steht für Unerschütterlichkeit, also dafür, dass buddhistisches Streben, das Streben nach Vollkommenheit, das Streben nach *Erleuchtung*, nichts Halbherziges ist, sondern dass dies unseren völligen Einsatz, den Einsatz aller Kräfte braucht, und dass, wann immer sich uns Widrigkeiten in den Weg stellen, wir nicht hasenfüßig die Flinte ins Korn werfen, sondern vielmehr die Ärmel hochkrempeln, um die Widrigkeiten aus dem Weg zu räumen – unerschütterlich auf das große Ziel, auf Erleuchtung, auf Vollkommenheit, ausgerichtet, zum Wohle aller Wesen!

Wenn wir uns diese fünf Figuren ansehen, so fällt als erstes auf, dass sie in verschiedenen Farben dargestellt sind, das macht es einfach, sie zu unterscheiden. Wenn wir etwas genauer hinsehen, können wir erkennen, dass sie sich in der

Handhaltung unterscheiden und dass jeder mit einem bestimmten Attribut, einem für ihn typischen Utensil, dargestellt wird.

Die typische Handhaltung *Aksobhyas* ist die Erdberührungsgeste: Er berührt mit der rechten Hand die Erde. Diese **Mudra**, diese Geste, die *bhumisparsa-mudra*, die Erdberührungsgeste, finden wir mitunter auch bei Buddhafiguren, sie erinnert nämlich an eine bestimmte Begebenheit aus dem Leben des historischen Buddha, von *Shakyamuni*. Sie erinnert an eine Episode während seiner Erleuchtungserfahrung.

Der Buddha saß damals in Nordindien nahe der Ortschaft *Gaya* unter einem Baum, dessen wissenschaftlicher Name *ficus religiosa* ist. Als er sich hinsetzte, hatte er noch nicht die vollkommene Erleuchtung, und in einer dramatisch langen Meditationssitzung erreichte er sie dann.

Und in der Meditation, das wissen wir alle aus unseren spärlichen Meditationserfahrungen, treten unterschiedliche Hindernisse auf, das kann sinnliches Verlangen sein (z. B. der Einfall, man sollte hinterher noch ein Glas Bier trinken), das kann Abneigung sein (oh nein - erst der zweite Gong, und mir tun die Beine schon so weh), das kann Müdigkeit sein oder auch Abgelenktheit (ich muss unbedingt noch den XY anrufen), es kann auch Unentschlossenheit sein, also etwa die Frage „Bringt mir das Meditieren eigentlich was?" oder „Also das ist hier nix, vielleicht sollte ich doch lieber eine Mantrameditation machen" oder auch „Mag ja sein, dass der Buddhismus etwas Tolles ist, aber ob dieser Meditationsleiter das wirklich so vermitteln kann, ich weiß ja nicht...". All das sind Ausprägungen des Meditationshindernisses *vicikiccha*, Unentschlossenheit. Und offensichtlich kam auch dem Buddha in seiner Meditation Zweifel, zumal er vorher gesagt haben soll: „Jetzt setze ich mich hier hernieder und gelobe nicht eher aufzustehen, bevor ich die volle Erleuchtung erreicht habe."

Also wenn man sich mit solcher Entschlossenheit hinsetzt und dann Stunde um Stunde in Meditation arbeitet, dann kann ich schon verstehen, dass einem da durchaus Zweifel aufkommen können. Aber der Buddha überwand diese Zweifel, dank seiner unbeugsamen Unerschütterlichkeit. Und der Buddha beschrieb später in einer sehr bildhaften, mit mythologischen Figuren arbeitenden Weise, was da geschah, und ich will hier diesen Auszug aus dem Mythos von der Erleuchtungserfahrung kurz vortragen, denn dabei wird deutlich, wie es zur *bhumisparsa*, zur Erdberührungsgeste, kam.

Der Buddha saß also da, dann trat *Mara* an ihn heran. *Mara* ist eine mythologische Figur, die das Negative verkörpert, so etwas wie „der Versucher", von dem *Jesus* berichtet, als er vierzig Tage in der Wüste fastete und meditierte. *Jesus* verwandte dafür die Figur des *Satan*, um in mythologischer Weise darzustellen, was geschah. Buddha bedient sich der in Indien bekannten mythologischen Gestalt des *Mara,* den man durchaus auch als „den Versucher" bezeichnen könnte.

Dieser *Mara,* der hier der personifizierte Zweifel ist, tritt also an den Menschen *Gotama heran,* denn ein Buddha, ein Erwachter, ein Erleuchteter, war die Person *Siddharta* **Gotama** zu diesem Zeitpunkt noch nicht. Mara sagte zu ihm: „Das ist äußerst vermessen von dir, zu glauben, du würdest hier sitzen und Erleuchtung erreichen können. In ganz Indien gibt es keinen einzigen Erleuchteten und du willst das erreichen? Du bist anmaßend, das schaffst du nie. Geh lieber ins nächste Dorf und erbettle dir etwas zu essen, damit tätest du dir einen größeren Gefallen."

Doch der angehende Buddha weist *Mara* zurück: „Nein, *Mara,* ich weiß es, ich bin ganz nahe dran. Vom Dreifachen Pfad aus Ethik, Meditation und Weisheit habe ich fast alles erreicht, nur das letzte, entscheidende Stück der Weisheit, die **Erleuchtung**, die fehlt mir noch, und die werde ich hier erreichen."

Nun war **Gotama** sicher schon von ziemlicher Weisheit, und er hatte es auch in der Meditation weiter gebracht, als irgend ein anderer zu seiner Zeit in Indien, also setzte Mara bei der Ethik an: „Nun, **Siddharta**, ich kenne deine großen Erreichungen in der Meditation, man erzählt sich landauf, landab davon, und auch deine Tugendhaftigkeit ist wohl bekannt. Nicht eine Untugend aus deinem ganzen Leben ist mir ans Ohr gedrungen, aber: Was ist schon <u>ein</u> Leben? Du hast unzählige Male gelebt und in früheren Leben gutes, aber auch schlechtes **Karma** angesammelt. Letzteres ist noch nicht völlig abgetragen, du wirst die Sache mit der Erleuchtung nicht schaffen."

Siddharta aber antwortete: „Du irrst *Mara* - oder du lügst, denn schon seit unzähligen Leben habe ich nur Tugendhaftes getan, nichts Lasterhaftes, ich bin so weit, ich kann und ich werde die Erleuchtung hier erfahren."

Siddharta scheint also schon ganz schön unerschütterlich zu sein, er pariert alle diese aufkommenden Zweifel, aber sein Widersacher versucht einen letzten Trumpf auszuspielen, und so sagt Mara: „*Siddharta*, du kannst viel erzählen von deiner Tugendhaftigkeit in früheren Leben. Das ist doch nichts als eine leere Behauptung! Kannst du denn irgendwelche Zeugen dafür benennen, irgendjemanden, der hier und jetzt bezeugen kann, dass das in deinen früheren Leben so war, wie du das behauptest?"

Und nun kommen wir an die entscheidende Stelle, denn Siddharta nimmt seine rechte Hand, berührt damit die Erde und er antwortet: „Die Erde ist mein Zeuge, ich rufe *Mutter Erde* als Zeugin auf."

Und tatsächlich, so berichtet der Mythos weiter, tut sich die Erde auf und *Mutter Erde* erscheint selbst, um für *Siddharta* Zeugnis abzulegen. Diese Figur der *Mutter Erde* kennen wir ja aus unserem Kulturkreis auch, sei es die griechische *Gaia*, die germanisch-keltische *Demeter* oder Wagners *Mutter Erda* aus dem *Ring des Nibelungen*. Damit war auch *Maras* dritter Versuch, den Buddha an der Erleuchtung zu hindern – über die ersten beiden habe ich hier nichts gesagt, die beziehen sich auf andere Meditationshindernisse – gescheitert. *Mara* ist endgültig gescheitert, Siddharta gelingt der Durchbruch, er wird zum Buddha, und die *bhumisparsa-mudra*, die Erdberührungs-geste, wird dadurch berühmt und eben auch im **Mandala** der fünf *jinas* dargestellt.

Womit die Sache mit der Geste *Aksobhyas* geklärt wäre, bleibt noch sein Attribut, der *vajra*. Der *vajra* ist das Diamantzepter, das *Aksobhya* in der linken Hand hält, es ist ein Gegenstand, der in der indisch-tibetischen Mythologie – auch außerhalb des Buddhismus – als Symbol der stärksten Kraft im Universum gilt, absolut alles durchdringend und gleichzeitig hart wie ein Diamant. Ins Deutsche übersetzt heißt *vajra* sowohl Diamant als auch Donnerkeil.

Gehen wir einmal kurz in die Mythologie unseres Kulturkreises. Da begegnen wir diesem Utensil in leicht abgewandelter Form ebenfalls, so schleudern in der griechischen Mythologie *Zeus* und *Athene* ebenfalls mit Donnerkeilen. Und wenn wir noch näher zu uns kommen, ins Germanische, da haben wir ebenfalls einen solchen Gegenstand als Attribut eines Gottes.

Die germanische Gottheit *Donar*, im nördlichen Germanien auch als *Thor* bekannt – deshalb sagen die Schweden zum Donnerstag *Thorsdag* und die Angelsachsen *Thursday* – hat diese Waffe auch, sie heißt dort *Thors Hammer*. Wer übrigens nicht weiß, wie er sich *Thor* vorzustellen hat: Der Werbe-zeichner von *Coca-Cola* hat ihn 1931 zum Vorbild für eine von ihm gezeichnete Figur genommen, die heute jeder kennt, nämlich den *Weihnachtsmann*, aber das nur am Rande. Auf jeden Fall können wir feststellen, dass durchaus auch unsere Kultur auf Mythen zurückgreift. Der Weihnachtsmann entstammt also (anders als der Nikolaus) nicht der christlichen, sondern der keltisch-germanischen Mythologie.

Was wir in der Darstellung auf den Bildern mitunter nicht sehen können, ist, dass der Lotusthron, auf dem *Aksobhya* sitzt, von Elefanten getragen wird. Und Elefanten stehen natürlich auch für Unerschütterlichkeit: große, mächtige Tiere, die man nicht eben einmal zur Seite schieben kann. Es sind Tiere, die beharrlich sind, die nie vergessen.

Nun kann man durchaus fragen, wozu das alles gut sein soll, wozu wir diese Aufspaltung des historischen Buddha in fünf verschiedene Aspekte brauchen. Ich will, anstatt eine langatmige theoretische Erläuterung zu geben, lieber auf eine praktische Erfahrung hinweisen, auf eine Erfahrung, die ich selbst gemacht habe, im Meditationsraum am Obermarkt in Gelnhausen, und zwar im Dezember 2009.

Im Oktober, also etwa zwei Monate zuvor, ist ein Ereignis eingetreten, das meine Lebensplanung so stark beeinflusste wie nichts anderes in den letzten zwei Jahrzehnten, auch nicht die Trennung von meiner Familie. Es wurde von mir etwas verlangt, das mein Leben in einer Weise umkrempeln würde, dass ich das in den nächsten Jahren nicht mehr ausführen könnte, was mir das Wichtigste war, ja, dass ich es vielleicht nie mehr könnte. Es wurde von mir verlangt – nur Monate nachdem ich nach Gelnhausen gekommen war und gerade einmal zwei Monate nachdem ich unter großem Aufwand und Mühen das Projekt *„Meditation am Obermarkt"* gestartet hatte – dieses aufzugeben, bzw. für einige Jahre zurückzustellen.

Dies schien aber die einzige Möglichkeit zu sein, um das zu bekommen, wonach ich in den letzten 15 Jahren strebte, wie nach nichts anderem, nämlich nach *Ordination* im *Triratna*-Orden. Es war ungefähr so, als müsste ich einem Inhalt abschwören, um einen Status zu erreichen. Und dieses Ereignis war so plötzlich über mich hereingebrochen, so von einem Tag auf den anderen, dass ich äußerst verunsichert war, dass mir Zweifel aufkamen: Ist denn das richtig, was ich mache, wenn es so starke Kräfte im Triratna-Orden gibt, die das anders sehen? Es war letztendlich das klassische Dilemma: standhaft bleiben und die große Belohnung versagt bekommen oder sich anzupassen und diese Belohnung einzuheimsen. Ich hatte einige sehr unangenehme Wochen.

Im Dezember 2009 saß ich dann morgens auf meinem Meditationssitz und versuchte wieder zu meditieren, versuchte mich auf den Atem zu konzentrieren und das andere, das mich doch so heftig beschäftigte, freundlich, aber bestimmt zur Seite zu schieben. Und da geschah es: Plötzlich sah ich den Buddha vor mir, klar und deutlich. Nicht im Meditationsraum, wo ich mich befand, nein, wir waren draußen in freier Natur, vermutlich dort, wo der Buddha zu Lebzeiten war: in Nordindien. Er saß in Meditationshaltung in einiger Entfernung vor mir, sein Gesicht strahlte Weisheit und Freundlichkeit aus.

Ich ging langsam auf ihn zu. In diesem Bild war so viel Ruhe, so ungeheuer viel erhabene Sanftheit, die ich in den letzten Wochen doch so schmerzlich vermisst hatte. Da saß der Buddha, und er saß vor dem Bodhi-Baum, vor dem Baum der *Erleuchtung*. Ehrfurchtsvoll näherte ich mich ihm. Er sah mich an, und ich wusste: Er kann in meinen Geist sehen, er kann in mir lesen wie in einem Buch. Und, da er mich so ansah, zeigte sich ein ebenso verstehendes wie auch gütiges Lächeln auf seinem Gesicht.

Aber dann geschah etwas, womit ich niemals gerechnet hätte: Der Buddha verfärbte sich, ganz allmählich, dann immer deutlicher und schließlich saß er in einem tiefen Blau vor mir. Und noch während er die Farbe wechselte, bewegte er seine rechte Hand langsam nach vorne und zeigte die Erdberührungsgeste. Er sagte kein einziges Wort. Mitunter kommuniziert ein

Buddha mit Worten, mitunter durch Mythen, manchmal durch Gesten, gelegentlich durch Schweigen. An diesem Tage kommunizierte er nicht durch Worte, sondern durch eine Sprache, die viel klarer und viel subtiler war.

Er sah mich weiter an und lächelte. Ich sprach auch nicht, das war auch gar nicht nötig, denn er konnte in meinem Geist lesen. Und ich dachte: Er will mir sagen, ich solle standhaft bleiben, unerschütterlich, nicht nach Status und Anerkennung streben. Und wie zur Bestätigung traten aus dem Dschungel rechts und links vom Buddha zwei mächtige Elefanten hervor, Symbole der Unerschütterlichkeit. Die ganze Szene war so lebensecht, dass ich mich wirklich wie in Indien vor 2500 Jahren fühlte.

Aber dennoch stiegen in mir erneut Zweifel auf: Wenn andere, meine Freunde, eine Änderung von mir verlangten, wäre es dann nicht furchtbar unsensibel, das nicht zu beachten? Das mit der Unerschütterlichkeit wie ein Elefant mag ja ganz nett sein, aber eigentlich wollte ich Weisheit und Mitgefühl entwickeln - und nicht so ein Dickhäuter werden!

Der Buddha, der mir noch immer in die Augen blickte, sah nicht nur meinen Zweifel, er bemerkte auch, welche Metapher ich verwendet hatte: unsensibler Dickhäuter – und nun musste er wirklich deutlich lächeln. Der Elefant rechts vom Buddha hatte den Erleuchteten die ganze Zeit aus den Augenwinkeln betrachtet, nun nickte dieser, und das große Tier schien verstanden zu haben, was der Buddha ihm – in völligem Schweigen – gesagt hatte. Der Elefant kam langsam auf mich zu. Nun stand er direkt vor mir, er erhob seinen Rüssel und mit dem fingerartigen Teil an seiner Rüsselspitze strich er mir so zärtlich über meine Wange, wie ich noch nie zuvor eine Zärtlichkeit empfunden hatte.

Und ich verstand: Unerschütterlichkeit muss keineswegs mit unsensibler Dickfelligkeit einhergehen, sie kann auch äußerst feinfühlig sein. Und während sich auf meinem Gesicht der Ausdruck des Verstehens breitmachte, ließ das Bild vor meinen Augen, der Buddha unter dem Bodhi-Baum und die beiden Elefanten, allmählich an Kraft nach, verblasste und verschwand schließlich ganz.

Und hätte ich vorher noch nicht gewusst, wozu das *Mandala* der fünf *jinas* da ist, wieso man den historischen Buddha in verschiedene Aspekte aufgliedert, spätestens seit diesem Tage wäre es mir klar gewesen.

Am nächsten Tag schrieb ich dem Mann, der mir den Entschluss des *Triratna*-Gremiums, ich könne wegen meiner derzeitigen Aktivitäten in Gelnhausen nicht ordiniert werden, weil ich dadurch zu viel Kraft von meinem Ordinationsprozess abzöge, ich müsse vielmehr an mir selbst arbeiten, statt zu unterrichten, einen Brief. Ich schrieb ihm, der mir diese Botschaft überbracht hatte und der mein Begleiter im Ordinationsprozess – und mein Freund – war, eine lange E-Mail. Ich beschrieb in der Mail diese meine Meditationserfahrung, meine Begegnung mit Aksobhya.

Eigentlich hatte ich erwartet, dass jetzt eine umständliche Erklärung seinerseits folgen würde, warum ich die Sache falsch sehe. Doch die Mail, die ich daraufhin von ihm erhielt, war sehr kurz, sie lautete:

„...gegen Akshobya kann man nichts einbringen. Deshalb verneige ich mich für den Buddha und antworte auf deinen Brief mit (Vimalakirtis) Schweigen. Alles Gute".

Bodhisattvas von Spanien

= Szene 070 aus Horsts Lebensbericht – 1977

Es war im August 1977: unsere erste Reise nach Spanien. Spanien, insbesondere Mallorca, war seit 15 Jahren ein Traumziel der Deutschen, nicht so für mich.

Denn Spanien war seit 40 Jahren eine Diktatur. Die faschistische Falange-Bewegung hatte 1936 gegen die gewählte Regierung Spaniens geputscht und in einem äußerst grausamen Bürgerkrieg dank der Luftunterstützung von Hitler, der hier seine Luftwaffe für den kommenden Weltkrieg testen konnte, die Verteidiger der Republik besiegt. Anders als die faschistischen Regierungen in Italien und Deutschland fegte der 2. Weltkrieg aber die rechtsradikale Diktatur in Spanien nicht hinweg. Der Generalissimus der Putschisten, Franco, blieb Diktator bis zu seinem Tode 1975. Für danach hatte Franco die Rückkehr zur Monarchie vorgesehen, wohl in der Hoffnung, der Thronfolger des Hauses der Bourbonen würde in seinem Sinne die Regierungsgeschäfte weiterführen. Doch unter dem neuen Monarchen Juan Carlos kehrte Spanien zur Demokratie zurück. Das geschah 1975. Also war es soweit: 1977 konnte ich meinen Boykott der iberischen Halbinsel beenden.

Das Carstle, mein VW-Campingbus, brachte uns nach Spanien. Ich hatte gerade meine Referendarzeit an den Kaufmännischen Schulen in Hanau abgeschlossen und sollte nach den Sommerferien eine Stelle an den Beruflichen Schulen in Gelnhausen antreten, der erste Schultag war der 6. September. Ich war inzwischen verheiratet, und wir hatten zwei kleine Töchter: Kohlrübchen, die in diesem Urlaub ihren zweiten Geburtstag feierte, und Steffi, die während des Urlaubs ihr erstes Lebensjahr vollendete. Wir fuhren mit dem Carstle quer durch Frankreich und dann über die Pyrenäen – durch Andorra – nach Spanien.

Wir hatten ein kleines Iglu-Zelt dabei, in dem im Normalfall ich mit dem Baby schlafen sollte, während die anderen im Carstle übernachten sollten. Doch schon in den Pyrenäen stieß das Konzept an seine Grenzen. Am Tag war es sehr heiß, und dann hatten wir in der Nacht ein heftiges Gewitter. Ich erwachte und stellte fest, dass das Baby, Steffi, mit dem Kopf zwischen die Luftmatratzen gerutscht war. Ich bemerkte, dass das Kind (wie ich annahm) infolge der Schwüle klatschnass geschwitzt war, sein Kopf war tropfnass.

Als ich am Morgen wieder erwachte, sah ich, dass sich das Baby nach oben und unten bewegte, obwohl es schlief – merkwürdig! Ich richtete mich auf und ging der Sache auf den Grund. Nicht nur das Baby bewegte sich auf und ab, sondern mit ihm die ganze Luftmatratze! Jetzt verstand ich: Infolge des Regens stand das Wasser 5 cm hoch im Zelt, und die Luftmatratze, auf der das Baby schlief, schwamm hin und her. Meine eigene Luftmatratze hingegen nicht, da ich sehr viel schwerer war als das Baby. Und das bedeutete, dass das Kind in der Nacht nicht nassgeschwitzt war, sondern dass es mit dem Kopf zwischen den Luftmatratzen im Wasser lag. Es hätte glatt ertrinken können!

Damit war der Versuch mit dem Zelt beendet. Den Rest des Urlaubs schliefen wir alle zusammen im Carstle – auf einer gerade einmal 120 cm breiten Fläche. Aber es ging, die meisten Familien hatten die meiste Zeit in den vergangenen 10.000 Jahren auch nicht mehr Platz.

Die erste Großstadt, die wir erreichten, war Zaragoza. Hier wechselten wir Geld. Das klingt heute sehr normal, aber so war es damals, weit ab von touristischen Gefilden, keineswegs. Zunächst einmal: Es wurde wirklich Geld gewechselt. Man legte ausländische Banknoten (in diesem Falle Deutsche Mark) hin und erhielt inländische, hier also spanische Peseten. Für eine Mark bekam man etwa 40 Peseten. Ich betrat also die Bank, äußerte meinen Wunsch. Dann reichte ich dem Bankbeamten eine Banknote – nur eine, es war eine 500-DM-Note. Er holte seine Tabelle hervor, und rechnete – dann stutzte er, rechnete erneut, sah diese ihm unbekannte Banknote mit völligem Befremden an. Er griff zum Telefon, um sich bei der Zentralbank zu erkundigen. Die telefonische Bestätigung: Ja, tatsächlich, das gäbe es, es gäbe 500-Mark-Scheine.

Es war für einen einfachen Bankangestellten in einer mittleren spanischen Großstadt damals einfach völlig unverständlich, dass es irgendwo Banknoten von so hohem Wert geben könnte. Damals zahlte man in einer Gaststätte im Landesinneren – also nicht in Touristissinien, sondern im wirklichen Spanien – umgerechnet 20 Pfennig für ein Bier oder eine Cola. Und dazu bekam man noch kostenlose Tapas, kleine Leckerbissen, zum Dank für den Auftrag. Andererseits erscheint es uns heute für die Echtheitsprüfung von Banknoten doch sehr befremdlich, einfach einmal bei der vorgesetzten Behörde nachzufragen, ob es diese Stückelung gäbe – und das, ohne zu wissen, wie sie denn möglicherweise aussehen könnte.

Wir waren die meiste Zeit auf dieser Reise im Landesinneren. Wir kamen durch Dörfer ohne fließend Wasser und ohne Strom, begegneten Eselskarawanen und sahen Berge, in denen die Menschen noch in Höhlen lebten. Der größte Teil des Landes war jedoch sehr trocken. Früher gab es hier reiche Land-wirtschaft, überall waren terrassierte Berge, dort wurde früher Ackerbau betrieben. Jedoch waren für die spanische Armada alle Wälder abgeholzt worden, also sank die Verdunstung, dadurch gingen die Niederschläge zurück, infolge dessen rentierte sich die Landwirtschaft nicht mehr, und die Spanier mussten, nachdem sie auf diese Art ihr eigenes Land ruiniert hatten, nach Lateinamerika auswandern. Dort versucht man jetzt auszuprobieren, ob durch die Abholzung der Urwälder der gleiche Effekt wieder eintritt – oder ob das Gesetz von Ursache und Wirkung vielleicht nicht mehr gültig ist. Ich halte den Ausgang dieses Versuchs für absehbar.

Eigentlich wollte ich jedoch mit diesem Artikel auf ein ganz anderes Thema heraus, und das spielte sich am Ende unserer Reise ab. Diese Sommertour war nämlich etwas anders angelegt als unsere üblichen Reisen mit Campingbus und Wohnmobil. Normalerweise fuhren wir sechs Wochen durch eine europäische Region – z. B. die iberische Halbinsel – um diese zu erkunden. Diesmal jedoch hatten wir uns mit anderen Leuten verabredet, die letzten zwei Wochen gemeinsam einen recht konventionellen Urlaub zu machen. Daher hatten wir unser Rundfahrtprogramm gekürzt – Portugal wurde gestrichen – und zum Schluss hatten wir uns mit Bekannten, einem anderen Ehepaar und einer alleinerziehenden Mutter mit einem zweijährigen Sohn, verabredet. Wir hatten zusammen einen Bungalow 100 km südlich von Barcelona an der Küste gemietet.

Das war eine recht konventionelle Urlaubszeit von jungen Familien am Strand. Allerdings wurde die Idylle von zwei Ereignissen überschattet, die unsere Familie – aber nicht die unserer Bekannten - direkt betrafen. Steffi, das Baby, das gerade ein Jahr alt geworden war, wurde sehr krank, sie hatte heftigen Durchfall. Nun ist Durchfall normalerweise nichts Tragisches, er kommt, er geht - und er ist ärgerlich. Diesmal war es aber anders, offensichtlich war das Magen–Darm-System des Babys heftig angegriffen: Wenn Steffi den Boden entlang krabbelte, blutete sie aus dem After und eine feine Blutspur folgte ihr. Ich war entsetzt. Wir überlegten, was zu tun sei. Spanien war damals auf einem Entwicklungsstandard wie heute afrikanische Länder. Hier eine kompetente medizinische Versorgung zu erwarten, schien höchst vermessen. Andererseits: wo dann? In Südfrankreich? Ich war skeptisch. Wir entschlossen uns, einen Versuch hier vor Ort zu starten, um medizinische Hilfe zu bekommen. Gleichzeitig bereiteten wir unseren Aufbruch vor – fast konnte man schon sagen: unsere Flucht. Wir wollten so schnell wie möglich zurück in die Zivilisation kommen. Nach den damaligen Verhältnissen – und unseren Ansichten – war die nächste verlässliche Gegend die Schweiz. Die war (auf Landstraßen) in 16 Stunden erreichbar.

Aber zunächst unternahmen wir einen Versuch im nahen Städtchen Calpe. Wir fragen auf der Straße Leute nach einem Arzt. Man empfiehlt uns einen. Ich frage nach: „Kinderarzt?" Die Antwort: „Nix Kinderarzt – guter Arzt." Die Einrichtung eines speziellen Kinderarztes schien hier noch unbekannt zu sein.

Die Praxis des Arztes war in einem Obergeschoss eines Wohnblockes. Wir gehen dorthin, klingeln. Niemand öffnet. Andererseits: Es ist noch Mittagszeit. Siesta. Wir warten. Irgendwann kommt noch jemand. Er riecht nach Bier und Tabak, unrasiert, trägt trotz des Sommers einen alten, fleckigen Mantel. Aha, ein Penner. Was will der hier? Dieser Arzt wird doch wohl nicht so eine Kundschaft haben?!

Nein, hat er nicht. Er ist der Arzt. Wir versuchen uns zu verständigen. Das ist nicht einfach. Der Arzt spricht kein Englisch, kein Französisch, natürlich nicht Deutsch, aber leider auch kein Kastillisch (Spanisch), sondern nur Catalan. Ich versuche es mit Latein. Leider auch Fehlanzeige. Inzwischen habe ich die beiden einzigen medizinischen Bücher, die in seinem Regal standen, inspiziert. Der Umschlag des einen ist so ausgebleicht, dass nichts mehr zu entziffern ist. Das andere ist eine Einführung in die Humanmedizin, erschienen 1917. Aha. Mein Vertrauen in den Arzt ist dadurch nicht gerade gewachsen. Er geht zu einer Untersuchungsliege, darauf liegt ein auseinander genommener Radioapparat. Er räumt ihn zur Seite, wischt mit dem Ellbogen einen Ölfleck ab. Die Kunstlederhülle der Auflage ist an zwei Stellen zerfetzt, fleckiges Schaumgummi quillt heraus. Steffi wird daraufgelegt. Er berührt ihren Bauch auf der rechten Seite und sagt etwas, das mit einer sichtbaren Verneinung endet. Ich verstehe: Er hat gerade die Diagnose eines akuten oder geplatzten Blinddarms ausgeschlossen. Das beruhigt mich etwas; er scheint logisch vorzugehen.

Er untersucht weiter. Dann erzählt er einiges, was wir nicht verstehen, stellt ein Rezept aus. Und dann sucht er einige Sachen zusammen, einen Kalender, eine Uhr, findet in seinem Schreibtisch einige Reiskörner. Mit Gebärdensprache macht er uns klar, wann das Kind die Arznei einnehmen muss, wie sie verabreicht werden muss, macht deutlich, dass sich das Kind dagegen wehren wird, weil die Medizin wohl scheußlich schmeckt, zeigt, wie man das Kind halten muss, auch dass man ihm hinterher den Mund zuhalten muss, bis es geschluckt hat. Erläutert, alle wie viele Stunden die Medizin zu verabreichen ist und wann mit einer Besserung zu rechnen ist, auch dass die Medizin für volle fünf Tage zu verabreichen ist, also auch nach dem Ende der Beschwerden. Es ist ihm inzwischen gelungen, uns von seiner Kompetenz zu überzeugen, jedoch: Ein Rest Skepsis bleibt.

Wir holen das Medikament. Überraschenderweise ist es nichts von anno dazumal, sondern es handelt sich um Ampullen mit bestimmten Bakterien. In jeder Ampulle sind 2 Mio. dieser Bakterien. Tatsächlich, Steffi wehrt sich, mag sie nicht nehmen. Ich werde dazu auserkoren, sie dem Kind einzuflößen, muss Steffi hinterher Mund und Nase zuhalten, bis sie aus Ver-zweiflung schluckt. Insgesamt 20 Mal in 5 Tagen geschieht das. Es hat einen doppelten Effekt: Einerseits sind die heftigsten Symptome bereits nach 6 Stunden verschwunden. Andererseits ist mir ziemlich klar, dass ich mit dieser Art, dem Baby die

Medizin zu verabreichen, erhebliche Ressentiments gegen meine Person in Steffi aufsteigen lasse, ich fürchte, das wird auf unsere späteren Beziehungen Auswirkungen haben. Aber es ist wohl nötig. Leider.

Ich versuche die anderen zu überzeugen, dass es nicht angeht, dass wir essen, während das arme Kind, ausgehungert wie es ist, tagelang nur Reis zu essen bekommt, aber sieht, wie wir leckere Sachen konsumieren und sie davon nichts abbekommt. Leider gelingt es mir nicht, mich damit durchzusetzen. Man stimmt mir zwar zunächst verbal zu, dann jedoch wird anders gehandelt. Ein Muster, mit dem ich in diesen Jahren nur allzu oft konfrontiert wurde.

Wir mussten nicht vorzeitig aus Spanien zurück. Noch nicht. Doch dann kam die zweite Schwierigkeit. Am 29. August, an meinem Geburtstag, geschah es. Für diesen Tag, so war es mit meiner Mutter verabredet, würden wir sie anrufen. Das war hier, in der touristisch besetzten Zone Spaniens, wesentlich leichter als im Rest des Landes.

Schon einmal, drei Wochen vorher, hatten wir unseren Eltern einen Anruf versprochen. Wir hatten es von Madrid aus versucht. Von dort, so dachten wir, müsste doch ein Anruf möglich sein. Weit gefehlt. Weder im Hauptpostamt von Madrid noch im Postministerium war es möglich, nach Deutschland anzurufen. Drei Tage später hatten wir dies in einer kleinen Gaststätte in einem Dorf ohne fließend Wasser oder gepflasterter Straße erzählt. Die Wirtin wusste, dass es im Ort ein Telefon gab. Die Besitzerin dieses Gerätes ließ von dort alle Einwohner des Ortes telefonieren, d. h. sie vermittelte es, denn Durchwahl gab es dort damals noch nicht, und diese Frau hatte wohl eine Marktlücke entdeckt. Als wir ihr unser Problem erläuterten, war sie begeistert. Ein Anruf nach Deutschland, welch eine Herausforderung! Wie das geht, würde sie herausfinden! Wir sollten zurück in die Wirtschaft gehen, sie würde uns informieren, wenn es möglich sei. Nicht einmal zwei Stunden später schickte sie uns eines ihrer Kinder vorbei: Wir könnten jetzt kommen, sie hätte die Freigabe einer Leitung für in 15 Minuten über die nationale Postzentrale durchsetzen können.

Aber jetzt hier, im touristisch besetzen Teil Iberiens, war das ganz anders. Hier gab es bereits Telefonzellen mit der Möglichkeit zur Durchwahl! Wir hatten auch lange genug Münzen gesammelt, dass das jetzt möglich war. Also riefen wir meine Mutter zu meinem Geburtstag an, am Abend des 29. August. Und wir bekamen eine wichtige Information. Ich musste nicht etwa am 6. September zu Schuljahresbeginn in der Schule antreten, sondern mein Arbeitsvertrag lief ab dem 1. September. An diesem Tage müsse ich in der Schule erscheinen, um den Diensteid abzulegen.

Also mussten wir doch vorzeitig zurück. Eigentlich nur meine Familie und ich, aber die anderen waren entschlossen, dann auch mit zurückzufahren. Also wurde für den nächsten Tag, den 30. 8. 1977, ein Putz- und Packtag angesetzt. Am 31. 8. morgens um 5 h sollte die Abfahrt sein, damit ich am 1. September morgens um 8 h in der Schule sein konnte.

Ich wusste gar nicht, was alles an Aufräum-, Putz- und Packarbeiten zu erledigen sein müsste, jedenfalls wenn drei Hausfrauen unterwegs sind. Wir waren alle den ganzen 30. August über damit beschäftigt. Auf dem Heimweg sollte ich dann – wie üblich - das Carstle fahren, während die anderen sich am Steuer des Käfers ablösten. Da mindestens ein Tag und eine Nacht Fahrt vor mir lagen – für Pausen war keine Zeit – entschloss ich mich am 30.8. früh ins Bett zu gehen. Allerdings war an Schlaf nicht zu denken, im ganzen Haus wurde geräumt und gewerkelt.

Um 5 h sollte es losgehen, für 4.30 h war Wecken angesagt, um 1.30 h floh ich aus dem Haus ins Carstle. Wie soll ich mehr als 24 Stunden hinterm Lenkrad sitzen, wenn ich nicht wenigstens ein paar Stunden geschlafen hatte? Ich wälzte mich hin und her. Der Ärger übers Nichtschlafenkönnen machte die Sache auch nicht besser. Es wurde 2 h, es wurde 3 h, mein Ärger, meine Verzweiflung, aber auch meine Angst, einen Unfall zu bauen, wuchs minütlich.

Um 4.08 h kam mir eine Idee. Wenn ich nur noch 20 Minuten Zeit habe, dann bleibt nur eine einzige Möglichkeit. Ich weiß nicht, an welche Erfahrung ich dabei anknüpfte. Aber ich weiß, dass es keine Erfahrung aus diesem Leben war. Ich setzte mich im Carstle aufrecht hin, schob mir ein Kissen unters Gesäß, verschränkte meine Beine, legte meine Hände auf die Knie, Daumen und Zeigefinger berührten sich. Ich konzentrierte mich auf meinen Atem, nur zwei Atemzüge lang, dann...

... es war ein herrlicher Raum, wunderbar, ein unbegrenzter Raum. Himmlische Sphärenmusik erklang. Vor mir eine Treppe: die 10 Stufen zur Vollendung. Oben ein Thron, darauf eine Figur, die Vollkommenheit symbolisierte. Sie sah aus wie eine Mischung zwischen dem Gottesbild, das in der St.-Pauls-Kirche in *Großauheim* über dem Altar prangte (ich hatte dort meine Erstkommunion), und einer Buddhafigur. Jede der 10 Treppenstufen war flankiert von wunderbaren, reich mit Edelsteinen ausgestatteten Wesen. Engel? Möglicherweise, aber keine geflügelten! *Bodhisattvas*? Das Wort kannte ich damals nicht, aber es trifft es wohl am besten.

Der *Bodhisattva* auf der linken Seite der untersten Stufe zwinkerte mir zu, ermutigte mich. Es ging um den ersten Schritt, den ersten Schritt auf der Leiter zur Vollkommenheit. Ich konzentrierte mich, wusste, dass ich nicht durch die Kraft meiner Muskeln, sondern einzig durch die meines Geistes weiterkommen würde. Und tatsächlich: Meine Füße standen still, aber durch die Kraft der meditativen Konzentration wurde ich wie von Geisterhand – von der Hand meines konzentrierten Geistes – dort hochgehoben. Ein beifälliges Raunen ging durch die Versammlung der Bodhisattvas.

Ich hatte den ersten Schritt geschafft, hatte Anerkennung bekommen. Die Bodhisattvas raunten, ob ich denn auch den zweiten Schritt schaffen würde...

Erneute Konzentration - und erstaunlich, ich bewegte mich aufwärts, erreichte die zweite Stufe, hielt die Konzentration, ich staunte selbst am meisten über das, was mir da gelang, musste aber die Konzentration halten, nur jetzt nicht nachlassen, die dritte Stufe, beifälliges Raunen, leise Rufe des Erstaunens, die mich nur noch mehr anfeuerten und ich stand auf der vierten Stufe des Bodhisattva-Pfades. Gleichzeitig mit meinem Vorrücken, leuchteten die Stufen, die ich erreicht hatte, hell auf und auch die Illumination des Raumes wurde noch heller. Strahlendes Licht erhellte den Weltraum und um mich auf den Stufen rechts und links strahlten alle diese wunderbaren Bodhisattvas in den faszinierendsten Farben. Sie schienen mich für meine Erfolge auf dem Pfad zu schätzen, zu bewundern, sie, die doch viel vollkommener waren als ich es wohl jemals sein werde.

Sie sahen mich an, erwartungsvoll, gespannt. Ich konzentrierte mich, nahm all meine Kraft zusammen, richtete meine Augen auf den Buddha, der auf dem Thron der zehnten Ebene stand, und siehe da, es gelang mir, weiter zu kommen, erneut hellere Lichter, das musste die fünfte Stufe sein. Ich bemerkte, wie mir der Schweiß der höchsten Konzentration aus den Poren trat, als ich die sechste Stufe erreichte. Ich war verwundert ob dessen, was ich erreicht hatte, und all diese Bodhisattvas frohlockten und riefen mir Worte der Erreichung, der Unterstützung, der Freude und der Kraft zu. Ob ich jetzt ein Bodhisattva der sechsten Erreichung war?

Aller Augen waren auf mich gerichtet. Ich hatte viel erreicht, aber ich hatte auch gemerkt, wie es von Stufe zu Stufe schwerer wurde, wie quasi übermenschliche Fähigkeiten nötig wurden. Doch nun schwiegen alle Bodhisattvas, nur die himmlische Musik erklang weiter, aller Augen waren auf mich gerichtet. Ich fasste all meinen Mut zusammen, konzentrierte mich. Nur ganz allmählich ging es vorwärts, zentimeterweise. Ich setzte all mein Vertrauen auf die Bodhisattvas und auf den Höchsten. Da spürte ich es unter meinen Füßen: ich hatte Level sieben erreicht. Diesmal gab es keinen Applaus, kein Frohlocken, nur diese Blicke, diese gespannten Blicke. Mir wurde klar, ich kann jetzt nicht einfach aufhören und nach Hause gehen. Man wollte wissen, wer ich bin, ob ich womöglich auch noch die achte Erreichung schaffe.

Höchste Konzentration – ich merke wie ich langsam vorankomme, eher millimeterweise als zentimeterweise, Tausende Augen sind auf mich gerichtet, nicht nur die der Bodhisattvas der Stufen, sondern auch die von unzähligen *devas* in den Weiten des Universums. Und in diesem Moment erreiche ich die achte Stufe. Freudiges Wohlgefallen, himmlische Sphärenmusik, Licht, das mir heller als 1000 Sonnen erscheint. Und doch das Wissen: Ich kann mich jetzt nicht einfach hinsetzen. Man erwartet von mir, dass ich mich so lange bemühe, mein Äußerstes gebe, bis ich meine Grenzen total ausgelotet habe. Also noch einmal, ich bemühe mich so, wie ich mich noch nie in meinem Leben bemüht habe – und ich merke ein Vorankommen, habe ein Viertel des Weges zur neunten Stufe erreicht, jetzt die Hälfte. Es ist ungemein schwer die Konzentration zu halten, es geht ein wenig weiter, dann bemerke ich Stagnation, bemühe mich nach besten Kräften. Aber da empfinde ich es ganz deutlich: Rs geht langsam abwärts. Ich komme wieder auf Stufe acht zu stehen. - Aber es fühlt sich nicht wie ein Misserfolg an. Das Schweigen ist zu

Ende, die Bodhisattvas reden, beglückwünschen mich, kaum ein Mensch würde es so weit bringen. Ich bin überglücklich.

Mein Gesicht strahlt, während die Bodhisattva-Welt verblasst. Ich sitze im Carstle, hellwach und überglücklich. In diesem Moment der Wecker, es ist 4.30 h. Eine halbe Stunde später bin ich unterwegs, fahre das übervoll beladene Carstle. Ohne Stopp geht es auf Landstraßen nach Hause, 25 Stunden Fahrt. Ich habe sogar noch Zeit zum Duschen, bevor ich in der Schule meine neue Stelle antrete.

Es wird für vierzig Jahre meine Dienststelle sein.

Geheimer Ort: Guhyloka

= Szene 071 aus Horsts Lebensbericht – 2003

Seit gut sieben Jahren fühlte ich mich der buddhistischen Gemeinschaft *Triratna* zugehörig, seit drei Jahren war ich *Mitra*, seit zwei Jahren im *Ordinationsprozess* und in zwei, drei Jahren, so hoffte ich, ordiniert zu werden. Männer, die in Europa in der Triratna-Tradition ordiniert werden, begeben sich normalerweise auf ein Viermonats-Retreat nach *Guhyaloka* und werden dort ordiniert. Da dieser Zeitpunkt nicht langfristig planbar ist und ich damals auch Klassenlehrer in zwei Schulklassen war, wäre für mich eine Ordination dort nicht in Frage gekommen, sondern nur die Kurzvariante von zwei Wochen, was gewiss schade gewesen wäre.

Aber ich hatte von Freunden, die bereits in Guhyaloka waren, sei es zu einem Ordinationsretreat oder zu einem Arbeitseinsatz, von dem ganz besonderen Flair dieses Ortes in den Bergen Spaniens gehört. Lutz, ein Mitra aus Minden, der mit mir eine Studiengruppe besuchte, hatte uns in einem Diavortrag Guhyaloka vorgestellt. Er war dort zu einem Arbeitsretreat, in dem sie Meditationshütten für Einzelklausuren gebaut hatten. Daher stand mein Entschluss fest: Eine solche Einzelklausur wollte ich machen. Bereits ein Jahr zuvor hatte ich daher eine Hütte dort für zwei Wochen gebucht, für die Herbstferien, die in den beiden letzten Oktober-Wochen des Jahres 2003 lagen: die Meditationshütte Dharsendo.

Am 16. Oktober ging es los, morgens früh mit der Bahn. Da ich aus Klimaschutzgründen Flugreisen nach Möglichkeit vermeide – im letzten Vierteljahrhundert sogar mit vollem Erfolg – war das doch eine längere Bahnreise, die in einem Tag gar nicht zu schaffen ist. Ich hatte daher eine Übernachtung in Barcelona eingeplant, am 18. sollte es dann weitergehen. Also fuhr ich über Basel, Genf und Lyon nach Barcelona, wo ich am Abend eintraf.

In der katalanischen Metropole ist es sehr schwierig, eine günstige Unterkunft zu bekommen, und so hatte ich stundenlang im Internet gesucht, bis ich etwas Passendes gefunden hatte – leider am entgegen gesetzten Ende der Stadt. Ich war bereits seit 5 h morgens unterwegs und um 22 h am Abend kam ich endlich an der Herberge an – und stand vor verschlossener Tür. Als es mir nach einiger Zeit gelang, Kontakt mit der Vermieterin aufzunehmen, erfuhr ich, ich sei einen Tag zu früh dran, und der Fensterladen schloss sich wieder – endgültig. Ich sah auf meiner Reservierung nach: Tatsächlich, da stand das Datum von morgen. Bei dem Reservierungsprogramm im Internet musste man dummerweise das Anfangs- und Enddatum bei jedem Versuch erneut eingeben – und es waren mindestens 20 Versuche bis ich fündig geworden war, immer musste ich eingeben vom 17.10.2003 bis 18.10.2003. Irgendwann, vielleicht beim 37. Mal muss ich wohl eingegeben haben, vom 18.10....

Also erneut anderthalb Stunden mit den Öffentlichen Verkehrsmitteln zurück zum Hauptbahnhof, wo ich um Mitternacht ankam. Der Bahnhof hat nachts geschlossen, Öffnung um 5 h morgens. Etwa 200 Leute lagerten auf den Straßen ringsum und warteten auch auf die Bahnhofsöffnung am Morgen. Ich legte mich ebenso auf den Gehsteig, konnte jedoch nicht einschlafen. Dann meldete sich mein Darm. Also ging ich die restliche Nacht auf und ab, erst in der Hoffnung, eine äußerst abgelegene Ecke zu finden – oder vielleicht sogar ein öffentliches WC oder eine offene Gaststätte - um mich zu erleichtern. Fehlanzeige. Überall Leute, die auch nicht schlafen konnten. Also mit Gänsehaut, Schüttelfrost und krampfhaft zusammengepetztem Schließmuskel bis 5 h ausharren, dann der

170

Run mit Gepäck in den Bahnhof aufs WC. Welche Erleichterung nach einer peinvollen Nacht!

Ich nahm den ersten Schnellzug von Barcelona nach Alicante, dann mit der Regionalbahn von dort nach Vila Joiosa. Dort sollte ich am Nachmittag von einem Geländewagen des *Retreat-zentrums* abgeholt werden. Vila Joiosa ist eines dieser typischen Touristenstädtchen an der spanischen Küste, im Sommer total überlaufen, jetzt - Mitte Oktober - allmählich zur Ruhe gekommen.

Ich verbrachte die Zeit damit, zunächst die Uferpromenade abzugehen und in den noch geöffneten Restaurants die Preise zu vergleichen. Gegen Mittag hatte ich mir einen Überblick verschafft und setzte mich auf die sonnige Terrasse einer Pizzeria. Ich aß etwas, trank etwas und las etwas.

Irgendwann nahmen am Nebentisch zwei andere Ausländer Platz und unterhielten sich auf Englisch. Ich schnappte Satzfetzen auf: „... after the airport ... back to Vila Joiosa...a German guy... solitary in Guhyaloka"

Ich war wie elektrisiert: Die sprachen von mir! Tatsächlich, es stellte sich heraus, dass es die Leute waren, die mich Stunden später hier am Bahnhof abholen sollten.

Also wurde umdisponiert und ich fuhr mit den beiden im Geländewagen zunächst zum Flugplatz von Alicante, wo noch ein Brite abgeholt wurde, anschließend ging es in die Berge, wo wir 36 Stunden nach meiner Abreise in Großauheim ankamen. Die Fahrt ging in ein abgelegenes Tal, das zur Hälfte dem Triratna-Orden gehört, die andere Hälfte gehört einer obskuren katholischen Organisation, ich glaube dem Opus Dei.

Am Eingang begrüßte uns ein Schild in Catalan: „Gujaloka – el mon secret – Comunitat monastic Budista" - Guhyaloka, die

Welt im Verborgenen – klösterliche buddhistische Gemeinschaft".

Heute (und am letzten Tag meines Retreats zwei Wochen später) war ich jeweils zum Abendessen bei den Bewohnern dieser klösterlichen Gemeinschaft zu Gast. Die übrige Zeit würde ich allein im Schweigen mit Meditieren, Reflektieren, Hausarbeit und Spaziergängen verbringen. Ich bekam eine Einweisung, lernte, wie ich mich versorgen sollte und welche Gefahren mich durch Unwetter, Schlangen, Skorpione und bei Bergwanderungen erwarteten.

Was ich zunächst am problematischsten fand, war die Wasserversorgung. Es gab kein fließendes Wasser. In einigen 100 m Entfernung befand sich eine Zisterne, in der Regenwasser aufgefangen wurde, das als Trinkwasser diente. Da dieses Wasser dort monatelang in der sommerlichen Hitze im Freien gestanden hatte, nahm ich mir vor, nur abgekochtes Wasser zu trinken. Auf dem Dach von Dharsendo, meiner Hütte, befand sich ein Betonzylinder, in den vor einiger Zeit Wasser aus der Zisterne nachgefüllt worden war. Man bedeutete mir, ich solle versuchen, mit diesem Wasser auszukommen.

Also stieg ich als erstes auf das Dach, um meinen Wasservorrat zu inspizieren, ich wollte wissen, wie viel Wasser mir täglich zur Verfügung stünde. Dafür musste ich den Zylinder ausmessen. Da ich kein Maßband bei mir hatte, nahm ich mit einem Karopapier Maß. Die Kantenlänge eines Kästchens beträgt 5 mm. Ich maß die Höhe des Wasserstandes im Zylinder, den Durchmesser, versuchte mir die Zylinderformel abzuleiten und stellte fest: Wenn die Verdunstung des Wassers nicht mehr als 2 % pro Tag beträgt, müsste ich für die zwei Wochen täglich etwa 9 l Wasser zur Verfügung haben, zum Trinken, zum Kochen, zum Abwaschen, für die Körperpflege zum Putzen, die Toilettenspülung etc. neun Liter! Ganz schön ambitioniert. Für wie selbstverständlich wir doch allmählich absolut nicht selbstverständliche Dinge, die Versorgung mit ausreichend Trinkwasser etwa, halten.

Nun gut, für die Toilette braucht man nicht viel Wasser. Diese bestand aus einem Loch im Boden unweit des Hauses. Man stellt sich auf die beiden den Füßen nachempfundenen Steine, entfernt eine Abdeckung mit Griff, platziert sein Gesäß so über dem dann offenen Loch, dass man möglichst nicht den Rand verschmutzt und bemüht sich gut zu treffen. Gelingt das, braucht man gar kein Wasser. Würde man hingegen alles Wasser, was in eine Gießkanne passt, verwenden, hätte man mehr als eine ganze Tagesration an Wasser verbraucht – also nix mehr mit trinken, kochen, spülen, waschen...

Da ich Spinnen als äußerst unangenehm empfinde und die Hütte natürlich nicht dicht ist, hatte ich befürchtet, dass jedes Krabbeln auf mir in der Nacht eine Panik auslösen könnte. Daher ging ich jeden Abend meinen Raum ab und suchte die Spinnen – etwa 10 bis 15 pro Tag. Mittels einem Pappdeckel und einem Glas fing ich sie und brachte sie in einige Entfernung von meiner Hütte. Außerdem hatte ich mir einen ganzen Vorrat an Kerzen mitgebracht. Da jede dieser Kerzen fünf Stunden brennt, kam ich pro Nacht mit drei Kerzen aus. Alle vier Stunden steckte ich eine neue Kerze an und konnte so sehen, wann immer mich etwas in der Nacht beunruhigte – was ich sehr beruhigend fand.

Meine Meditationspraxis stellte sich anfangs als sehr problematisch heraus. Nun gut, ich hatte die letzte Nacht in Großauheim höchstens vier Stunden und die Nacht darauf in Barcelona gar nicht geschlafen. Dass mein erster und zweiter Tag noch von Schläfrigkeit durchdrungen war, verwunderte mich kein bisschen. Aber das war nicht einmal mein Hauptproblem. Das zentrale Problem, das sich einstellte, war vielmehr ein ganz anderes, etwas, von dem ich gedacht hatte, ich hätte es längst hinter mir gelassen. Das Problem war eine

Frau. Oder besser: Nicht die Frau war das Problem, sondern mein Denken, meine Sehnsucht, etwas ganz Merkwürdiges war geschehen.

Seit einem Jahr bot ich vierzehntäglich Meditationsabende in meiner kleinen Mansardenwohnung an (vgl. Szene 057: Der Vier-Stufen-Plan). Am Freitagmorgen war ich von Großauheim Richtung Guhyaloka gestartet. Am Donnerstagabend hatte ich noch einmal einen Meditationsabend abgehalten, wie üblich mit sehr kleiner Besetzung, außer mir zwei oder drei Leute, darunter eine neue Person, ich nenne sie hier Sandra. Sandra kam schon eine Stunde früher, wollte mit mir reden. Sie hatte schon Kontakt zu Triratna, hatte während ihres Studiums in England bei Triratna meditiert und hatte auch bereits ein Retreat in Kühhude (das Retreatzentrum habe ich in Szene 046 vorgestellt) absolviert. Und sie hatte etwas ganz Besonderes an sich: Sie war sehr offen, sehr rezeptiv, hörte zu und erzählte auch viel von sich, und sie hielt dabei beständig Augenkontakt. Sie ging auch nicht, wie das viele Frauen tun, auf Distanz, sie stand ganz nah, sah mir in die Augen beim Reden. Und diese sehr junge Frau – ich hatte sie auf vielleicht 22 geschätzt, und hätte sie nicht von ihrem Studium erzählt, vermutlich auf noch jünger – ging mir einfach nicht aus dem Sinn. Nicht wenn ich meditierte, auch auf dem Weg nach Spanien im Zug nicht und auch nicht, wenn ich zu Bett ging und versuchte zu schlafen.

Immer, wenn ich mich in Meditation setzte, kehrte sie in meinen Geist zurück, aus dem ich sie doch zu vertreiben versuchte. ICH WILL MEDITIEREN! Und nicht tagträumen! Als ich am dritten Tag endlich zugeben musste, dass die Versuche, sie zu negieren, zu verdrängen, nicht funktionierten, nahm ich mir vor zu untersuchen, was da in mir vorging.

Ich musste feststellen, dass es in mir so etwas wie eine ungestillte Sehnsucht gab. Es war jetzt sieben Jahre her, dass meine Ehefrau die faktische Trennung von mir vollzogen hatte.

Wir lebten zwar noch im gleichen Haus und unterhielten uns auch miteinander. Ich konnte mich mit ihr trefflich über die politische Lage, über die Firmenpolitik des Volkswagenkonzerns und die Gefahren des Neoliberalismus unterhalten. Aber es war absolut unmöglich, sich mit ihr über so etwas wie Gefühle zu unterhalten, über etwas sehr Persönliches, da wurde sofort abgeblockt.

Ich beschäftigte mich an diesem Dienstagnachmittag sehr intensiv mit dem, was da in meinem Inneren vorging und stellte drei Dinge fest, die Ursache meiner Sehnsucht waren: (1) Ich brauche jemanden, mit dem ich mich wirklich unterhalten kann, offen und ehrlich über alles, auch über Persönliches, jemand der mir zuhört, mir Feedback gibt, der offen ist, sich auch wirklich selbst öffnet und so Vertrauen schafft. Diese Empfindung hatte ich am Donnerstag zuvor bei Sandra erstmals seit sehr, sehr langem, vielleicht erstmals überhaupt, gehabt. (2) Mir fehlt Zärtlichkeit. Selbst zu der Zeit, als meine Ehe äußerlich noch intakt war, gab es so gut wie nie liebevolle Zärtlichkeit, Vertrautheit, die auch ein Aspekt von Offenheit, von Sich-Öffnen-Können ist. Und (3) hatte ich wohl auch das Kapitel Sexualität noch nicht völlig hinter mir gelassen.

Das waren die drei Punkte, die zu meiner Unruhe in den letzten Tagen geführt hatten. Und sie waren genau in der Reihe wichtig, wie ich es oben beschrieben habe: (1) offene Kommunikation, (2) Zärtlichkeit und (3) Sexualität.

Da das nunmehr geklärt war, wusste ich, dass ich nach meiner Rückkehr nach Deutschland diese drei Punkte würde in Angriff nehmen müssen. Ich würde versuchen, eine Person zu finden, die mindestens mein Hauptbedürfnis (tiefe Kommunikation), möglichst auch den zweiten Punkt (Zärtlichkeit) abdeckte und vielleicht sogar noch eine Möglichkeit für den letzten Punkt bot. Da das nun geklärt war und da Sandra – so sah ich das – für einen über 50jährigen Mann bestimmt nicht die adäquate

Bezugsperson sein konnte, musste ich sie nicht mehr in meinem Geist haben.

Es hat tatsächlich funktioniert. Von nun an verlief die Meditation so, wie ich das erwartet, wie ich das erhofft hatte. Ich hatte meinen Frieden gefunden.

In unmittelbarer Nähe von Dharsendo, etwa 400 m entfernt, lag dieser *Stupa*, ein Ritualplatz und ein buddhistisches Ehrenmal, in dem die Asche eines großen tibetischen Dharma-Lehrers liegt, von Dhardo Rinpoche, der von 1915 bis 1990 in Tibet und - nach der Besetzung durch China - in Indien lebte. Er war gewissermaßen der Hauptlehrer von Sangharakshita, dem Ordensstifter von Triratna.

Dieser Ort wurde zu meinem Ritualplatz. Täglich unternahm ich eine Ein-Mann-Prozession von Dharsendo zur Stupa, trug eine Kerze, eine Buddhafigur und Räucherstäbchen mit mir, umrundete den *Stupa* in Gehmeditaion und rezitierte dazu entweder etwas, das wir die *„Zufluchten und Vorsätze"* nennen, ein buddhistisches Bekenntnis und ethische Vorsätze, oder aber *Mantras*.

Leider wurde die Anlage gegen Ende meiner Zeit in Guhyaloka von Wildschweinen ziemlich stark verwüstet, sie suchten offensichtlich in den Beeten nach Wurzeln (Tulpenzwiebeln?), so dass dieser wunderschöne Ort zumindest zwischenzeitlich einen sehr traurigen Anblick bot.

Apropos Wildschwein. Bei einer meiner Wanderungen in der Umgebung hatte ich eine Wirbelsäule gefunden. Der Rest des Wirbeltieres war vom Zahn der Zeit – oder von Raubtieren – verschlungen worden. Vermutlich handelte es sich um die Wirbelsäule eines Wildschweines. Auf jeden Fall war sie in der Größe und Form in etwa so wie eine menschliche Wirbelsäule. Dies brachte mich auf die Idee einer Leichenfeldbetrachtung. Darunter versteht man eine Meditation, bei der man sich eine

Leiche in verschiedenen Zerfallsstadien vorstellt und sich dabei vergegenwärtigt: Von gleicher Art bin auch ich, auch ich werde dieses Schicksal haben. Das ist eine sehr intensive Betrachtung des Phänomens Vergänglichkeit (*anicca*).

Zweimal machte ich eine solche Leichenfeldbetrachtung und hielt dabei diese Wirbelsäule in meinen Händen. Das erste Mal bei Tag, das zweite Mal in der Nacht bei Mondschein im Freien (sehr kalt). Das war eine äußerst tiefe, sehr erschütternde Erfahrung, von der ich froh bin, sie gemacht zu haben. Allerdings stellte ich auch nach der zweiten Meditation fest, dass ich dies nicht zu meiner Hauptpraxis machen möchte, denn es verdüstert doch etwas den Geist. Im Gegensatz dazu ließen meine Streifzüge durch die wildromantische Region Orxeta mein Herz höher schlagen und meine Dankbarkeit voll aufblühen, auf diesem wunderschönen Planeten mit den Elementen Erde, Wasser, Luft und Wärme leben zu können.

Was ich als etwas problematisch in Guhyaloka empfand, war die Ernährungssituation. Dharsendo hatte eine Küchenzeile, und in den Schränken befand sich alles, was man braucht und was sich gut lagern lässt: Nudeln, Reis, Cornflakes, Tee - solche Sachen. Außerdem gab es zweimal wöchentlich eine Versorgung mit frischem Gemüse. Eine Plastiktonne – so wie man die Mülltonnen in England hat - befand sich unweit von Dharsendo am Weg. Darin wurde von der Community (der klösterlichen Gemeinschaft) Gemüse angeliefert, immer dienstags und freitags; an diesen Tagen fuhr jemand mit dem Land Rover zum Einkaufen. Und dieses Gemüse war immer sehr reichlich. Es war eine große Herausforderung, das zu kochen und nicht verderben zu lassen. Zuhause kochte ich gar nicht, ernährte mich von selbstgebackenem Brot mit einem veganen Aufstrich und Rohkostsalat. Hier aber war Kochen angesagt. Ich kochte also einen großen Eintopf für drei Tage. Und da er so lecker schmeckte, aß ich ihn im Laufe des ersten Tages auf – es war ja noch soooo viel Gemüse da! Am nächsten Tag lief das dann so ähnlich. Es war also schon eine ziemliche Fressorgie. Und das wurde auch nicht dadurch besser, dass meine Spaziergänge durch Mandelhaine führten, deren Mandeln niemand mehr erntete (außer mir).

Wunderschön waren die Abende. Die Sonne ging über dem tiefblauen Meer unter, und bei Dunkelheit sah man in der Ferne – etwa 30 km – die Stadt Alicante mit ihren Lichtern. Hier oben, in Guhyaloka, wähnte ich mich an einem entrückten, an einem himmlischen Ort, und da unten war diese merkwürdige Welt mit ihrer Geschäftigkeit. Ich nannte diese entfernte Welt der Menschen den „Planet *Saṃsāra*", die Welt gewöhnlichen mondänen Treibens, die mir nie so weit weg vorkam wie hier in Guhyaloka, in dem verborgenen Ort.

So verbrachte ich meine Zeit mit Meditieren, Hausarbeit und einem täglichen ausführlichen Spaziergang von drei Stunden in der Sonne des frühen Nachmittags.

Ein denkwürdiges Ereignis war noch, dass ich eines Abends, nachdem ich bereits alle Spinnen nach draußen getragen hatte und mich gerade im Schein meiner Kerze zu Bett begeben wollte, tatsächlich noch eine kleine Spinne fand, diesmal oben auf meinem Bettgestell, dort wo mein Kopf zu liegen kam. Ich fing also auch dieses Tier und wollte es gerade heraustragen. Dann sagte ich mir, dass ich jetzt doch nicht noch einmal nach draußen wollte, denn es war stockfinster und regnete. Ich behielt also die Spinne im Glas auf dem Tisch, abgedeckt durch einen Pappdeckel.

Am nächsten Morgen, nachdem ich mich angekleidet hatte, wollte ich das Tier nach draußen tragen. Ich nahm das Glas und wunderte mich: Nanu, warum hat denn diese Spinne zehn Beine? Und warum vorne zwei so große mit kleinen Greifzangen? Aha, das ist keine Spinne. Dann hatte ich wohl einen Skorpion im Bett - aber nur einen kleinen.

Ich las schnell im Handbuch nach und fand, wo sich Skorpione am wohlsten fühlen. Aha, an großen Steinen. Also brachte ich den Skorpion nach draußen. Etwa 20 m von Dharsendo entfernt befand sich ein sehr großer Stein, ein Felsen. Dort setze ich ihn ab. Hier wird er sich sicher wohler fühlen als in einem weichen Bett!

Beim Abschiedsessen am letzten Tag in der Community wurde ich gefragt, ob es denn irgendwelche Probleme gegeben hätte, vielleicht mit Schlangen oder Skorpionen.

Horst: „No, not at all. - Oh, that´s not quite correct. There had once been a scorpion, but a very small one, a baby scorpion.“

OM: „Oh, a scorpion. What kind of scorpion? A black or a white one?“

Horst: „No, not black, not white, something like a bit brownish, I think.“

OM: „Brownish? Hmm. Perhaps: nearly transparent?“

Horst: „Yes, that´s it: nearly transparent!“

OM: „Oh, that´s what we call the white one. Its poison is deadly.“

Horst. „Well, I don´t think it was this dangerous. It was only a baby scorpion, you know?“

Es war eine sehr intensive Zeit, eine gute Einzelklausur. Ich liebe Einzelklausuren und habe seitdem viele solche Solitaries unternommen, die meisten davon in Deutschland und davon wieder die meisten im Meditationsraum am Obermarkt, einige auch in einem Haus in Heenes, einem Ortsteil von Bad Hersfeld. Das Haus gehört Sandra. Aber das ist wieder eine ganz andere Geschichte.

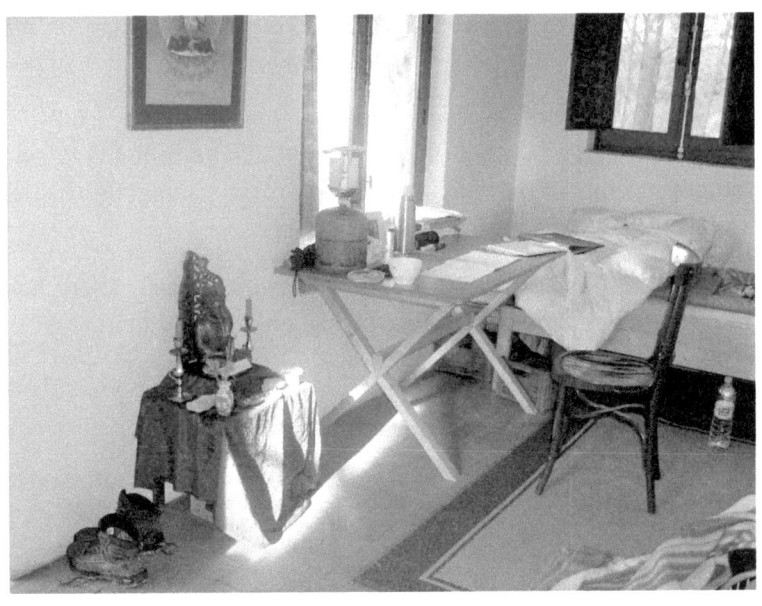

Blick auf den Schrein, den Arbeitstisch und die Lagerstätte in
der Hütte „Dharsendo" in Guhyaloka
Oktober 2003

Von Hähnchen und Mythen

= Szene 072 aus Horsts Lebensbericht

Ich nenne diese Sammlung von Szenen aus meinem Leben „Der verschlungene Pfad in Richtung eines Lebens zum Wohl aller Wesen"[1]. Hähnchen sind Wesen. Mein Leben ist ein verschlungener Pfad, aber er ist tendenziell in eine Richtung zum Wohl aller Wesen ausgerichtet. Ich glaube, das lässt sich ganz gut am Beispiel von Hähnchen deutlich machen.

Als ich Kind war und mein Vater noch lebte, also in den 50er Jahren, da waren Hähnchen - und ich meine jetzt nicht kleine männliche Hühner, sondern das Gericht „Hähnchen" (Broiler) - ein Teil des exquisiten Nahrungsmittels „Geflügel" in unserem Haushalt. Neben Hähnchen gab es mitunter auch Fasan oder Gans, alles vornehme Lebensmittel, sogenanntes „Sonntags-essen". Geflügel war recht teuer, alles andere als ein Alltagsessen, teurer als Schnitzel, Kotelett, Braten oder Rumpsteak.

Ethisch gesehen war damals keine dieser Mahlzeiten für jemanden aus meiner Familie ein Problem. Und wenn ich mir doch einmal Gedanken darüber machte, so war die Antwort: „Schließlich hat der liebe Gott die Tiere dafür gemacht, dass wir sie essen." Ja, wenn das so war, dann wäre es gewissermaßen eine Sünde, ein Akt von Undankbarkeit, Gottes Gabe nicht anzunehmen. Die Frage, warum Gott denn die Tiere schon gemacht hatte, als es noch gar keine Menschen gab, diese Frage kam mir damals nicht in den Sinn. Auch keine andere kritische Frage. Das war einfach so. Viel später habe ich mich dann

---

1   „Diese Sammlung" bezieht sich auf den ausführlichen Lebensbericht unter http://www.kommundsieh.de/Horst%20-%20Leben.html

gefragt, ob das einfach so akzeptiert wurde, wie man 20 Jahre zuvor akzeptierte, dass die Juden verschwanden, die Kommunisten usw. Das war eben einfach so. Manchmal fragt man eben nicht. Und möglicherweise fragt man manchmal nicht, weil man – bewusst oder unbewusst – die Antwort fürchtet. Also damals, bei den Nazis.

Und heute auch.

In unserem Garten gab es Anfang der 50er Jahre noch einen Hühnerstall, in dem wohnten zwei Hühner. Auch zwei unserer Nachbarn hatten Hühner – und jeweils einen Hahn, den man - insbesondere morgens - sehr gut hören konnte. Bei uns wohnte kein Hahn mehr. Unsere beiden Hühner sollten sich nicht mehr reproduzieren, die Hühnerhaltung war ein auslaufendes Modell. Hühner zu halten war während der Hungersnot in den 40er Jahren essentiell, denn Hühner produzierten Eier, und hin und wieder wurde wohl auch ein Hähnchen geschlachtet.

Jetzt gab es niemanden mehr, der Hühner schlachtete. Und als das vorletzte Huhn gestorben war und das letzte ganz einsam in seinem Stall saß, wurde es von einem Nachbarn geschlachtet, der bekam dafür die zwei letzten Eier dieses Huhnes. Bei uns war nämlich niemand in der Lage, ein Huhn zu schlachten: Mein Vater war blind und meine Mutter und Großmutter konnten es nicht übers Herz bringen, einem Huhn den Kopf abzuschlagen. Aber essen konnten sie Hühner.

Ich kann mich noch sehr genau daran erinnern, wie wir das Huhn ausgenommen haben. Es war höchst interessant und faszinierend, das kleine Herz zu entdecken, das jahrelang das gefiederte Tier am Leben gehalten hatte. Und auch die vielen anderen inneren Organe, eine richtige Lehrstunde in Anatomie! Am interessantesten fand ich aber, dass es Eierstöcke und Eileiter gab und darin Eier in unterschiedlichen Stadien der Entwicklung zu sehen waren. Da das Huhn jedoch schon sehr alt war, taugte es nicht zum Braten, es war nur als Suppenhuhn zu verwenden, viel zu zäh zum Essen.

Entweder bei dieser Gelegenheit oder aber unwesentlich später, vielleicht als es einmal Hähnchen gab, fragte ich meine Großmutter, warum man denn von „Hühnern" spricht, aber beim Essen von „Hähnchen". Meine Großmutter erläuterte mir, dass die Küken jeweils zu etwa der Hälfte männlich und weiblich seien, dass man das aber da noch gar nicht unterscheiden könne. Erst wenn sie heranwüchsen, so sechs oder acht Wochen alt seien, dann würde man erkennen, wie einigen von ihnen ein „Hahnenkamm" wachsen würde.

Wenn sie aber drei, vier Monate alt wären, dann würden sich die Junghähne gegenseitig anzugreifen beginnen. Es sei so, dass sich nur der stärkere durchsetze. Das sei sehr schlimm, und diese Hahnenkämpfe wären blutig, nicht selten würde ein Junghahn dem anderen ein Auge aushacken, manchmal gäbe es sogar Kämpfe auf Leben und Tod. Anders als in der Natur könnte der unterlegene Hahn auch nicht einfach fliehen und woanders sein Glück suchen. Deshalb könnten in einem normalen Hühnerstall zwar 10 oder 20 Hühner leben, aber immer nur ein Hahn. „Und das", so schloss meine liebe Großmutter, „ist der Grund, warum die jungen Hähnchen im Alter von drei Monaten geschlachtet werden müssen, das geht schnell und ist für die Hähnchen viel weniger leidvoll, als wenn sie im Kampf untereinander verletzt, verkrüppelt oder getötet werden. Allerdings bringe ich es nicht über Herz, so einem Tier den Kopf abzuhacken und deine Mutter auch nicht. Und deshalb haben wir keine Hühner mehr. Wir kaufen die Eier lieber im Laden, jetzt, wo es wieder alles zu kaufen gibt. Und dort, wo die Hühner leben, dort findet sich auch immer ein Mann, der die Hähnchen zu töten bereit ist, bevor sie sich im Kampf verletzen. Und so können wir auch immer einmal ein Hähnchen als Sonntagsbraten kaufen."

Das schien mir sehr vernünftig, überaus logisch und ethisch vertretbar. Die Welt war in Ordnung, alles hatte irgendwie seine Ordnung, gottgewollt. Und in meinem Kopf hatte sich gewissermaßen der „Mythos vom Hähnchen" festgesetzt. Es war ein schöner Mythos, ein bequemer Mythos, aber es war ein Verdrängungsmythos: Dieser Mythos hat weiteres kritisches Hinterfragen unterdrückt. Lange, sehr lange, allzu lange.

Das eben Beschriebene hatte in den 50er Jahren stattgefunden. Anfang der 60er Jahre wurde durch die GATT-Verhandlungen (GATT = General Agreement on Tariffs and Trade) eine neue Runde der Globalisierung eingeleitet. Die wichtigste Auseinandersetzung zwischen den USA und der EWG ging damals um die Einfuhr von Schlachtgeflügel aus den USA, diese Auseinandersetzung wurde auch als „Hähnchenkrieg" bezeichnet.

Die Folge der anschließenden Liberalisierung war, dass der Geflügelpreis rapide sank. Ich kann mich erinnern, wie ich mit meiner Mutter durch Hanau ging und dort an einem Stand ein halbes Brathähnchen für 3,60 DM angeboten wurde. Meine Mutter war ganz aus dem Häuschen über diesem Preisverfall! Für 3,60 DM bekam man damals sieben Liter Benzin, neun Glas Bier in der Gaststätte oder dreimal Kinderhaarschnitt. Demnach entsprachen 3,60 DM einem Preis von heute zwischen 10 und 20 EUR. Das erschien für ein halbes Hähnchen damals als absolut unglaubliches Schnäppchen!

In der Folge gab es bei uns – obwohl mein Vater verstorben und die finanzielle Lage eher angespannt war - öfter Hähnchen. Ich kann mich gut erinnern, wie das die Geburtstagsfeiern beeinflusste. Geburtstage wurden damals andauernd gefeiert, ungefähr alle zwei Wochen war man irgendwo auf einen Geburtstag eingeladen. Man traf sich zum Nachmittagskaffee und Kuchen, man unterhielt sich und zum Abendessen gab es Kartoffelsalat und Würstchen. So war das die letzten zehn Jahre. Aber plötzlich wurden in der zweiten Hälfte der 60er

Jahre die Würstchen durch Hähnchen ersetzt. Mich focht das nicht an. Ich glaubte fest weiter an den Mythos vom Hähnchen: „Ist ja besser so für die kleinen Hähnchen", pflegte ich meine Verblendung.

Um 1970 öffnete in Stockstadt der Massa-Markt, ein riesiger Großmarkt, wie sie damals gerade erstmals in Westdeutschland aufkamen. Massa war für seine absolute Tiefpreisstrategie bekannt. Natürlich wollte meine Mutter zur Eröffnung dorthin – und es wurde eine Kauforgie. Unter anderem kauften wir an diesem Tag unseren ersten Farbfernseher, bis dahin hatten wir den schwarz-weißen Fernseher von 1954 benutzt. Da Schwarz-Weiß-Fernseher aber besonders billig waren, wurde auch noch ein Schwarz-Weiß-Fernseher gekauft. Das Kalkül meiner Mutter: „Die meisten Sendungen sind sowieso noch in schwarz-weiß. Dafür nehmen wir dann den billigen Fernseher und schonen so die Farbröhre des Farbfernsehers."

Meine Mutter war eine berüchtigte Schäppchenjägerin mit ausgesprochen betriebswirtschaftlichem Kalkül, eine gelernte Kauffrau. (Mein Vater hatte früher gesagt: „Immer wenn die Ruth spart, ist unser ganzes Monatsgehalt weg!") An diesem Tag bei Massa wurde extrem gespart, und so standen wir hinterher mit drei dieser neuen überdimensionierten Einkaufswagen, auf denen sich die Waren zu Berge türmten, an der Kasse an. Einen Wagen hatte ich zu schieben, einen meine Mutter und einen die liebe Großmutter, die das alles verrückt fand. Ich sah das damals anders, weiß aber heute, dass die liebe Großmutter – wie üblich – recht hatte.

Ganz besonders bedenklich war, dass wir Brathähnchen kauften. Und damit sich dort bei Massa nicht Gastwirte versorgten und die Endverbraucher das Nachsehen hätten, war die Anzahl der Hähnchen, die man kaufen konnte, auf zehn pro Person begrenzt. Schnäppchen-Ruth wusste sich aber zu helfen: Wir waren drei Leute, hatten drei Einkaufswagen, also konnten wir 3 x 10 Hähnchen kaufen. Dass war zwar absoluter Schwachsinn, da wir keine Tiefkühltruhe hatten. Allerdings hatte meine Mutter mich gefragt, ob ich auch wirklich bereit sei, ganz viele davon zu essen, was ich zusagte. Einerseits waren gerade die Asterix-Comics aufgekommen, und ich konnte mich trefflich mit dem Wildschweine mampfenden Obelix identifizieren. Und andererseits spukte da noch immer dieser Hähnchen-Mythos in meinem Kopf herum: „Ist ja zu deren Bestem!"

Die nächste Woche war schrecklich. Meine Schwester, meine Großmutter und meine Mutter aßen zusammen vielleicht drei Hähnchen. Und ich hatte gesagt, ich würde jede Menge vertilgen! Das heißt 27 Hähnchen blieben für mich. Nicht halbe Hähnchen, ganze! Und dazu beständig dieser Geruch. Es passten nämlich nur zwei Hähnchen in den Backofen und sie brauchen jeweils mehr als 2 Stunden, also musste der Herd über 30 Stunden Hähnchen braten – Rüst- und Nachtzeiten kamen noch hinzu.

27 Hähnchen in einer Woche bedeutet: ein ganzes Hähnchen zum Frühstück, eines zum Mittagessen und eines am Abend – Tag für Tag. Ich hatte mir mit meiner verblendeten Affinität zum Hähnchen-Mythos schlechtes Karma geschaffen, und einen Teil dieses Karma musste ich jetzt bereits abtragen. „...und vom ganzen Hühnerschmaus, schaut nur noch ein Bein heraus", dichtete Wilhelm Busch in „Max und Moritz", aber diese beiden Knaben mussten pro Person nur zwei Hühner essen, keine 27!

Im Jahr 1974 wurde ich erstmals der Problematik der Käfighaltung bei Hühnern bewusst. Ich hatte einen Filmbericht darüber im Fernsehen gesehen. Man muss sich immer klar machen: Die Informationsbeschaffung war damals eine völlig andere als heute. Es gab kein Internet. Als Information dienten Zeitungen, Zeitschriften und das Fernsehen (also ARD, ZDF, hr3). Wollte man zu einem Thema recherchieren, so ging das allenfalls über Bibliotheken. In der Großauheimer oder der Hanauer Stadtbibliothek gab es zu diesem Thema nichts. Man konnte versuchen, an Bibliothekskataloge heranzukommen und etwas auf dem Weg der Fernleihe zu bestellen. Dann musste das angefordert werden, eine Woche später konnte man die Bücher abholen. Ich habe das zweimal für Referate gemacht, dann aber jeweils nichts Verwertbares gefunden. Das war einfach zu umständlich.

Es gab zwar noch die Möglichkeit der Deutschen Bibliothek in Frankfurt, dort konnte man aber nur einen Ausleihe-Ausweis bekommen, wenn man ein wissenschaftliches Interesse nachweisen konnte. So war man tatsächlich auf das angewiesen, was gerade in den Medien erschien. Und das war 1974 ein Bericht über Hühnerhaltung in Legebatterien.

Dort wurde auch eine Adresse angegeben, wo es Formulare für eine Petition gegen Legebatterienhaltung gäbe. Ich habe diese Institution angeschrieben (mit der gelben Post) und von dieser einige Formulare bekommen. Ich dachte mir, es müsste ein leichtes sein, an der Uni genügend Unterschriften zu sammeln. Gerade in linken Kreisen setzte man sich damals mit allen möglichen Missständen auseinander. Doch zu meinem Erstaunen, zu meinem Entsetzen, bekam ich Antworten wie diese: „So lange es noch einem einzigen Menschen schlecht geht, werde ich mich nicht für Tiere einsetzen!" Das klang in meinen Ohren zynisch und kalt. Und das sollte links sein? Vor meinem geistigen Auge hörte ich Nazis bläffen: „Solange es auch nur einem einzigen deutschen Arier noch schlecht geht, so lange sind mir die Juden und die Russen scheißegal!"

So sah ich die Fehler meiner Kommiliton*innen sehr deutlich. Allerdings konnte ich hinterher in der Mensa durchaus ein halbes Hähnchen essen, denn den Hähnchen-Mythos pflegte ich weiter. „Was siehst du den Splitter im Auge deines Bruders, siehst jedoch nicht den Balken in deinem eigenen Auge?", hatte

Jesus einst gefragt. Mal abgesehen von den Größenverhält-
nissen hinsichtlich Splitter und Balken hätte das auch sehr gut
auf meine Situation gepasst.

Ich bemühe mich inzwischen (21. Jhd.) eifrig, selbst Splitter in
meinen eigenen Augen zu finden, allerdings bemerke ich auch
Splitter und teilweise leider auch Balken bei anderen. Spirituelle
Freunde mache ich auf ihre Splitter aufmerksam. Nicht-
spirituelle Freunde weise ich unter vier Augen zumindest auch
auf ihre Balken hin. Allerdings verliert man auf diese Weise auch
den einen Freund oder die andere Freundin...

Ich selbst verzichtete von 1974 an auf Eier aus der Massentierhaltung – oder bemühte mich darum. Beim Eierkauf war das
eine einfache Sache. Ich kaufte sie nicht mehr im Supermarkt,
zumal es damals noch keine Etikettierung bezüglich der
Herkunft gab. Ich holte die Eier nur noch bei dem kleinen
Bauernmarkt in Großauheim. Die Verkäuferinnen dort ver-
sicherten mir, die Eier seien von freilaufenden Hühnern aus
dem nahen Kahlgrund. Ich entschied mich, das zu glauben,
obwohl ich mir nicht ganz sicher war. Jahre später habe ich
gehört, dass es laut Verkäuferaussagen so viele Eier von
freilaufenden Hühnern gäbe, dass jedes dieser Hühner täglich
neun (!) Eier legen müsste (und nicht höchstens eines wie in
Wirklichkeit).

Schwieriger war es jedoch bei anderen Artikeln. Ich machte es
mir zur Gewohnheit, bei allen verpackten Produkten genau
nachzulesen, was diese beinhalteten: Eier, Vollei, Eiweiß, all das
kam nicht in Frage. Doch schon beim Bäcker gab es Schwierigkeiten. Die Bäckereiverkäuferin fragte entsetzt: „Wie ganz ohne
Eier? In Kuchen und Stückchen ist doch eigentlich immer Ei drin!
Also eigentlich nur in Brot und Brötchen nicht." Im Laufe der
Zeit begann ich nach Rezepten zu suchen – und siehe da: Es gibt
sehr leckere vegane Kuchen. Eine Zeit lang, als ich noch mit

meiner Familie zusammenlebte, war ich richtiggehend Spezialist darin.

Aber damals in den 70ern und auch zu Beginn der 80er war ich zwar hinsichtlich der Eier sensibilisiert, pflegte jedoch weiter meinen Hähnchen-Mythos, Verblendung kann ja so bequem sein.

Erst im Jahr 1983 wurde dieser Mythos zerstört, und zwar durch eine junge Frau. Die Begegnung mit ihr habe ich in *Szene 028* (Patritia) geschildert. Allerdings bin ich in dieser Szene nicht auf den Hähnchen-Mythos eingegangen. Bislang war ich davon ausgegangen, dass in den Hühneraufzuchtstellen, so wie ich das im Film gesehen hatte, die Küken von (meist koreanischen) Spezialisten „gesext" wurden, wie das hieß. Diese Leute begutachten jedes Küken, die weiblichen verblieben auf dem Förderband, mit denen die Küken, die aus dem Hochleistungs-brutkasten kommen, angeliefert werden. Die männlichen kommen in einen Bottich, wo sie dann zerstampft werden oder lebend im Müll landen.

Von Patritia erfuhr ich, dass es inzwischen zwei Arten kommerziell genutzter Hühner gibt. Die einen sind auf hohe Eierleistung getrimmt. Bei diesen seien die männlichen Küken völlig wertlos, werden also – so wie in dem Film – eingestampft. Eine andere Rasse ist auf maximale Fleischproduktion hin ausgerichtet. Und diese Küken werden dann in nur 30 bis 42 Tagen mit Spezialfutter in quälender Enge zur Schlachtreife gemästet und dann als Hähnchen vermarktet, egal ob sie männlich oder weiblich sind. Dass sie als „Hähnchen" bezeichnet werden, kommt wohl daher, dass in der ursprüng-lichen bäuerlichen Landwirtschaft tatsächlich so verfahren wurde, wie mir das meine Großmutter erläutert hatte. Heute jedoch ist das nur ein Mythos, der möglicherweise einige hoffnungslose Romantiker (wie mich) in ihrer Verblendung verharren lässt.

Patritia hatte meinen Hähnchen-Mythos zerstört. Ich habe ab 1. Januar 1983 kein Fleisch und keine Wurst mehr gegessen – jedenfalls nicht aus der tierquälerischen Massentierhaltung, wie ich glaubte. Hähnchen waren gestrichen, Schwein auch.

Allerdings habe ich in chinesischen Restaurants immer noch Ente gegessen, die dort als „Flugente" angeboten wurde. Hier habe ich mir meinen eigenen Mythos gebastelt, für den ich offensichtlich gern das Wort „Flugente" zum Anlass nahm. Dort, wo in China die Entenpopulation überhand nahm, so sagte ich mir, werden diese Tiere gejagt, „im Flug abgeschossen", ich sagte mir, wenn die Enten dort keine natürlichen Feinde mehr hätten, Füchse oder so, sei das wohl das einzig mögliche Mittel, das biologische Gleichgewicht beizubehalten. Irgendwann erfuhr ich jedoch, dass diese „Flugenten" in genauso qualvoller Enge gehalten werden wie die Hühner. Damit sie einander nicht verletzen, bekämen sie auch noch die höchst empfindlichen Schnäbel gestutzt, was sehr schmerzhaft sei. Außerdem hätten sie – artwidrig – keinen Zugang zu Gewässern.

Wenn ich mir überlege, warum ich nach der Zerstörung des Hähnchen-Mythos zum „Flugenten-Mythos" Zuflucht genommen habe, so fallen mir die Schlagworte Verblendung, Verdrängung, Wunschdenken und Gier ein. Und einmal mehr erinnerte mich das an das Verhalten meiner Vorfahren zur Zeit der Nazis: „Ja, die Zigeuner waren plötzlich weg. Man hörte, dass sie im KZ waren. Aber die hatten ihre Lebtage nichts gearbeitet, sind nur spazieren gefahren und haben geklaut. Wenn die einmal richtig lernten, etwas zu arbeiten, damit man seinen Lebensunterhalt verdient, dann ist das doch in Ordnung. Klar, dass das KZ nicht gerade ein Erholungsort war, das war uns schon klar. Andererseits: Wer nicht hören will, muss fühlen. Und wenn sie gelernt haben, anständig zu arbeiten, dann können sie ja auch wieder ein nützliches Mitglied des Volksganzen sein. So haben wir das damals gesehen." Zugegebenermaßen, so musste ich feststellen, diese

Mythenbildung war meiner nicht unähnlich. Und beides machte es ja auch so viel bequemer, sich mit den herrschenden Zuständen abzufinden, auch wenn Dritte darunter leiden müssen.

In der ersten Zeit nach Patritia, also in den Jahren nach 1983, habe ich noch Fisch und Rindfleisch gegessen. Ja, der Fisch wird gefangen und hat am Ende seines Lebens zu leiden, so sagte ich mir. Aber zuvor hatte er ein schönes Leben in Freiheit. Alte und schwache Fische werden gefangen, sei es von anderen Fischen oder von Fischern. Und ich glaube, dass auch die Tatsache, dass Jesus seine Jüngerschar nicht zuletzt aus Fischern rekrutierte, dürfte wohl meiner zeitweiligen Offenheit des Fischkonsums Vorschub geleistet haben.

Bei Rindfleisch war es jedoch wohl wieder ein Mythos, an dem ich selbst bastelte. Rinder werden in erster Linie zur Milch-produktion gehalten – und Milch ist gesund, so hatte ich es von klein auf gelernt. Dass das ein Mythos sei, ist mir damals nicht aufgegangen, schließlich brauchen Babys Milch! Dass aber in artfremdem Milcheiweiß eine Gefahr liegen kann, dass das Ausweichen auf Kuhmilch früher nur ein Ersatz war, wenn die Mutter entweder keine oder nicht genug Muttermilch hatte, oder – was häufig genug der Fall war – wenn sie an Kindbett-fieber gestorben war, all das kam mir nicht in den Sinn. Auch dass alle Nahrungsmittelallergien verschwinden, wenn man keinerlei tierisches Eiweiß zu sich nimmt, wusste ich damals noch nicht. Also wähnte ich: Milch ist gut. (Der Milchmythos ist ein heute noch weit verbreiteter Mythos!)

Alte Kühe geben keine Milch mehr. Ich sah daher so etwas wie einen ungeschriebenen Vertrag zwischen Kühen und Milch-haltern. Und der ging so: In Indien sind die Kühe zwar heilig, aber halb verhungert und lungern auf gefährlichen Straßen herum. Anders bei uns: Der Bauer garantiert den Kühen ein schönes Leben auf der Weide, wo sie in Sicherheit sind, sie überleben selbst strenge Winter in molligen Ställen, wo sie artgerechtes Futter erhalten. Und als kleine Gegenleistung gehen sie eben nicht in Rente, sondern sobald sie das entsprechende Alter erreicht haben, werden sie geschlachtet. Besser als wenn sie im Alter elendig verrecken wie ihre Artgenossen in Indien! Nach dem Hähnchen-Mythos also der Rinder-Mythos. Der Mensch neigt zu Verblendung.

Fast alle Rinder werden heute ganzjährig in Ställen gehalten, teilweise über 1000 Rinder pro Milchviehbetrieb. In manchen Betrieben ist das Leben so industrialisiert, dass sie nicht nur als einzigen Auslauf am Tag den Gang zum Kuhkarussell haben, auf das sie gestellt und an die Melkmaschine angeschlossen werden und nach einer Runde zurückgeführt werden, nein, es gibt sogar Ställe, in denen die Kotentleerung reglementiert ist. Ein sog. Kuhtrainer, eine Elektroleitung über dem Gesäß der Kühe, führt dann dazu, dass, sobald die Kuh den Schwanz hebt, um sich zu entleeren, sie den Elektrodraht berührt. Um dem auszuweichen, geht sie einen Schritt zurück und trifft so bei ihrer Entleerung die Rinne, die in Abständen automatisch gereinigt wird. Einmal ganz davon abgesehen, dass für zu große Kühe oder bei durchhängender Leitung das Tier die ganze Zeit unter Strom steht, bedeutet jeder Reflex, sich zu entleeren, neue Angst vor einem Stromschlag. Ein Leben in Angst und unter Qual.

Als ich auf meiner großen Wanderung 2011 das österreichische Bundesland Tirol durchquert habe, habe ich in dieser Landschaft, üblicherweise eine typische Postkartengegend, im ganzen Bundesland – also auf rund 200 km - keine einzige Kuh gesehen. Ich habe es zwar in Kuhställen jämmerlich brüllen gehört, aber keine einzige Kuh auf der Weide gesehen.

Im Jahr 2003 habe ich mich im Bundesland Salzburg mit einer Sennerin auf einer Alm unterhalten. Ich war höchst überrascht, dass auf den Almen nicht mehr wie früher Milch, Butter und

Käse erzeugt wird: „Unwirtschaftlich, Milchwirtschaft gibt es praktisch nur noch in der Massentierhaltung." Ich zeigte auf die Kühe auf ihrer Alm. „Das ist Schlachtvieh. Im Frühjahr geboren, im Oktober werden die geschlachtet, das ist nur noch Almmast. Außerdem gefallen den Touristen hier die Kühe, wenn sie zur Alm gehen, um ihr Bier zu trinken oder eine Brotzeit zu essen." Brotzeit auf der Alm mit holländischem Käse und Speck von Schweinen aus der niedersächsischen Massentierhaltung. (Der Alm-Mythos).

Selbstverständlich habe ich im Laufe der Zeit auch meine veränderten Essgewohnheiten kommuniziert. Und je näher mir die Menschen standen, desto mehr war ich froh, wenn sie meine Ansichten teilten, insbesondere dann, wenn sie auch begannen, ihr eigenes Verhalten zu ändern. Bei meiner Abwendung von der tierquälerischen Massentierhaltung konnte ich mich der vollen Unterstützung meiner Familie erfreuen, das war toll! Mitte der 80er Jahre war daher eine einheitliche, gemeinsame Ernährung in unserer damals noch einigermaßen intakten Familie möglich. Als ich jedoch begann, mich mehr und mehr von den Mythen zu emanzipieren, war die Begeisterung deutlich geringer.

Allerdings ernährten wir uns in den 90er Jahren alle fast immer vegetarisch. Nun gut, mein kleiner Sohn, den ich meinen Freund Zorilla nannte, aß im Kindergarten das, was dort serviert wurde. Ich hielt es für besser, das nicht zu thematisieren, denn ich wollte nicht, dass er die daraus folgenden Probleme und Loyalitätskonflikte im Kindergarten aushalten musste. Und wenn ein Familienmitglied entschied, dass, wenn es erkältet war, es unbedingt eine Gemüsesuppe mit Beinscheiben vom Rind brauche, „das einizige, was mir hilft", akzeptierte ich das stillschweigend, da ich mich schließlich nur allzu gut in meiner eigenen Mythenbildung auskannte.

Es war nicht so, dass mir kein Fleisch mehr geschmeckt hätte. Aber ich wusste, was das für andere Wesen bedeutet, daher verzichtete ich. Für mich war es ein kleiner Verzicht. Andere Sachen schmecken auch gut, und wenn etwas vielleicht etwas weniger lecker schmeckt, so ist der Genussverzicht für mich wesentlich geringer als das Leiden für andere Wesen im umgekehrten Fall. Eigentlich konnte ich damit das zentrale Ziel des Utilitarismus umsetzen: „Das größtmögliche Glück der größten Zahl." (Jeremy Bentham)

Ich entschied mich allerdings auch, wenn ich mit anderen Leuten, meistens mit Familienmitgliedern, ausging, dass ich klarmachte: Ich finanziere keinen Fleisch- oder Wurstkonsum. Das ist das Ergebnis einer ganz klaren ethisch-wirtschaftlichen Überlegung: In einer entwickelten Marktwirtschaft (einem sog. Käufermarkt), wird das produziert, was nachgefragt wird. Nachfrage schaffe ich aber nicht durch das, was ich esse, sondern durch das, was ich kaufe. Daher finanziere ich keinen Fleischkonsum – unabhängig davon, wer ihn isst.

Alle Familienmitglieder akzeptierten das. Ich kann mich an eine einzige Ausnahme erinnern. Einmal waren mein Freund Zorilla und ich mit den Fahrrädern unterwegs, es war eine sehr harte Tour und bis zum Abend waren wir 120 km gefahren, mit großem Gepäck auf den Rädern, der Zorilla war da gerade zehn Jahre alt. Wir waren in Bremen auf dem Campingplatz angekommen und es gab dort nur eine sehr eingeschränkte Speisenauswahl. Da machte ich den Vorschlag: „Zorilla, ich glaube heute würde ich dir sogar die Fischstäbchen mit Pommes ausgeben, wenn du sie möchtest." Das hatte er nicht erwartet, und er war überglücklich. Da er sehr hungrig war, bekam er sogar eine zweite Portion.

Was ich meinem Freund Zorilla äußerst hoch anrechne: Er hat niemals – bezugnehmend auf diese Ausnahme – um eine weitere Ausnahme gebeten. So wie ich an diesem Tag sensibel für sein Bedürfnis war, so sehr war er auch sensibilisiert für die Ernsthaftigkeit, mit der ich meine ethischen Vorsätze betrieb.

Als ich allerdings im Jahr 1996 für einige Jahre begann, mich völlig vegan zu ernähren, war für meine Familie die Grenze erreicht. Dort wollten sie nicht mit hingehen. Dafür habe ich Verständnis. Ich kann nicht von ihnen verlangen, was selbst mir aus objektiven Gründen noch immer schwerfällt.

Allerdings waren unsere Besuche in Gaststätten dann deutlich schwieriger. In den 90er Jahren gab es kaum irgendwo vegane Gerichte. Und wenn meine Kinder dann ihre vegetarischen Pizzen aßen, ich jedoch einen Tomaten- und Gurkensalat aß und mir – hungrig wie ich war - noch einige Oliven bestellte, aber nur falls man Brot dazu bekommen konnte, wollten sie nicht mehr mit mir zum Essen gehen. Ich schaltete dann auf Kompromiss: Wenn wir auswärts sind, esse ich vegetarisch, ansonsten vegan.

Dummerweise war damit das Eingangstor geöffnet für eine Verschlechterung meines ethischen Verhaltens. Und das kam so: Nach einiger Zeit sagte ich mir, wenn ich mit ihnen ins Café gehe, bekomme ich einen Kuchen. Nur weil heute keiner mit mir ins Café gegangen ist, bekomme ich keinen Kuchen. Wäre es wirklich besser ich würde irgendjemanden X-beliebigen einladen, nur damit ich ein Stück Kuchen bekomme? Dann würde ich ja zwei Stück Kuchen nachfragen, obwohl ich eigentlich nur eines für mich möchte. Und mit dieser etwas gedrechselten Aussage ist es dazu gekommen, dass ich zu Haus zwar vegan esse (neben mir auf dem Teller steht in diesem Moment ein angebissenes Körnerbrötchen mit Margarine und einer Scheibe veganem Käse), erlaube ich mir auswärts durchaus auch etwas mit Milchprodukten. Noch schlimmer: Im Kuchen ist wohl auch Ei. Und ich kann mich nicht einmal mehr auf einen Mythos herausreden. Das macht mir momentan zu schaffen - Gewissensbisse.

Mein Freund X (ein Ordensmitglied von Triratna) ist, wie praktisch alle meine buddhistischen Freunde, Vegetarier. Er hat vor einiger Zeit geheiratet. Seine Ehefrau ist Veganerin. Nicht nur das, sie kennt sich wunderbar in Ernährung aus, das ist gewissermaßen ihr Hobby. Bei denen zu Hause gibt es lauter gesunde Sachen. Übrigens sieht seine Frau auch sehr gut aus, was sie auf ihre Ernährung seit der Umstellung vor einigen Jahren zurückführt. Leider nutzt X das nicht, um sich ganz vegan zu ernähren. Eigentlich schade, er hätte so gute Bedingungen. Ich wünschte, ich wäre in solchen Bedingungen, denn die Anfälligkeit für Ausreden durch Kontakt mit anderen Leuten, also die gelegentliche Rückkehr zu (nicht veganem) Käse und sogar von konventionellem Kuchen, macht mir zu schaffen. Ein gutes Umfeld ist hilfreich. Ein schlechtes Umfeld zieht offensichtlich herab.

Das konnte ich auch bei meinem Freund Y. bemerken. Selbstverständlich ist er, wie eigentlich alle Ordensmitglieder des Triratna-Ordens, Vegetarier. Seine sonstige Ernährung war mir jedoch eine ganze Zeit lang ein Dorn im Auge: Er liebte Käse, auch in größeren Mengen – vielleicht weil er Holländer ist. Was mich aber noch viel mehr bedrückte, war die Tatsache, wie wenig sensibel er mit einigen anderen Produkten umging. Bereits bei meinem ersten Retreat mit ihm, 1996, war mir aufgefallen, dass dort Nudeln serviert wurden. Als ich in der Küche half, stellte ich fest, dass das Eiernudeln waren – und das, obwohl es jede Menge äußerst leckere Nudeln aus reinem Hartweizengrieß in jedem Supermarkt gibt. Ich sprach ihn darauf an und er reagierte ungehalten: „Ich habe so viel zu tun, da kann ich nicht auch noch darauf achten!" Ich war entsetzt. Das oberste Ziel eines Buddhisten ist, so meine ich, zum Wohle aller Wesen zu leben und sich selbst zu perfektionieren. Und wenn man doch weiß, wie Eier erzeugt werden, wie kann man dann den Blick auf die Inhaltsangaben auf Produkten als unwichtig abtun?

Heute würde das Y. nicht mehr machen, und da bin ich sehr froh darüber. Zwar hatte meine damalige Ermahnung nicht gefruchtet. Aber einige Jahre später hatte Y. eine Freundin, die Veganerin ist. Ich habe festgestellt, wie positiv sich mein Freund in dieser Zeit verändert hat, was die Ernährung angeht. Nicht, dass er immer und unter allen Umständen auf eine völlig rein vegane Ernährung achtet. Aber er ernährt sich fast völlig vegan, auch wenn er mitunter bei einem Keks zweifelhafter Herkunft zugreift, wenn dieser ihm angeboten wird. Und ich bin sehr froh, dass seine Freundin diesen Einfluss hatte. Ja, es ist wichtig, mit welchen Menschen man Umgang pflegt!

BuddhaNetz-Info

vierteljährliches deutschsprachiges Mitteilungsblatt
des Netzwerks engagierter Buddhisten

Nr. 3 - Sommer 1998 - Einzelpreis DM 5,-- zzgl. Versandkosten
Abopreis DM 20,--/Jahr incl. Versand (öS 150,--, sfr 20,--, Lit 25.000, FF 75,--

produziert im ÖkoBüro Hanau auf Recyclingpapier mit dem Nordic Environmental Label und dem österreichischen Umweltzeichen UW 068

Erläuterung zum Titelbild "Avalokiteshvara" auf Seite 36

Buddhanetz-Info & Co.

Szene 073 aus Horsts Lebensbericht – 1996-2006

Es war zu Beginn des Jahres 1996, als ich mich für eine von vier Buddhistischen Richtungen entscheiden wollte: entweder *Triratna* (damals: FWBO) oder dem Internationalen Netzwerk Engagierter Buddhisten (INEB), oder aber die Richtungen, die mit dem Namen der Theravada-Nonne *Ayya Khema* oder dem *Mahāyāna*-Mönch *Thich Nhat Hanh* verbunden werden. Leider hatte sich bald herausgestellt, dass das INEB keine Sangha, keine eigene spirituelle Gemeinschaft, ist, sondern ein Querverbund von in anderen Richtungen Praktizierenden. Ostern 1996 hatte ich einen Retreat von Triratna besucht, der mir sehr gut gefallen hatte, hier fühlte ich mich zuhause. Jedoch stellte sich heraus, dass man dort nicht sofort mitmachen kann, um den Dharma weiter zu verbreiten, sondern dass dies im Wesentlichen Ordinierten vorbehalten war und sehr lang-jährigen Mitras (offiziell anerkannten Freunden des Ordens).

Also entschied ich mich, einerseits als Sangha für Triratna, und – da ich dort als Neuling nicht wirklich zum Wohl aller Wesen arbeiten konnte - dafür, mich beim INEB einzubringen.

Es gab im Frühsommer eine Versammlung des deutsch-sprachigen Teiles des Netzwerkes in der Pagode Vien Giac in Hannover. Das war ein sehr eindrucksvolles Gebäude der vietnamesischen Buddhisten. Mir war diese Kultur zwar sehr fremd – vor allem die fette Nudelsuppe, die es als Frühstück gab – allerdings bei der Morgenandacht hatte ich doch so etwas wie ein Heimatgefühl, weil hier - genau wie bei Triratna – die *Zufluchten und Vorsätze* in Pali rezitiert wurden.

Der Austausch untereinander krankte meines Erachtens etwas an der sehr dominierenden Haltung, die der Koordinator des deutschsprachigen INEB einnahm. Ich stellte fest, dass das nicht nur mein Eindruck war. In Gesprächen mit anderen hörte ich den gleichen Unmut und mir kam der Gedanke, dass die Tatsache, dass das Netzwerk doch eine recht schmale Basis hat, auch etwas mit einer Abstimmung mit den Füßen gegen diese dominante Rolle zu tun hatte. Andererseits schienen alle diesen Führungsstil – wenn auch unter Grummeln – hinzunehmen. Die Selbstverpflichtung zu einem freundlichen Umgang miteinander wurde so zur Bürde, die Änderungen erschwerte, wenn nicht gar unmöglich machte. Das INEB beschäftigte sich mit sozialen, ökologischen und friedenspolitischen Themen. Ich suchte nach Möglichkeiten für eine Änderung, für eine Rolle, die ich darin zum Wohl aller Wesen spielen könnte.

Daher schlug ich am letzten Tag, als es um Perspektiven ging, vor, statt sich immer im Plenum zu treffen, durchaus auch einmal separate Treffen zu den Bereichen Ökologie, Soziales oder Friedenspolitik zu machen, auch wenn dann vielleicht nur acht bis zehn TeilnehmerInnen kämen, aber dann sei eine zielgerichtete Gruppenarbeit möglich. Und um ganz konkret zu werden, würde ich mich bereit erklären, ein erstes Treffen (Bereich: Ökologie) vorzubereiten und zu organisieren. Dies könnte ganz zentral in Deutschland im Rhein-Main-Gebiet stattfinden, nämlich im *ÖkoBüro Hanau*. Der Vorschlag wurde dankbar aufgegriffen und man verabredete sich für Ende September zu einer Wochenendtagung im *ÖkoBüro Hanau.*

Auf das INEB war ich auf einer Tagung der Deutschen Buddhistischen Union in München im Vorjahr aufmerksam geworden. Dort lag auch die Zeitschrift „Mitwelt" des Netzwerkes aus, die mir sehr gut gefiel. Leider musste ich auf der Tagung in Hannover erfahren, dass diese Zeitschrift nach nur vier Ausgaben, die im halbjährlichen Abstand erschienen waren, eingestellt worden war. „Zu viel Arbeit, wobei die

Gestaltung, die Textauswahl, der Druck und der Versand allein bei mir lagen", hatte ihr Herausgeber gesagt. Ich fand es sehr schade, dass diese Zeitschrift nicht mehr erschien. Ich gab damals fürs *ÖkoBüro Hanau* monatlich ein kleines achtseitiges kopiertes Heft heraus, „ÖkoInfo" genannt, und versendete es an die Initiativen und Einzelpersonen im Main-Kinzig-Kreis, die mit uns zusammenarbeiteten. Mir war die Idee gekommen, dass ich so etwas auch anbieten könnte fürs Netzwerk. Das wäre zwar keine richtige Zeitschrift, aber besser als nichts. Das wäre mein Vorschlag für ein konkretes Projekt, das ich bei der Tagung in Hanau vorbringen könnte, sagte ich mir.

Tatsächlich kam es zu dieser Versammlung; unter anderem nahmen neben dem Koordinator auch Yeshe Udo Regel, Alexander und einige andere teil, darunter erstmals auch jemand, der eher zufällig angefragt hatte, ob es bei uns buddhistische Veranstaltungen gab und der später mein Freund Stefan (*Szene 094*) wurde.

Ich hatte für Übernachtungsplätze gesorgt, teilweise bei einer Frau des Netzwerkes in Maintal, teilweise bei mir, unter anderem schliefen zwei Personen, darunter Yeshe, im Tempel. Den Großauheimer Tempel hatte ich im Jahr zuvor gebaut. Jetzt fand erstmals eine richtige Veranstaltung darin statt, eine *Siebenfältige Pūjā*, von mir geleitet. Ich hatte zwar Yeshe, der immerhin fünfzehn Jahre als Lama Yeshe, als tibetischer Mönch, gelebt hatte, gefragt, ob er nicht eine rituelle Veranstaltung leiten wollte, doch er fand es besser, wenn ich dies durchführe, daher gab es eine *pūjā* im Stil der Buddhistischen Gemeinschaft *Triratna*.

Der Freitagabend diente dazu, sich vorzustellen und zu beschnuppern. Am Samstag begann dann die Sitzung, bei der der Koordinator bat, anfangs ganz kurz darstellen zu dürfen, was sich derzeit im INEB täte. Diese „ganz kurze Darstellung" nahm dann allerdings den ganzen Samstag und noch einen Teil des Sonntags in Anspruch, was doch ziemlich an den Ablauf in Hannover erinnerte.

Am Sonntagmorgen schlug ich dann vor, nur noch bis max. 11 h bei diesem einleitenden Tagesordnungspunkt zu bleiben, denn ich hätte hinterher noch einen wichtigen konkreten Vorschlag für unsere Arbeit zu unterbreiten, den wir danach diskutieren sollten. Dieser Verfahrensvorschlag wurde dankend – mit hörbarem Aufatmen – angenommen.

Ich schlug vor, eine abgespeckte Version der Zeitschrift Mitwelt herauszugeben. Alle die Tätigkeiten, die der Koordinator geschildert hatte und die ihm zu viel seien, sei ich bereit zu übernehmen. Allerdings sei das keine Zeitschrift, wie man sie an Kiosken findet, sondern ein Mitteilungsblatt wie das ÖkoInfo, das ich bei dieser Gelegenheit verteilte. Das ÖkoInfo war ein dünnes achtseitiges Heftchen im DIN-A-5-Format und fotokopiert. Ich sagte, dies sei das, was ich leisten könne, und zwar mit 24 bis 32 Seiten einmal im Quartal. Ich hoffe darauf, von den anderen Teilnehmern Texte geliefert zu bekommen, auch Bilder. Der Koordinator verwies darauf, man könnte auch Artikel aus dem englischsprachigen Heft des Netzwerkes, den „Seeds of Peace" verwenden. Verschiedene Leute kündigten an, unregelmäßig Beiträge zu liefern, Alexander bot sich als Korrekturleser an. Ich sagte außerdem, ich sei in der Lage, das Heft zu einem Endverbraucherpreis von 5 DM (incl. Porto) erstellen, produzieren und versenden zu können.

So hatte die Tagung des INEB im *ÖkoBüro Hanau* zumindest ein sichtbares Ergebnis – und ich erstmals eine Aufgabe, wie ich zum Wohl aller Wesen in einer buddhistischen Organisation tätig sein konnte. - Ich war richtig glücklich darüber!

Zwar stellte sich in den nächsten Wochen heraus, dass der Koordinator vieles zu kritisieren hatte und auf sehr vielen Änderungen bestand, unter anderem musste in dieser Zeit zwei

Mal der Name der Zeitschrift geändert werden, und er hatte auch detaillierte Vorstellungen was Einzelheiten anging wie Seitenumbrüche oder Schrifttypen. Ich fand einiges ziemlich nervig, aber im Dezember war die erste Ausgabe des BuddhaNetz-Info fertig. Es wurde an alle Kontaktadressen, die der Koordinator mir gegeben hatte, versendet, außerdem an alle buddhistischen Gruppen in Deutschland, insgesamt knapp 1000 Hefte. In diesem ersten Anlauf gewannen wir etwa 100 Abonnenten. Das war nicht der ganz große Wurf, aber es war ein Anfang gemacht. Im ersten Jahr gelang es mir auch, mich schrittweise von der Bevormundung durch den Koordinator zu lösen. Ich möchte aber auch nicht versäumen, darauf hinzuweisen, dass dieser Koordinator ganz viele hervorragende Qualitäten hat und ganz wichtige Beiträge für den Buddhismus in Deutschland geliefert hat.

Im Herbst des folgenden Jahres war der Dalai Lama zu einer großen Veranstaltung in Deutschland. Die Idee war es, dort das BuddhaNetz-Info zu präsentieren und so zahlreiche neue Abonnenten zu gewinnen. Zur Verteilung konnte ich leider nicht erscheinen, aber der Koordinator und der frühere Vorsitzende der Deutschen Buddhistischen Union, Alfred Weil, hatten zugesagt, das zu übernehmen. Leider hatten diese auf dem Weg dorthin einen Autounfall, sodass nur ein kleiner Teil unserer recht großen Auflage dort unter die Leute gebracht werden konnte.

Ich selbst habe bei den beiden folgenden Kongressen der Deutschen Buddhistischen Union in Freiburg und in Berlin einen Stand des INEB gehabt und dort das BNI versucht an den Mann (oder die Frau) zu bringen. Allerdings ist die Zahl der AbonnentInnen nie über 200 herausgekommen. Das war nicht allzu berauschend und hat alsbald auch dazu geführt, dass ich von den anderen Leuten keine Artikel mehr geliefert bekam, sodass ich mehr und mehr auf die Beiträge aus der „Seeds of

Peace" angewiesen war, die ich allerdings erst ins Deutsche übersetzen musste.

1987 hatten wir die **Koordination** EnergieWende Main-Kinzig e.V gegründet. Seit 1994 war dieser Verein auch Träger des **ÖkoBüro Hanau**. Technisch gesehen war das ÖkoBüro ein „Zweckbetrieb eines gemeinnützigen Vereines". Die Rechnungslegung für beide Bereiche erfolgte getrennt, ich war der Vorstand des Vereins und gleichzeitig der Geschäftsführer des ÖkoBüro Hanau. Nun schlug ich meinen Freunden vom Komitee der Koordination e. V. vor, auch das BNI unter unsere Fittiche zu nehmen. Sie waren nicht wirklich begeistert. Andererseits wussten sie, dass ich eine ordentliche Arbeit leistete und dafür sorgte, dass kein Vereinsbereich defizitär lief, sie stimmten also meinem Vorschlag – wenn auch alles andere als begeistert – zu. Insgesamt erschienen 17 Ausgaben des BNI bis zum Winter 2001/2002. Das Abo kostete pro Jahr (vier Ausgaben) 20 DM, seit der Umstellung auf den Euro 10 €. Inzwischen waren jedoch die Portogebühren zweimal angehoben worden. Mir erschien der Preis des Heftes allerdings bereits am oberen Ende des Zumutbaren. Eine Preiserhöhung, so fürchtete ich, würde das Projekt endgültig beenden.

Daher stellte ich die Erscheinungsweise um. Das Heft erschien von 2002 an nur noch zwei Mal jährlich – so wie früher einmal die „Mitwelt". Der Umfang betrug weiterhin zwischen 28 und 44 Seiten, allerdings wurde das Format auf A 4 verdoppelt, sodass der tatsächliche Umfang pro Jahr beibehalten werden konnte, aber das Porto eben nur zweimal und nicht viermal jährlich anfiel. Im März 2002 erschien das erste Heft des „Engagierten Buddhismus", des Nachfolgers des BNI. Es gab keine größeren Werbeaktionen mehr, dafür fehlte die Kraft und die finanziellen Mittel. So kam es, dass die Auflage weiter abbröckelte, es kamen weniger neue AbonnentInnen dazu, als alte absprangen. Außerdem bekam ich inzwischen von unseren Netzwerk-Leuten praktisch gar keine Artikel mehr – und wenn, dann waren sie so lang, dass sie für eine Zeitschrift ungeeignet waren.

Ich machte aus dieser Not eine Tugend. Mitunter wurde ein Heft des „Engagierter Buddhismus" durch eine Monografie ersetzt, ein Heft mit nur einem Artikel. Ich nannte dies dann „Rote Reihe" zum Unterschied von der „Gelben Reihe", den üblichen Ausgaben des „Engagierten Buddhismus".

Außerdem gab es noch die sog. „Blaue Reihe", eine Sammlung von Aufsätzen zu einem Thema, kleine Paperbacks, die etwas über 100 Seiten Umfang hatten. Ich selbst steckte inzwischen nicht mehr unnötig viel Arbeit in dieses Projekt, da ich mit dem Projekt „FWBO Frankfurt" voll ausgelastet war: Ich leitete eine buddhistische Gruppe in Frankfurt, wofür ich meist mehrere Veranstaltungen wöchentlich nicht nur durchzuführen, sondern auch vorzubereiten hatte und die Öffentlichkeitsarbeit dafür leisten musste. Als die Zahl der AbonnentInnen auf einhundert geschrumpft war, verkündete ich daher das Ende des Projektes.

Im Heft 10 der „Gelben Reihe" des „Engagierten Buddhismus" schrieb ich, dass ein indianisches Sprichwort sage, man solle absteigen, sobald man bemerkt, dass man ein totes Pferd reitet. Ich schrieb, dass es da noch ein anderes, ein sehr lebendiges Pferd gäbe, das ich zu reiten hätte, nämlich *Triratna* Frankfurt, und dass ich mich jetzt ganz darauf konzentrieren würde, dieses Pferd zum Wohle aller Wesen zu reiten.

Das Bild zeigt den Schreinraum in der Habsburgerallee 112 in Frankfurt/Main im Oktober 2004 (im Monat der Einweihung).

Habsburger

= Szene 074 aus Horsts Lebensbericht 2004 - 2009

Zu Beginn des Jahres 2004 war klar, dass sich mein Vier-Stufen-Plan (vgl. Szene 057) zur Gründung eines *FWBO*-Zentrums im Rhein-Main-Gebiet

> **Stufe 1:** Meditation- und Dharma in der Mansarde in Großauheim (*Szene 062*)
>
> **Stufe 2:** Meditations- und Dharmaabende im Bürgerhaus Hanau-Großauheim
>
> **Stufe 3:** Anmietung eines Meditationsraumes in Frankfurt
>
> **Stufe 4:** Gründung eines FWBO-Zentrums in Frankfurt

nicht umsetzen ließ. Der Zuspruch zu meinen Veranstaltungen war so gering, dass schon der Übergang zu Stufe 2 nicht möglich war. Ich war also vor die Frage gestellt, ob ich es wagen sollte, direkt zu Stufe 3 überzugehen – mit allen Risiken.

Doch plötzlich bekam die Sache eine gewisse Eigendynamik. Im Oktober hatte ich eine junge Frau kennengelernt (Sandra, vgl. Szene 071) und wir hatten uns inzwischen angefreundet. Obwohl ich damals bereits seit Jahren in einer eigenen Wohnung unter dem Dach wohnte, akzeptierte meine frühere Ehefrau, der ich inzwischen mein Haus überschrieben hatte, die Besuche meiner Freundin nicht.

Als Sandra einen schweren Migräneanfall hatte, erlaubt ich ihr, bei mir zu übernachten. Am nächsten Morgen war ich bereits früh zur Schule gegangen. Als Sandra etwas später das Haus verlassen wollte, kam es wohl zu einem Zwischenfall.

Etwas später telefonierte ich aus dem Lehrerzimmer meiner Schule mit Sandra. Sie weinte heftig, erzählte von dem Zwischenfall, und sagte meine ehemalige Ehefrau hätte sie geschrien: „Warum besorgt ihr euch nicht eine eigene Wohnung in Frankfurt und haut einfach hier ab!" Ich versuchte Sandra zu beruhigen und sagte, ich würde sie nach der Schule anrufen und die Sache klären.

Ich legte den Hörer auf, ging durchs Lehrerzimmer und fand an der Tür ein Wohnungsangebot: „Wohnung mit zwei großen Zimmern in Frankfurt mit herrlichem Ausblick auf die Skyline für 450 € warm anzubieten." Dort hingen sonst nie Wohnungsangebote. Ich sprach den Kollegen an, der das angeheftet hatte. Wir verabredeten uns für den gleichen Tag zur Besichtigung. Sandra staunte nicht schlecht, als ich sie zwei Stunden später anrief: Ich hätte eine Wohnung mit zwei großen Zimmern, eines als Meditationsraum, das andere für uns. Am Nachmittag könnten wir sie besichtigen.

Die Wohnung war sehr verkehrsgünstig gelegen, direkt an einer U-Bahn-Station der U7 (an dieser Linie wohnten auch Sandras Eltern). Es war zwar in einem Hochhaus, aber mit sehr guten Publikum. Es stellte sich heraus, dass auf der gleichen Etage (6. OG) noch eine Zahnärztin und ein emeritierter Professor wohnten.

Frau Hülsenbeck, die Vormieterin, war verstorben, sie hatte keine Erben. Als Mitmieter war ein Kollege von mir eingetragen, der sich die Wohnung wohl sichern wollte, falls seine Tochter einmal in Frankfurt studiert. Die Wohnung war noch voll eingerichtet und die Miete so günstig, weil seit den 50er Jahren – solange hatte Frau Hülsenbeck dort gewohnt - nichts an der Wohnung gemacht worden war. Die Baugesellschaft würde, wenn die Wohnung zurückgegeben würde, diese modernisieren und dann viel teurer weitervermieten.

Am Morgen noch war das Problem, wie es nach dem Scheitern des Vier-Stufen-Planes weitergehen sollte, eklatant. Kurz darauf die heftige Auseinandersetzung zwischen meiner Ex und Sandra – und binnen Stunden war alles gelöst, gerade so als habe eine höhere Macht eingegriffen. (*Ratnasambhava*?)

Die Sommerferien standen vor der Tür, zunächst würde ich auf ein Retreat im Rahmen der Ordinationsvorbereitung nach England fahren, im August und September würden wir dann die Wohnung renovieren und ab Anfang Oktober wären wir unter Umgehung der Stufe 2 des Vier-Stufen-Plans bereits bei Stufe 3 angelangt. Es schien alles auf dem besten Weg!

Ich war gerade bei der Renovierung, da erhielt ich einen Brief vom Justitiar der Hausverwaltung, den ich hier in Auszügen wiedergebe:

„Sehr geehrter Herr Gunkel, heute ist Freitag, der 13. - und dieser Brief fällt für Sie dementsprechend aus: Da nicht nur mir, sondern auch anderen Hausbewohnern die eigenmächtige Wohnungsvergabe des Herrn K. aufgefallen ist, ... ist die Weitervergabe der Wohnung an Sie unzulässig. Es handelt sich um eine vertragswidrige Untervermietung gem. § 540 BGB, welche die Vermietergesellschaft zur fristlosen Kündigung des leider noch mit Herrn K. bestehenden Mietverhältnisses gem. § 543 Abs. 2, Ziffer 2 BGB berechtigt... Bevor Sie sich in Unkosten stürzen (...) und in wenigen Wochen wieder ausziehen müssen, sollten Sie sich die ganze Sache gut überlegen...“

Das war in der Tat starker Tobak. Doch da ich den Eindruck hatte, diese Wohnung aufgrund höherer Fügung bekommen zu haben, war ich bei allen Bedenken dennoch zuversichtlich. Ich entschloss mich in meinem Antwortschreiben einen zuversichtlich-versöhnlichen Ton an den Tag zu legen, hier meine Antwort:

Sehr geehrter Herr v. Z...,

ich sehe Ihr gestriges Schreiben als freundschaftlichen Hinweis an – trotz des etwas sarkastischen Tons hinsichtlich Freitag, des 13. So fasse ich es auch als nette Geste auf, dass Sie Ihre Telefonnummer angegeben haben. Ich antworte dennoch brieflich, da ich aus persönlichen Gründen ungern telefoniere.

Ich kann verstehen, dass Sie als ehemaliger Justitiar ... beständig die Probleme im Vordergrund sehen und ein gewisses grundlegendes Misstrauen ist da nur allzu verständlich. Ich schätze dabei Ihre Erfahrung und bin in der Tat etwas besorgt hinsichtlich Ihrer Ausführungen.

Andererseits ist Herr K. ein Kollege von mir, wir arbeiten zusammen in einer ländlichen Berufsschule in Gelnhausen. Ich habe von der Möglichkeit des Zuzugs in der Habsburgerallee 112 durch einen Aushang im Lehrerzimmer erfahren. Ich habe in der Vergangenheit bei Geschäften im Kollegenkreis nur positive Erfahrungen gemacht. Ähnliches berichten mir die Kollegen. K. ist – wie ich – langjähriger Beamter. Ich gehe daher von einem Missverständnis aus.

Wie ich Ihnen bereits sagte, befindet sich K. derzeit im Urlaub und wird, wenn ich mich nicht täusche, Ende der kommenden Woche zurück sein. Ich werde mich alsdann umgehend an ihn wenden, um die Sache zu klären und bin sicher, dass sich entstandene Missverständnisse dann sofort ausräumen lassen. Da ich mit den Renovierungsarbeiten usw. auf die Sommerferien angewiesen bin, werde ich jedoch nicht umhin können, auch die kommende Woche voll hierfür zu nutzen.
Mit freundlichen Grüßen

Und siehe da, dieser Kelch ging an mir vorbei, am 9. September bestätigte die Wohnungsbaugesellschaft meinen Mietvertrag. Anfang Oktober weihte dann Jnanacandra, spätere Leiterin des Buddhistischen Zentrums Essen, unseren Meditationsraum. Vom Essener Sangha bekam ich ein großes Schreiben mit „Herzlichen Glückwünschen zur Einweihung des neuen *FWBO*-Zentrums in Frankfurt".

Die Einweihungsfeier war ein voller Erfolg. Für uns war die Anwesenheit von zwölf Personen ein gewaltiger Schritt nach vorn. Im Vorfeld hatten Sandra und ich die ganze Etage renoviert und den Meditationsraum liebevoll mit Motiven aus dem Buddhismus, insbesondere aus unserer Triratna-Tradition geschmückt, so zum Beispiel hier die Kette des Entstehens in Abhängigkeit mit den *upanisās*, den Schritten auf dem Weg der Vervollkommnung.

Zunächst – bis Ende 2004 – fanden die Meditationsabende 14-täglich statt, wie früher in Großauheim. Ab Januar dann wöchentlich, die Anzahl der Teilnehmer stabilisierte sich an den Offenen Donnerstagen auf etwa sechs bis sieben Leute. Im Jahr 2005 wurden auch zusätzlich noch Kurse angeboten, sodass ich mitunter neben den Meditationsabenden am Donnerstag noch an zwei weiteren Abenden Kurse in der Habsburgerallee hatte - und mitunter auch noch zwei Volkshochschulkurse. *FWBO* Frankfurt lastete mich jetzt voll aus, zumal ich natürlich auch noch meine Zweidrittelstelle an den Beruflichen Schulen in Gelnhausen hatte und auch noch Zeit für Sandra bleiben sollte. Außerdem versorgten Sandra und ich unsere Gäste häufig mit selbst Gebackenem oder kochten etwas für unsere TeilnehmerInnen.

Häufig blieben einige Leute länger als bis zum Ende des Meditationsabends um 21.30 h, und nicht selten dauerte es bis zur letzten U-Bahn, bis die letzten gingen, diese fuhr um 1.37 h, also spätestens um halb zwei Uhr nachts waren alle wieder gegangen. Außer natürlich, wenn Ordensmitglieder von außerhalb bei uns Veranstaltungen durchführten. Diese übernachteten dann im Meditationsraum.

Wir unternahmen auch Veranstaltungen außerhalb Frankfurts, z. B. meditative Wanderungen in den nahen Mittelgebirgen, z.B. in den Taunus.

Meditation –
laut und schweißtreibend

= Szene 082 aus Horsts Lebensbericht – 2002-10

Ja, richtig. Normalerweise ist eine Meditation weder laut noch schweißtreibend. Normalerweise. Aber was ist bei mir schon normal?

Ganz so ist es auch nicht. Selbstverständlich meditiere ich gewöhnlich nicht laut – und schon gar nicht schweißtreibend. Was aber ist das für eine ungewöhnliche Meditationspraxis, die ich als laut und schweißtreibend bezeichnete?

Ich hatte zuvor um Ordination in der Buddhistischen Gemeinschaft *Triratna* nachgefragt und war im Dezember 2001 auf einem Ordinationsvorbereitungskurs in Norfolk. Dort erlernten wir unter anderem die *Prostration*spraxis. Dabei baut man vor seinem geistigen Auge dieses Bild auf. Es enthält Figuren aus der buddhistischen Geschichte und der buddhistischen Mythologie, die für die Buddhistische Gemeinschaft Triratna besonders inspirierend sind und die auf einem Bild namens „Inpirationsbaum" abgebildet sind. **(Bild S. 218)**

Anschließend steht man auf und verneigt sich „völlig", d. h. mit dem ganzen Körper, vor diesem Inspirationsbaum und rezitiert dazu eine religiöse Formel. Bei dieser tiefen Verbeugung, auch Niederwerfung (Prostration) genannt, steht man zunächst, geht dann auf die Knie, legt sich anschließend voll ausgestreckt auf den Bauch und vollzieht mit den Händen eine Demutsgeste, dann steht man wieder auf und das Ganze beginnt von vorne. Jede dieser einzelnen Prostrationen dauert etwa 12 Sekunden. Nach einer Reihe von Niederwerfungen (bei unseren Übungen

213

in Norfolk etwa 50) setzt man sich erneut in Meditation, visualisiert ein Reinigungsritual und baut dann vor seinem geistigen Auge den Inspirationsbaum in einer bestimmten Weise wieder ab.

Man ermunterte uns in unserem **Retreatzentrum** Padmaloka in Norfolk, dieses Ritual regelmäßig für einige Zeit zu üben, und zwar sollten wir selbst die Intervalle und die Dauer festlegen, je nachdem, was wir für realistisch hielten. Ich entschied mich dafür, diese Praxis mindestens vier Mal wöchentlich für ein halbes Jahr zu üben.

Um mit den Figuren auf diesem Inspirationsbaum – einer tibetischen Tradition folgend häufig auch als Zufluchtsbaum bezeichnet – besser vertraut zu werden, legte ich mir das Buch „Teachers of Enlightenment" zu, in dem Kulananda den Inspirationsbaum und alle Figuren darauf beschreibt.

Als ich am 8. Januar 2002 nach meiner Rückkehr aus England mit meiner Niederwerfungspraxis begann, war ich in meiner kleinen Mansardenwohnung in Hanau-Großauheim. Ich las zuerst ein Kapitel aus dem Buch, das sich mit einer der Figuren auf dem Zufluchtsbaum beschäftigte, mit Buddha **Dipankara**.

Diese (nichthistorische Figur) wurde im Aussehen und in ihrer mythologischen Bedeutung sehr genau beschrieben. Dann baute ich in der Meditation im Geist den Zufluchtsbaum Stück für Stück auf, bis ich zu der Figur Dipankaras kam. Um meine Begeisterung für Dipankara auszudrücken, beschäftigte ich mich aber nicht nur im Geiste mit ihm, sondern lobte ihn laut: Ich hielt eine Laudatio auf Dipankara, wobei ich das frisch erworbene Wissen über ihn als Grundlage nahm, und so eine vielleicht 10-minütige Lobpreisung auf ihn verkündete, anschließend setzte ich meine Übung in der erlernten Weise fort.

Im Buddhismus sprechen wir von Zufluchtnahme (Bekenntnis) zum Buddha, zu seiner Lehre und zur Gemeinschaft der erfolgreich Praktizierenden auf den drei Ebenen, also mit Körper, Rede und Geist. Eine buddhistische Meditationspraxis ist immer eine Übung des Geistes. In der Prostrationspraxis kommt als zweite Ebene die des Körpers hinzu, nämlich durch die körperliche Niederwerfungsübung. Durch meine lautstark vorgetragene Laudatio habe ich auch die dritte Ebene, die der Rede, in diese Praxis integriert. Und genau dadurch fand meine Begeisterung – der meditative Vertiefungs-Faktor *„pīti"* (Verzückung) – sowohl Ausdruck als auch Nahrung. Das fühlte sich stark an. Das war ein herrliches, ein äußerst inspirierendes Erlebnis!

Am nächsten Tag verfuhr ich ähnlich. Ich las zunächst wieder ein Kapitel in „Teachers of Enlightenment", diesmal über **Maitreya**, und ging dann in der Meditation genauso vor wie tags zuvor. Ich baute den Inspirationsbaum wieder im Geiste auf und hielt auch eine Laudatio auf Dipankara, wie tags zuvor, allerdings etwas kürzer, vielleicht 5 Minuten, danach kam die Laudatio auf den Helden des Tages, auf Maitreya, so ausführlich wie möglich – etwa 10 Minuten.

Und genauso verfuhr ich jeden weiteren Tag. Ich las jedes Mal zuvor einen weiteren Abschnitt und lobte dann lautstark die Figuren, die ich mir bereits erarbeitet hatte. Den „Held des Tages" ganz ausführlich, die schon zuvor eingeführten Figuren kürzer, je nachdem zwischen ein und fünf Minuten. Durch immer neue Figuren blieb die Praxis spannend und begeisternd.

Soweit zu der Tatsache, dass diese Praxis laut war, aber inwiefern war sie schweißtreibend?

Nachdem ich auf etwa 20 Figuren gekommen war, gewöhnte ich mir an, jeweils drei Niederwerfungen zu den bereits eingeführten Figuren zu machen, das waren 60 Niederwerfungen, also etwas mehr als wir in Padmaloka gemacht hatten. Und da an jedem weiteren Übungstag eine weitere Figur dazu kam, waren es auch täglich drei Prostrationen mehr. Zugegebenermaßen hatte Letzteres nicht nur spirituelle Gründe. Ich hatte zu wenig Bewegung und war schon immer zu stark beleibt. Auf diese Art kam auch etwas Körperertüchtigung in meine buddhistische Praxis, was ich als geschicktes Mittel ansah, die buddhistische Praxis mit dem Ziel des Erhaltes eines gesunden Körpers als Basis für einen gesunden Geist zu verbinden.

Und auch die Tatsache, dass ich allmählich zu den Prostrationen immer weniger anhatte, da ich doch stark ins Schwitzen kam, störte mich nicht. Zwar trug ich irgendwann nur noch eine Unterhose, aber so konnte ich mir durchaus wie ein indischer Fakir bei seinen Übungen vorkommen. Als Unterlage hatte ich inzwischen ein Badetuch, das den Schweiß aufnahm. Während der Meditation zum Schluss hatte ich einen weiten Bademantel übergezogen, der sich für mich wie die Robe eines buddhistischen Mönchs anfühlte.

Nach einiger Zeit hatte ich alle Figuren und auch die auf dem Inspirationsbaum abgebildeten Bücher in meine Lobespraxis integriert, sodass ich auf jeweils 144 Prostrationen kam. Ich bemühte mich auch von den anfänglichen fünfzehn Sekunden pro Prostration allmählich auf eine kürzere Zeit zu kommen und war am Ende des halben Jahres bei etwa neun Sekunden angekommen. Dennoch benötigte ich für diese Praxis relativ viel Zeit, etwa 150 Minuten pro Sitzung, also zehn Stunden pro Woche (bei vier Sitzungen).

Es war die beste und ergiebigste, die erfüllendste und begeisterndste Praxis, die ich jemals unternommen habe. Und allein die Tatsache, dass sie so viel Zeit in Anspruch nahm und ich noch vieles andere zu tun hatte, führte dazu, dass ich sie nach einem halben Jahr vorerst aufgab, jedoch später immer einmal wieder aufnahm, aber nie wieder mit dem Gelöbnis, dies für eine bestimmte Dauer zu tun. Daher habe ich sie bei vielen meiner Einzelklausuren wieder aufgegriffen und dort auch täglich geübt. Allerdings ergaben sich dabei im Dezember 2010 erhebliche körperliche Schwierigkeiten: Meine Knie wollten nicht mehr mitmachen, auch meine Achillessehne machte Probleme, also suchte ich nach einer anderen Praxis, bei der ich mit Körper, Rede und Geist üben konnte. Aber das ist eine andere Geschichte (vgl. *Szene 29* – Ein wahnwitziger Eid).

Diese Szene ist der einleitende Abschnitt meines Buches „Buddhistische Pilgerwanderung" (Band 3 der Gelnhäuser buddhistischen Erzählungen), und was darauf folgte ist in diesem Band beschrieben.

Das Bild, vor dem ich meine Prostrationspraxis vollzog.
Es enthält in der Mitte den Buddha, darum gruppiert sind
Personen, die uns inspirieren können, den Weg zu gehen,
den der Buddha aufgezeigt hat

Ein Projekt auf Zeit - MaO

= Szene 098 aus Horsts Lebensbericht – 2009-17

Ich war seit fast 20 Jahren Buddhist und wollte für die Freunde des Westlichen Buddhistischen Ordens (*FWBO*) ein Buddhistisches Zentrum im Rhein-Main-Gebiet etablieren. Dazu hatte ich zu Beginn des Jahrhunderts einen Vier-Stufen-Plan aufgestellt (vgl. Szene 057 - Vier-Stufen-Plan) und gehofft, bis zum Ende des Jahrzehnts ein solches Zentrum in Frankfurt aufgebaut zu haben. Die erste dieser Phasen habe ich im Jahr 2002 in Hanau gestartet (vgl. *Szene 062* – Dharma unterm Dach), die dritte Phase 2004 in Frankfurt (vgl. Szene 074 – Habsburger), jedoch hatte sich in den Jahren 2007 und 2008 herausgestellt, dass mein Plan scheitern würde (vgl. *Szene 090* – Krise in der Habsburger).

Ich wusste, dass meine Pensionierung im Jahre 2017 anstand, dann hatte ich vor, in eines der bestehenden FWBO-Zentren in Deutschland zu gehen. Es blieben also noch acht, neun Jahre. In dieser Zeit wollte ich jedoch nicht ohne Aktivitäten zur Verbreitung des Dharma bleiben. So hatte ich die Idee, nunmehr eine kleine Meditations- und Dharmastudiengruppe in Gelnhausen zu gründen, wo ich seit 1977 arbeitete. So wie es zuletzt in Frankfurt in der Habsburger lief, so etwas würde mir in Gelnhausen auch gelingen, also einige wenige Menschen um mich zu scharen, die sich für Meditation und Buddhismus interessierten, sagte ich mir.

Bereits im Sommer 2008 hatte ich bei *Immoscout* eine Suchanzeige nach Räumlichkeiten in Gelnhausen aufgegeben.

Ich wollte eine Wohnung in der Innenstadt, innerhalb der Stadtmauern haben, am liebsten mit drei Zimmern, einen großen Meditationsraum, einen kleinen Aufenthaltsraum und einem Zimmerchen, in dem ich wohnen, schlafen und arbeiten kann. Leider gab es in den folgenden Monaten das Gesuchte nicht. In einen Ortsteil außerhalb der Kernstadt von Gelnhausen wollte ich nicht, denn Menschen gehen lieber dorthin, wo sie sich auskennen. Alles andere scheint ihnen obskur, so jedenfalls war es mir in Frankfurt ergangen, wo ich Meditation im sechsten Geschoss eines Hochhauses angeboten hatte und nur wenige Leute anlocken konnte. Am liebsten wäre mir ein Domizil direkt am Ober- oder Untermarkt, einem Ort, den jeder im Umkreis von 20 km kennt. „Meditation am Untermarkt" das wäre doch etwas – oder eben am Obermarkt.

In Frankfurt hatte ich in einer Wohnung mit zwei großen Zimmern gewohnt. Das größere war der Meditationsraum, im anderen lebte ich die ersten zwei Jahre mit Sandra, danach ging Sandra zu ihren Eltern zurück, um ihren verunglückten Vater rund um die Uhr zu pflegen. Wir hatten jetzt nur noch eine lockere Beziehung. Ende Februar ergab sich (in Anwesenheit eines *OM*) ein Gespräch zwischen Sandra und mir, nach dem unsere Beziehung endgültig beendet war. Und dann plötzlich geschah es: In den darauffolgenden 14 Stunden (!) bekam ich drei Angebote in Gelnhausen, die alle meine Kriterien erfüllten. Ich entschied mich für die geeignetste davon, Räumlichkeiten im Erdgeschoss des Hauses Obermarkt 2. Hier konnte ich meinen Wunsch, MaO *„Meditation am Obermarkt"* zu etablieren, realisieren. Wieder einmal schien eine höhere Macht genau zum richtigen Zeitpunkt eingegriffen zu haben.

Anfang April kaufte ich mir einen Kleinwagen, der alsbald den Namen *„Hīnayāna"* (kleines Fahrzeug) trug. Der Einzug sollte zum 1.6. sein, Mitte Mai konnte ich aber schon in die Wohnung. Wann immer ich zur Arbeit fuhr – jetzt nicht mehr mit dem Zug, sondern mit dem *Hīnayāna* - transportierte ich etwas nach

Gelnhausen. Unter anderem den Schrein und die *rūpa*. Eine wunderbare Meditation inspirierte mich dann zum Mythos von der Gelnhäuser *rūpa* (*Szene 020*, sie erscheint im Band „Wie der Buddha nach Gelnhausen kam").

In den Sommerferien verteilte ich 10.000 Flyer an alle Haushalte in Gelnhausen und Umgebung. Das war mehr Arbeit als es klingt, denn das meiste sind Einfamilienhäuser. Das lief dann so: Kein Briefkasten außen am Grundstück, durch einen großen Vorgarten von einer der Villen, z. B. in Eidengesäß, bis zum Briefkasten, dann wieder runter vom Grundstück und auf das nächste, so waren die Abstände zwischen zwei Briefkästen häufig mehr als 50 m. Beim Einwurf rezitierte ich immer: „Sabbe satta sukhi hontu", mögen alle Wesen glücklich sein. Das machte ich morgens etwa für drei Stunden und abends nochmals, mittags war es zu heiß. Dann arbeitete ich lieber daran, den Meditationsraum zu bemalen.

Ich war die ganzen Sommerferien damit beschäftigt, die Flyer zu verteilen, weitere Öffentlichkeitsarbeit zu betreiben und den Meditationsraum ansprechend herzurichten. Vor allem die Wandbemalungen und –beschriftungen benötigten Zeit. Ich setzte mich jeden Morgen in den Meditationsraum um zu meditieren, dann erschienen die Bilder, die ich malen würde, vor meinem geistigen Auge und insbesondere auch die Anordnung. Der Platz über dem Schrein blieb frei, hier war Raum für Präsentationen mit OHP oder Beamer. Links davon malte ich die Kette der zwölf zyklischen *nidānas*, der Kettenglieder des abhängigen Entstehens (*paticcasamuppāda*), und schrieb die Benennungen daran, rechts davon wurde der *Spiralpfad*, die *upanisās*, die progressiven Pfadglieder des Weges zum Erwachen, dargestellt. Ähnlich hatte ich das auch im Frankfurter Meditationsraum bereits gemacht. Dort wurde dann das Ziel (*Erwachen*) durch die Aufreihung der *fünf Jinas* (der Aspekte von Vollkommenheit) dargestellt. In Gelnhausen jedoch hatte der untere Teil der Wand eine Holzvertäfelung, somit hätte das Bild viel kleiner sein müssen. In der Meditation kam mir der Einfall, dieses Bild einfach zweizuteilen und den oberen Teil, ab dem Pfadglied *yatha bhuta ñana dassana* (Sicht und Erkenntnis der Dinge, wie sie wirklich sind), das für den Stromeintritt steht, an den rechten Teil der Wand zu malen. *Sangharakshita* beschreibt diesen Punkt als denjenigen, bei dem der sich entwickelnde Mensch vom Gravitationsfeld des *saṃsāra* ins Gravitationsfeld von *Nirwana* gelangt, ab hier wirken also die nirwanischen Anziehungskräfte stärker. Und in meiner bildlichen Darstellung geht es an dem Punkt *yatha bhuta ñana dassana* praktisch durch die Decke. Im zweiten Teil ist dann der Rest des Edlen Pfades im Gravitationsfeld des *Mandalas* der fünf Jinas dargestellt.

Und nach einiger Zeit stellte ich fest, dass ich unwillkürlich meinen Meditationssitz genau gegenüber <u>diesem</u> Teil eingenommen hatte, was mir deutlich machte, dass ich mich auf diesen entscheidenden Teil des Pfades und auf das Ziel sowie auf meine Verbindung zu den fünf Jinas, zu den Aspekten von Vollkommenheit, mehr konzentrieren wollte oder sollte. Ich denke, all dies geschah gelenkt von den Kräften des Transzendenten, die mir auch die Bilder für diesen Raum vorgaben.

Auf der gegenüber liegenden Wand stand im Zentrum das achtspeichige *Rad der Lehre,* das die acht Baustellen, an denen der Übende zu arbeiten hat (Erkenntnis, Entschlossenheit, Sprache, Handeln, Lebenswandel, Unermüdlichkeit, Achtsamkeit und Meditation), symbolisiert. Dieses Zeichen hatte bereits meinen ersten Tempel in Großauheim geziert (vgl. Szene 018 – Der Großauheimer Tempel).

Flankiert wurde das Rad der Lehre, ein typisches Zeichen der *Hīnayāna*-Tradition, von zwei Figuren aus dem *Mahāyāna*, die die beiden Hauptaspekte von Buddhaschaft, von Vollkommenheit, darstellten. Da war einerseits Manjughosa, der die

Weisheit symbolisiert. Das flammende Schwert in seiner Rechten steht für den analytischen Scharfsinn, das Buch, das auf einem Lotus ruht, den er in seiner Linken hat, wird von ihm mit genau dieser Weisheit untersucht: Führt es zu Gier, zu Hass und/oder zu Verblendung, so ist diese Lehre unheilig; führt sie aber zu Großzügigkeit, Liebe und Erkenntnis der Dinge, wie sie wirklich sind, dann ist sie der Dharma, die heilsame Lehre.

Auf der anderen Seite des Rades der Lehre erschien die *Grüne Tara*, der andere Hauptaspekt von Buddhaschaft: grenzenloses Mitgefühl mit allen fühlenden Wesen. Tara zeigt mit ihrer rechten Hand die Geste der Wunschgewährung und ihr rechter Fuß tritt gewissermaßen aus dem Bild heraus, sie verlässt die Meditationshaltung, um bedürftigen Wesen zu helfen.

Als ich den Raum gestaltete, war gerade der 40. Jahrestag der ersten Mondlandung, jenes Ereignisses, das den Menschen erstmals unseren herrlichen blauen Planeten aus der Weltraumperspektive zeigte: Ein wunderbares Juwel in der kalten Weite des Universums. Und die Verantwortung für dieses Juwel, der Sphäre in der unendlich viele fühlende Wesen leben und sich entwickeln. Dies zu erhalten und zu schützen, ist die Aufgabe des Taraaspektes in allen praktizierenden Buddhisten. Aus diesem Grund malte ich auf die dritte Seite des Raumes unsere Erde. Die Bilder aus dem Weltraum wurden damals dominiert von den Farben weiß und blau. Ich stellte die Erde also aus einer ungewöhnlichen Perspektive dar, aus einer, bei der möglichst viel blau (Meer) und weiß (arktische Regionen) zu sehen sind. Das wäre rund um die Antarktis am besten gewesen, allerdings befürchtete ich, dass dann kaum jemand dies als unsere Erde erkennt, daher wählte ich die Nordhalbkugel und färbte die arktischen Regionen weiß ein – im Unterschied dazu dann die gemäßigte Zone in Grün und die Wüstenregionen in Gelb.

So blieb nur noch ein kleiner Wandteil rechts neben der Tür übrig, hierhin malte ich das Emblem von *Triratna* – und das mehrere Monate bevor die FWBO (Freunde des Westlichen Buddhistischen Ordens) in Triratna umbenannt wurden!

Die Bilder in diesem Raum hatten eine doppelte Funktion. Erstens sind sie so etwas wie das „Tafelbild" für meine Vorträge, in denen ich auf die dargestellten Symbole und geschriebenen Begriffe in der Pali-Sprache eingehe. Andererseits sind es auch diejenigen Symbole, die mich – in dieser Zeit in Gelnhausen – am meisten beschäftigten und mich in meiner Meditationspraxis unterstützten. Unter anderem ist die *ErDa-Meditationsreihe* mit der Erdkugel verbunden.

Am 28. August 2009 weihte *Bodhimitra* unseren Meditationsraum in einem festlichen Akt.

Zur Weihung waren auch Gäste aus den drei damals bestehenden *FWBO*-Zentren in Deutschland gekommen: Dharmapriya aus Berlin, Dayanidhi aus Essen und Maitricarya aus Minden.

In Gelnhausen bot ich jeweils donnerstags Offene Meditationsabende an, genau wie zuvor in Frankfurt. Für Erstbesucher gab es eine Einführung in Sitzhaltung und Meditation von 18.15 h bis 19.00 h. Um 19.00 h wurden die anderen Teilnehmer bei Tee und Keksen begrüßt. Die Meditation begann um 19.15 h und dauerte etwa 40 Minuten, danach gab es eine Teepause. Um 20.15 h hielt ich einen Vortrag oder erzählte eine buddhistische Geschichte, die anschließend besprochen wurde. War noch Zeit bis zum planmäßigen Ende um 21.30 h, so wurde noch eine geleitete Meditation eingeflochten oder wir vollzogen ein kleines Ritual.

Mit Beginn des Jahres 2010 gab es auch hin und wieder einen Studienkurs, über (in der Regel) sechs Abende. Das konnten grundlegende Dinge sein, wie z. B. die Besprechung des *bhāva cakra* (sog. Tibetisches Lebensrad) oder des *Spiralpfades*, aber mit der Zeit gab es für die Erfahrenen auch anspruchsvollere Themen, z. B. das *Bardo Thödol* (sog. Tibetisches Totenbuch) oder „Christliche Mystik aus buddhistischer Sicht".

Erfreulicherweise tauchten viele Leute aus der Frankfurter FWBO-Gruppe wieder auf. Allerdings war es den meisten davon zu umständlich, für die Meditationsabende donnerstags zu kommen, und so führten wir das „Sonntagsstudium" ein. Zunächst studierten wir den „Essential *Sangharakshita*", den ich dafür ins Deutsche übersetzen musste, immerhin einige hundert Seiten.

Leider gab es im Herbst einen Konflikt (vgl. den Abschnitt „Aksobhya löst meine Krise"). Aus irgendeinem – mir noch immer unverständlichen – Grund wurde ich nicht ordiniert und sollte auch meine Aktivitäten in Gelnhausen einstellen – nur zwei Monate, nachdem unser „FWBO-Zentrum", wie es in einem offiziellen Schreiben aus Essen hieß, eingeweiht worden war. Wir durften auch nicht mehr den Namen „FWBO" verwenden. Also mussten alle Plakate und sonstigen Druckerzeugnisse eingestampft werden, wir nannten uns jetzt nur noch „Meditation am Obermarkt". Einige Jahre später hat sich das Ordensmitglied, das mir damals einen 10-Punkte-Katalog über das, was ich zu unterlassen hätte, schriftlich ausgehändigt hatte, bei mir dafür entschuldigt, was ich ihm hoch anrechne.

In den Folgejahren haben wir unter anderem Wanderungen durchgeführt, um zu so etwas wie einer *Sangha* zu werden.

Weiterhin haben wir im Laufe der Zeit auch Vorträge in der Gelnhäuser Zehntscheune abgehalten oder Wesak, den Feiertag anlässlich des Erwachens des Buddha, gemeinsam in Gelnhausen gefeiert.

Doch wie heißt der Titel dieser Szene? Er heißt: „Ein Projekt auf Zeit – MaO – 2009-2017". Wir erinnern uns, ich hatte eingangs geschrieben, dass ich dieses Projekt durchführen wollte bis zu meiner Pensionierung im Jahre 2017, genauer: am 31. Januar 2017. Daher hatte ich bereits Anfang 2013 auf unserer Webseite angekündigt: „Das Ende kommt 2016". Wenn es nicht bis 2016 gelänge, einen Sangha aufzubauen, der in der Lage sei, das Projekt selbstständig fortzusetzen, würde zu diesem Zeitpunkt Meditation am Obermarkt eingestellt. Ich arbeitete zielstrebig darauf hin, einen solche Sangha aufzubauen. Hierzu bot ich zunächst den „Grundkurs Buddhismus" von *Triratna* an, um bei den KursteilnehmerInnen eine Triratna-Identität aufzubauen.

Anschließend gab es einen Kurs „Was ist der *Sangha*?". Hier studierten wir Texte von *Sangharakshita* und – um uns besser kennen zu lernen – erzählten wir uns unsere Lebens-geschichten. Am Ende des Kurses machten wir ein gemeinsames Wochenendretreat im Meditationshaus *Vimaladhatu* im Sauerland nur für unsere Gruppe, es wurde geleitet von Bodhimitra und Dharmadipa. So war alles vorbereitet für die Gründung eines Sangha-Teams im Jahre 2015. Dieses übernahm die Funktion eines Leitungsgremiums des Vereines *Koordination e. V.* (vgl. hierzu *Szene 060 – EnergieWende*). Inzwischen war aus einem derer, die ganz zu Anfang zu unseren Gelnhäuser Kursen gekommen waren, und der als erster Gelnhäuser zum Mitra von Triratna wurde, das Ordensmitglied Satyadhara geworden. Im Jahr 2016 konnte ich mein Amt als Vorsitzender der Koordination e. V. damit in neue Hände legen. Seitdem wird das, was ich als „Meditation am Obermarkt" gegründet hatte, unter dem neuen Namen „Buddhistische Gemeinschaft Gelnhausen" vom Sangha-Team unter Leitung von Satyadhara weitergeführt. Planmäßig beendete ich damit mein Projekt auf Zeit und zog am 31. Januar 2017 nach Essen.

Begriffserklärungen

aller im Text **_fett und kursiv_** gedruckten Worte

Ajahn Chah – (1918-1992) ein renommierter Mönch und Abt des thailändischen *Theravada*. Er hatte vor allem ab 1970 zahlreiche westliche Schüler, die seine Lehren in den Westen brachten. Er gehörte der Waldtradition an, einer Reformbewegung, die sich vom Leben in exklusiven Stadtklöstern wieder auf Buddhas Leben in den Wäldern zurückbesann.

anattā - „Nicht-Ich", da alles abhängig von Bedingungen Entstandene vergänglich ist, kann es keinen festen unveränderlichen Wesenskern haben, also gibt es auch nicht so etwas wie ein festes „Ich". Anattā ist eines der drei *lakṣaṇas*, der buddh. Grunderkenntnisse über alles Existierende (die anderen sind *dukkha* und *annicca*); der anattā-Gedanke ist das Alleinstellungsmerkmal des Buddhismus.

anicca – Vergänglichkeit; alles was in Abhängigkeit von Bedingungen entstanden ist, verändert sich und vergeht; eines der drei Lakshanas, der Grunderkenntnisse über alles Existierende (die anderen sind *dukkha* und *anattā*). Ähnlich dem abendländischen Vanitasgedanken. **Bild S. 76**

Anmerkung – dies bezieht sich darauf, dass Kaiser Friedrich Barbarossa (der Rotbärtige) *Gelnhausen* zur Freien Reichstadt machte, sich wiederholt hier aufhielt und auch einen wichtigen Reichstag hier abhielt. Die Zeit war prägend für das mittelalterliche Gelnhausen und das heutige Selbstverständnis der Stadt.

Avalokitesvara – ein *Bodhisattva*, der für *karunā* steht. Häufig in seiner tausendarmigen Form dargestellt, bei der jede Hand ein anderes Werkzeug hält, damit er zahllosen Wesen gleichzeitig auf unterschiedlichste Arten behilflich sein kann. Die Figur des Avalokitesvara symbolisiert für *Sangharakshita* den *Triratna*-Orden. Jedes Ordensmitglied solle sich als ein Arm Avalokitsvaras verstehen. **Bild S.46**

Ayya Khema - bekannteste deutsche buddhistische Nonne des 20. Jahrhunderts und Autorin zahlreicher guter Bücher über Buddhismus und Meditation. Sie hat u .a. ein *Retreat*haus im Allgäu gegründet.

Badenweiler Marsch – dieser von Georg Fürst 1914 komponierte Marsch kündigte während des Dritten Reiches den Auftritt des

Führers an. Er verherrlichte ursprünglich den Sieg bayrischer Truppen in der Schlacht von Badonviller.

Bardo Thödol – sog. „Tibetanisches Totenbuch"; das Buch heißt eigentlich „Von der Befreiung durch Hören im Zwischenzustand", wobei mit Bardo (Zwischenzustand) hier der Zustand nach dem Tod und vor der Wiedergeburt gemeint ist.

bhāva cakra = Rad des Werdens, häufig fälschlich als „Tibetisches Lebensrad" bezeichnet, ist eine bildnerische Darstellung in der (nicht nur) die zwölf *nidānas* dargestellt werden.

Bodhimitra – ein im Buddhistischen Orden Triratna ordinierter Mann, mit dem mich eine sehr abwechslungsreiche spirituelle Beziehung verbindet, die 1996 bei einer Meditation in Kühhude begann. Bodhimitra hat große Verdienste um den Ausbau des Essener Buddhistischen Zentrums, des *Retetreatzentrums Vimaladhatu* und den Aufbau eines *Triratna*-Zentrums in Arnsberg.

Bodhisattva – Figur im *Mahāyāna*-Buddhismus. Bodisattvas sind Wesen, die *Erleuchtung* nicht nur für sich selbst anstreben, sondern zum Wohl aller Wesen.

Brahmanen – eine der *Kasten* im Hinduismus, nur Brahmanen dürfen religiöse Rituale vollziehen.

Brahmanismus – indische Religion, die (u. a.) einen Brahman (Gott) verehren, heute als Hinduismus bezeichnet.

B-Road – Nebenstraße (Klassifikation im Vereinigten Königreich)

Buddha – wörtlich: Erwachter, einer der das Ziel des Buddhismus erreicht hat und damit befreit ist von den Fesseln des Ichglaubens.

BuddhaNetz-Info – vierteljährliches deutschsprachiges Mitteilungsblatt des *Netzwerks Engagierter Buddhisten* (in den 90er und 0er Jahren), das vom Autor dieses Buches herausgegeben wurde. **Bild S. 198**

Buddhistische Gemeinschaft Gelnhausen – früherer Name: Meditation am Obermarkt, regionale buddhistische Gemeinschaft, die zu *Triratna* gehört

Carpe diem! - (lat.) Nutze den Tag!

Dal-See – 21 qkm großer See bei *Srinagar*

Denken – eine der drei Ebenen menschlicher Aktion, durch die wir uns *Karma* schaffen, die anderen beiden sind Reden und Handeln.

devas – „Götter" im Hinduismus und Buddhismus, etwa vergleichbar mit den Engeln im Judentum, Christentum und Islam.

Dharamsala – Stadt im indischen Bundesstaat Himachal Pradesh mit etwa 30.000 Einwohnern; Sitz des Dalai Lama und der tibetischen Exilregierung.

Dharma – hier gewöhnlich die Bezeichnung für die Lehren des Buddha. Das Wort bedeutet Wahrheit, (Natur-)Gesetz.

Dharma-Cakra – das achtspeichige „Rad der Lehre", das Symbol für den **Dharma** („Buddhismus"); die acht Speichen stehen für den *Edlen Achtfältigen Pfad*.

Dhammacārī – einer, der den vom Buddha aufgezeigten Pfad geht; auch Bezeichnung für Ordensangehörige des buddh. *Triratna*-Ordens (weibl. Form: Dhammacārīni).

Diogenes – gemeint ist „Diogenes in der Tonne" (413-323 v. u. Z.) aus *Sinope*, griechischer Philosoph der Kyniker (Zyniker).

Dipankara – Da Erleuchtung etwas ist, das es immer gegeben hat und das es immer wieder geben wird, gab es auch vor und nach dem historischen Buddha andere Erwachte (= Buddhas). Der erste dieser Buddhas wird Dipankara genannt, er ist wohl mythologischer Natur. Der historische Buddha hat von ihm erzählt.

Dreifacher Pfad – einfachste Beschreibung des buddhistischen Pfades aus (1) Ethik, (2) Meditation und (3) Weisheit, eine ausgearbeitete Version zeigt das *upanisā sutta* auf.

Dualität – eine übliche Denkweise: Leben – Tod, schnell – langsam, schwarz – weiß. Alle diese Einteilungen sind jedoch geistgeschaffen, um Dinge unterscheiden und benennen zu können. Die zentrale Dualität besteht in „Ich" und „das Andere", wodurch wir eine irreale Trennung zwischen uns und dem Anderen schaffen, denn wir sind in vielfacher Weise vernetzt und abhängig vom Anderen. Ziel des Buddhismus ist es, über diese geistgeschaffenen Dualitäten hinwegzugehen.

dukkha – ein zentraler Begriff der Lehre Buddhas, am einfachsten mit „Unvollkommenheit" oder „Unzulänglichkeit" zu übersetzen, besser wäre „das Gefühl, das etwas letztendlich nicht vollkommen zufriedenstellend ist". Älteste Übersetzungen von Buddhas Lehre übersetzten „Leiden", was dazu führte, dass der Buddhismus als pessimistisch galt, denn letztendlich ist alles Vergängliche unvollkommen (dukkha). Dukkha ist auch das erste *upanisā*, das erste Glied des *Spiralpfades*.

Edle Achtfältige Pfad, der – erste und zentrale Beschreibung des Buddha für den Pfad zur Erleuchtung. Hier werden acht Baustellen genannt, an denen wir arbeiten müssen: 1. Rechte (oder Vollkommene) Vision (Ansicht), 2. Rechte Entschlossenheit (= Vollkommener Entschluss), (3) Rechtes Denken, (4) Rechtes Handeln, (5) Rechter Lebenswandel, (6) Rechtes Bemühen, (7) Rechte Achtsamkeit, (8) Rechter *samādhi*

ErDa-Reihe – (ErDa steht für erdverbundene Dankbarkeit); der Meditations- und Buddhismuskurs „ErDa" findet sich im Internet unter http://www.er-da.eu/ErDa/

Einzelklausur – buddhistische Übung, bei der man sich in selbstgewählte Isolation zurückzieht, um sich der Entwicklung des eigenen Geistes durch z. B. Meditation, *pūjā*, Yoga oder andere Übungen zu widmen. In dieser Zeit ist man auch abgeschnitten von allen Medien. Einzelklausuren dauern in der Regel zwischen einer Woche und drei Jahren.

Erleuchtung – Im Buddhismus das Ziel spirituellen Strebens. Ein erleuchtetes Wesen sieht die Welt völlig unverblendet, das heißt, es hat den Dualismus (aus Subjekt und Objekt) überwunden, was bedeutet, dass es sich als nicht von der Umwelt getrennt sieht, dass der Glaube an ein „Ich" oder „Selbst" überwunden ist. Dies ist keine rein intellektuelle Erkenntnis, sondern spiegelt sich im Denken, Fühlen und Handeln des/der Erleuchteten. In anderen Religionen wird Erleuchtung anders gesehen.

Erwachen - Im Buddhismus gleichbedeutend mit *Erleuchtung.* „Buddha" heißt „der Erwachte", derjenige, der aus dem traumgleichen Zustand, in dem wir die Dinge nicht wirklchkeitsgemäß sehen, erwacht ist.

Feldjäger – deutsche Militärpolizei; Wikipedia: *„Im Zweiten Weltkrieg und besonders zum Ende des Krieges hin fielen den deutschen Feldgendarmen der Wehrmacht zehntausende „Fahnenflüchtige" in die Hände und wurden entsprechend Hitlers Parole „Der Soldat kann sterben, der Deserteur muss sterben" exekutiert. Im Volksmund wurden die Feldgendarmen in Anspielung auf die zur Uniform gehörende metallene Plakette mit der Aufschrift Feldgendarmerie oder Feldjägerkommando, die an einer Kette um den Hals getragen wurde, als Kettenhunde bezeichnet."*

FWBO - „Freunde des Westlichen Buddhistischen Ordens", bis 2009 Name der Organisation, die heute *Triratna* heißt.

Gassho – Grußgeste im streng reglementierten japanischen *Zen*-Buddhismus. Die Handinnenflächen werden vor der Brust zusammengebracht. Die Finger sind parallel, gerade und berühren sich. Die Fingerspitzen zeigen nach oben. Durch das Zusammenbringen der (in Asien) reinen rechten Hand und der schmutzigen linken wird dabei ein Zeichen der Überwindung der *Dualität* gegeben. In Briefen wird mitunter „Gassho!" am Schluss als Gruß geschrieben, was „mit einer Verbeugung" bedeutet.

Gelnhausen – kleine Kreisstadt in Hessen zwischen Spes sart und Vogelsberg.

Gelnhäuser Rūpa – Buddhafigur, die heute (2021) auf dem Schrein der Buddhistischen Gemeinschaft Gelnhausen steht.

Gotama – (Nach)Name des Buddha. Personen, die den Buddha mit „Herr Gotama" anreden, sind keine Anhänger des Buddha, diese würden „Erhabener" sagen .

Großauheim – ehemaliges Fischerdorf, ab 1900 industrialisiert, seit 1956 Stadt; 1975 wurde die 16.000 Einwohner zählende Kleinstadt nach Hanau eingegliedert. Der Autor lebte von seiner Geburt 1951 bis 2004 hier. **Bild: Großauheimer Tempel S. 52**

Grüne Tara – Bodhisttva, die für grenzenloses *Mitgefühl* zu allen Wesen steht.

Guhyaloka - „geheimer, verborgener Ort", ein Retreatzentrum von Triratna in den spanischen Bergen, es eignet sich insbesondere für Solitaries. Hier werden auch die Ordinationsretreats für Männer veranstaltet, die im Triratna-Orden ordiniert werden. **Bild S. 180**

Guru – spiritueller Lehrer und/oder Anführer

Helmut Schmidt – Der sozialdemokratische Politiker und spätere Bundeskanzler war damals Verteidigungsminister.

Highlands – das schottische Festland zerfällt geografisch in drei Teile, die Southern Uplands im Süden, die Central Lowlands mit Glasgow und Edinburgh in der Mitte und die Highlands im Norden.

Himbi Moloch – Meerschweinchen, das von 1966-1972 ein Freund des Autors war.

Hīnayāna – (sog, „Kleines Fahrzeug") ist (1) eine abwertende Bezeichnung für das Theravada sowie für verloren gegangene buddhistische Traditionen, in denen das Mönchstum sehr stark betont wird und den Laien nur eine dienende Rolle zukommt. (2) Name des Autos des Autors dieser Reihe.

Hindu - Anhänger des *Hinduismus*

Hinduismus – Mehrheitsreligion in Indien schon zu Zeiten des Buddha und bis heute.

Horsts Lebensbericht – ist eine Reihe von über 100 Szenen aus dem Leben des Gelnhäuser Buddhisten Horst Gunkel, sie finden sich im Internet unter http://kommundsieh.de/Horst_-_Leben.html

Immoscout – Internetplattform zur Vermittlung von Immobilien

jhāna – (Palibegriff in Sanskrit: dhyana) ist ein meditativer Vertiefungszustand, nach der häufigsten Einteilung gibt es acht aufeinander aufbauende Vertiefungszustände. Ziel dieser Vertiefungszustände ist die Überwindung des Ego und der Gedanken und das Erreichen einer kosmischen Verbundenheit, die im Buddhismus als Nondualität zwischen Ich und Ander gesehen wird (anattā = Nicht-Ich). Jhāna ist eine hohe buddhistische

Tugend und eine der sechs Tugenden, die ein **Bodhisattva** übt. Es gibt (nach der üblichen Zählung) vier feinkörperliche und vier unkörperliche jhānas, im ersten jhāna sind vitakka (aufnehmende meditative Konzentration), vicāra (anhaltende meditative Konzentration), citt' ekaggatā (einspitzige Ausrichtung des Geistes), pīti (Verzückung) und sukha (Glückseligkeit) vorhanden. In der zweiten Vertiefung fallen die ersten beiden Faktoren weg, in der dritten auch **pīti**. In der vierten entfällt sukha und Gleichmut (upekkhā) kommt hinzu.

Jinas, fünf – Jina heißt Sieger; im Buddhismus ist Sieger, wer die Vollkommenheit, Buddhaschaft, **Nirwana**, erreicht hat. Im **Mandala** der fünf **Jinas** werden fünf archetypische Figuren gezeigt, die für Eigenschaften der Vollendung und verschiedene Weisheitsaspekte stehen.

Kaste – die indische Gesellschaft wird gemäß der hinduistischen Religion in streng voneinander abgetrennte Kasten eingeteilt, die wichtigsten Kasten sind die Brahmanen (Priester), der Adel (Krieger, Beamte) und die Kaufmannskaste. Darunter gibt es noch Kastenlose, sog. Unberührbare. Auf diese Art schuf der Hinduismus eine Apartheidsgesellschaft mit einer arischen Mittel- und Oberschicht und einer indigenen Bevölkerung, die man nicht einmal berühren durfte; so sollte eine Rassenvermischung verhindert werden.

kamma niyāma – eine von fünf Handlungsebenen (niyāmas), und zwar diejenige, die für menschliches Leben typisch ist: Man hat verschiedene Optionen, unter denen man sich für eine entscheidet. Ist die dahinterliegende Absicht von Großzügigkeit, Liebe und wahrheitsgemäßer Erkenntnis getragen, spricht man von gutem **Karma**, ist diese Absicht von Gier, Hass und Verblendung getragen, verursacht der/die Handelnde ungünstiges **Karma**.

Kargil – gehört zu Ladakh, liegt aber relativ tief (2700 m). Hier verläuft die Grenze des zwischen Indien und Pakistan geteilten Landes Kaschmir und war zeitweilig der einzige geöffnete Grenzpunkt zwischen den beiden verfeindeten Atommächten. Im Kargil-Krieg 1999 schlugen indische Verbände die eingedrungenen pakistanischen Streitkräfte zurück.

Karma – im Buddhismus jede absichtlich ausgeführte Handlung. Es wird davon ausgegangen, dass Handlungen Folgen haben, die (auch) auf den Verursacher zurückwirken.

Karma-Kagyü – eine der fünf Richtungen im tibetischen Buddhismus, diejenige, deren Oberhaupt der Karmapa ist. Diese Schulrichtung sieht sich in der Tradition von *Milarepa*.

karunā = *Mitgefühl*

Kaschmir – Ein zwischen Indien, Pakistan und China umstrittenes Land. Als mit dem Ende der britischen Kolonie „Indien" das Land in die unabhängigen Staaten Indien und Pakistan aufgeteilt wurde, blieb Kaschmir zunächst unabhängig. Der damalige *Mahārāja* Hari Singh versuchte den Anschluss an einen der beiden neuen Staaten zu vermeiden. 1948 forderte die UN den Beitritt Kaschmirs zu Indien oder Pakistan. Dieser wurde bislang nicht umgesetzt. Vielmehr lieferten sich Indien und Pakistan mehrere Kriege um die Region. Das Land ist heute geteilt zwischen Pakistan und Indien.

kategorischer Imparativ - „Handle so, als ob die Maxime deiner Handlung durch deinen Willen zum allgemeinen Naturgesetze werden sollte." (Immanuel Kant)

Koan - Ein Koan ist im chinesischen Ch´an bzw. japanischen *Zen* eine kurze Sentenz, die eine beispielhafte Handlung oder Aussage eines Zen-Meisters darstellt. Diese wirken auf den Laien meist vollkommen unsinnig oder paradox. Beispiel: Wie hört sich das Klatschen einer Hand an?

Koordination e. V. - Trägerverein der Triratna-Organisation in Frankfurt und Gelnhausen; der Verein wurde ursprünglich (1987 nach der Reaktorkatastrophe in Tschernobyl) als „Koordination EnergieWende Main-Kinzig e. V." gegründet. Später wurde er Trägerverein des *ÖkoBüro Hanau*, noch später von *Triratna* in Zentral- und Osthessen.

Kräder (Mz) Einzahl: Krad. Früher gebräuchliche Abkürzung für Kraftrad (= Motorrad)

Ladakh – Damals (1992) Teil des indischen Bundesstaates J&K (Jammu und Kaschmir), seit 2019 ein Unionsterritorium Indiens. Früher war Ladakh ein unabhängiges buddhistisches Königreich, das

1834 von Jammu erobert wurde und so zum Teil des britischen Empire wurde. Ladakh ist geprägt vom Buddhismus in seiner tibetischen Ausprägung.

lakşaņas, drei – buddhistische Grunderkenntnisse über die Natur alles (in Abhängigkeit von Bedingungen) Entstandenen (*annica, anattā, dukkha*)

Lebensrad siehe *bhāva cakra*

Leh – Hauptstadt des indischen Unionsterritoriums Ladakh. Die Stadt liegt in 3500 m Höhe und hat 30.000 Einwohner.

Mahārāja – großer Herrscher (*rāja*), ind. Fürstentitel

Mahāyāna – eine der beiden Hauptrichtungen des Buddhismus. Das *Mahāyāna* („großes Fahrzeug") betont, dass jeder, der Buddhismus praktiziert, erleuchtet werden kann, keineswegs nur Mönche und Nonnen. Sein Ideal ist der Bodhisattva; ein Wesen, das mit Mitgefühl und Weisheit handelt, um alle Wesen zur Buddhaschaft, zum Erwachen, zu führen.

Mahlstrom – ursprünglich eine Meeresströmung bei Norwegen; im übertragenen Sinne bezeichnet man so einen reißenden Fluss mit vielen Verwirbelungen.

Maitreya – „der Liebende" eine nichthistorische Buddhagestalt. Der historische Buddha hat darauf hingewiesen, dass seine Lehre in Vergessenheit geraten würde. Da jedoch die Wahrheit immer wieder entdeckt werden könnte, würde auch seine Lehre, der Buddha-Dharma von einem neuen Buddha in ferner Zukunft wiederentdeckt, dies sei der Buddha Maitreya.

Mandala – Wörtlich: Kreis; hier: ein geometrisches Schaubild, das in *Hinduismus* und Buddhismus eine Bedeutung hat. Es ist meist quadratisch mit einem Objekt in der Mitte, das zentrale Bedeutung hat. Im Mandala der fünf *Jinas* wird im Mittelpunkt eine Figur gezeigt, die die Eigenschaften der vier anderen Figuren umfasst.

Mantra – eine heilige Silbenfolge, die in Ritualen häufig wiederholt aufgesagt wird, das bekannteste Mantra ist OM MANI PADME HUM. Das Wort Mantra kann mit „etwas, das schützt" übersetzt werden.

Meditation am Obermarkt – vom Autor in Gelnhausen 2009 gegründete buddhistische Einrichtung, die sich seit 2016 „Buddhistische Gemeinschaft Gelnhausen" nennt.

mettā – eine sehr positive Emotion: Wohlwollen, Zuneigung, (nicht-erotische) Liebe, oft als „liebende Güte" übersetzt. Mitunter wird sie auch als „Allgüte" bezeichnet, denn *mettā* soll allen Wesen in gleicher Weise entgegen gebracht werden. Es ist das, was beispielsweise Jesus meint, wenn er sagt, man solle nicht nur seinen Nächsten lieben wie sich selbst, sondern sogar seinen Feind.

mettā bhāvanā – Meditation zur Schaffung von Bedingungen, damit *mettā* entsteht, normalerweise in fünf Phasen geübt (1) *mettā* zu mir selbst, (2) zu einem guten, edlen Freund/Freundin, (3) zu einer neutral besetzten Person, (4) zu einer schwierigen Person (Feind) und (5) zu allen fühlenden Wesen

Milarepa – (1040-1123 u. Z.) tibetischer Yogi, Schüler des Marpa, gilt als Begründer der tibetischen Karma-Kagyü-Schule und Sänger der Hunderttausend Gesänge. Er lebte und praktizierte am heiligen Berg Kailash, seine berühmtesten Schüler waren Gampopa und Rechungpa.

Mitgefühl – *(karunā)* ist das Gefühl, wenn *mettā* auf ein leidendes Wesen trifft. Es ist etymologisch verwandt mit caritas (lat.: Barmherzigkeit) und mit dem englischen to care (sich kümmern um).

Mitra – wörtlich: Freund/in, Bezeichnung für Angehörige der *Triratna-Sangha.*

mudra = Geste. In der buddhistischen Ikonografie werden Figuren meist mit einer typischen Geste versehen, damit sie wieder-erkannt werden können. So hält beispielsweise *Milarepa*, der ein Sänger war, gewöhnlich seine rechte Hand ans Ohr.

Netzwerk Engagierter Buddhisten – deutschsprachiger Teil des weltweiten INEB (International Network of Engaged Buddhists), das sich für pazifistische, soziale und ökologische Ziele einsetzt. Schirmherren: Sulak Sivaraksa, Thich Nhat Hanh und S. H. der Dalai Lama.

nidāna – „Kettenglied", das Entstehen in Abhängigkeit von Bedingungen wird im Buddhismus traditionell durch eine Kette von zwölf Gliedern dargestellt (1. spirituelle Unwissenheit, Verblendung, 2. Gestaltungskräfte, 3. Bewusstsein, 4. psychosomatische Gesamheit, 5. sechs Sinnengrundlagen, 6. Kontakt, 7. Empfindung, 8. Verlangen, 9. Ergreifen und Festhalten, 10. Entstehen, 11. Geburt, Erscheinen, 12. Krankheit und Tod) **Bild S. 212** (dort die zwölf Bilder im Kreis)

Nirwahn siehe *Nirwana*

Nirwana – Ziel des Buddhismus, das Wort bedeutet „verwehen" oder Nicht-Wahn

obsolet (lat.) – überflüssig, anachronistisch

ÖkoBüro Hanau – (1987 – 2005) Treffpunkt zahlreicher Vereine und Initiativen aus dem links/grün/alternativen Spektrum im Main-Kinzig-Kreis; das ÖkoBüro Hanau bestand (bis 2000) aus sechs Räumen, von denen einer Versammlungsraum war, einem Kopierraum und vier Vereinsräumen. Es befand sich im Auwanneweg im Hanauer Stadtteil Großauheim. Eigentümer des Gebäudes war (bis 1999) der Autor dieser Buchreihe.

OM – bei *Triratna* übliche (inoffizielle) redensartliche Abkürzung für *Ordensmitglied*

one-inch-map – Britische Landkarten, bei denen eine Meile einem Zoll entspricht, das entspricht einem Maßstab von 1 : 63.630.

Ordensmitglied – hier: Personen, die eine *Ordination* im *Triratna*-Orden erhalten haben

Ordination – Aufnahme in einen religiösen Orden. Im Buddhismus traditionell: Aufnahme in den Mönchs- oder Nonnenorden. In nicht-monastischen Orden (wie *Triratna*) wird man dadurch nicht Mönch oder Nonne, es gilt also nicht der Zölibat.

Ordinationsprozess – Der Prozess von der Bitte um Aufnahme in den Orden bis zur Ordination. In dieser Zeit besucht man zahlreiche Seminare (mindestens acht) und wird von einem Präzeptor auf die Ordination vorbereitet. Anschließend müssen zwei verschiedene Gremien der Ordination zustimmen, anschließend bekommt man eine Einladung zu einem Ordinationsretreat, das für Männer meist in *Guhyaloka* stattfindet. Als ich 2001 um Ordination fragte, wurde mir gesagt, der Prozess dauere etwa vier Jahre. Nachdem ich 18 Jahre später immer noch nicht ordiniert war, habe ich mein Ordinationsgesuch zurückgezogen. (Ich glaube, mir ermangelt es in solchen Dingen der angemessenen Stromlinienförmigkeit.)

Padmaloka - „Lotusort", *Retreatzentrum* der Buddhistischen Gemeinschaft *Triratna* in Norfolk. Hier bereiten sich Männer auf die *Ordination* im Triratna-Orden vor.

Padmasambhava – wörtl.: „Lotusgeborener", 8./9. Jhd., gilt als Begründer des Buddhismus in Tibet, tatsächlich wird die Nyingma-Schule (Alte Schule) des tibetischen Buddhismus auf ihn zurückgeführt. Um den *Dharma* im damals rückständigsten Land Asiens salonfähig zu machen, bediente sich Padmasambhava magischer Kräfte und nahm Anleihen bei der Bön-Religion. Seine Praktiken waren und sind teilweise umstritten, weswegen sich spätere Reformatoren um eine Rückbesinnung auf ursprüngliche Praktiken bemühten.

paticcasamuppāda – Bedingte Entstehung, zentrale Lehre des Buddha. Häufig als zwölfgliedrige Kette des bedingten Entstehens dargestellt: Unwissenheit – Geistesformationen – Bewusstsein – Körper und Geist – sechs Sinnengrundlagen aller geistigen Vorgänge – Kontakt – Empfindung – Verlangen – Anhaften – Werdeprozess – Wiedergeburt – Alter und Tod. Es sind dies die zwölf *nidānas*. **Bild S. 212** (dort die zwölf Bilder im Kreis)

pax tecum (lat.) = Der Friede sei mit dir!

pīti - „Verzückung, Begeisterung, Extase", viertes (nach dem Sanskrit-Kanon: neuntes) *upanisā, pīti* ist auch einer der Vertiefungsfaktoren im ersten *jhāna*.

Prostration - „Niederwerfung", eine Verbeugung mit dem ganzen Körper, bei der sich die/der Verbeugende in einer bestimmten Bewegungsabfolge auf den Boden legt und die Hände in Richtung des verehrten Objektes ausstreckt.

pūjā - „Verehrung", auch Bezeichnung für ein buddhistisches Verehrungsritual, das i. d. R. aus Gebeten, Opfergaben und

*Mantra*rezitationen besteht, es kann auch Textlesungen enthalten.

queuing – (engl.) Schlangestehen, bekannte Lieblingsbeschäftigung der Briten.

Rad der Lehre – siehe *dharma cakra*

rāja – Herrscher, mitunter als „König" übersetzt. Die *rājas* von Buddhas Heimatland Shakya wurden aber beispielsweise vom Adel gewählt. Ähnliches galt damals in vielen dieser kleinen Staaten, es gab also teilweise monarchische, teilweise republikanische Verhältnisse – und auch Mischformen.

Ratnasambhava – einer der Buddhas im *Mandala* der *fünf jinas*. Diese nichthistorische mythologische Figur wird mit gelber Haut und dem wunscherfüllenden Juwel Cintamani in der Hand dargestellt. Er steht für eine der fünf hervorragendsten Eigenschaften des historischen Buddha, für *dana* (freudiges Geben) sowie für Ästhetik und Kunst. **Bild S. 142** soll Ratnasambhava darstellen, ist aber der Medizinbuddha.

Reichsparteitag – ab 1933 führte die NSDAP ihre Reichsparteitage – gewaltige Aufmärsche – in Nürnberg durch, seit 1935 auf dem Reichsparteitagsgelände, dem *Zeppelinfeld*, das für 250.000 Teilnehmer und 70.000 Zuschauer ausgelegt war. Wikipedia: *„Die Anlage sollte nach innen und nach außen den Machtanspruch des NS-Regimes demonstrieren. Zweck der Bauten war, den Besuchern das Gefühl zu geben, an etwas Großem teilzuhaben, selbst aber klein und unbedeutend zu sein. Sie unterstützten den Führermythos und sollten durch das Gemeinschaftsgefühl die Volksgemeinschaft stärken."*

Retreat – eine Zeit in klösterlicher Abgeschiedenheit

Retreatzentrum – ein Ort, wo zahlreiche Personen gleichzeitig in Abgeschiedenheit meditieren können; ursprünglich für Mönche in der indischen Regenzeit gedacht, heute für Laien, die sich Zeit für einen meditativen Rückzug nehmen.

Robin Wood – 1982 gegründete gewaltfreie Aktionsgemeinschaft für Umweltschutz, die u. a. durch Besetzung von Kraftwerksschornsteinen bekannt wurde. Der Autor diese Buches hat 1983

Robin Wood Hanau, die erste Regionalgruppe in Hessen, aufgebaut.

rūpa – Form, Körper; auch: Bezeichnung für eine Buddhafigur

rūpa-kkhandha – Körperlichkeitsgruppe, eine der fünf Anhäufungen (*khandha*), aus denen der Mensch besteht

samādhi - „tiefe Meditation, Versenkung, spirituelle Absorbiertheit", siebtes upanisā, samadhi ist auch der zweite Teil des *Dreifachen Pfades*

saṃsāra – alles, was nicht Nirwana ist; das weltliche Leben

Sangha – spirituelle Gemeinschaft, hier besonders für die Gemeinschaft der Schülerinnen und Schüler des Buddha (=Maha-Sangha). Zur Sangha im engeren Sinn gehören nur Mönche und Nonnen, zur Sangha im engsten Sinn nur Erleuchtete.

Sangharakshita – englischer Buddhist (1925-2018), ursprünglich im Theravada ordiniert; er gründete die Buddhistische Gemeinschaft *Triratna*.

Siddharta – (Vor)Name des späteren Buddha (= Siegfried)

Siebenfältige Pūjā – eine Ritualfeier in sieben Abschnitten, die wir bei *Triratana* als gemeinsames Ritual begehen.

Sikh – Anhänger des *Sikhismus*

Sikhismus – eine im 15. Jhd. von Nandak Dev gestiftete monotheistische Religion mit heute etwa 25 Mio. Gläubigen, die mehrheitlich im indischen Bundesstaat Punjab leben.

Sinope – Stadt im antiken Griechenland, das damals weite Teile Kleinasiens umfasste. Die Stadt heißt heute Sinop und liegt an der türkischen Schwarzmeerküste. Im 21. Jahrhundert unternahm der Autor eine Pilgerwanderung von Gelnhausen nach Sinope (vgl. Band 3 dieser Reihe „Buddhistische Pilgerwanderung).

Soheit - *(skt. tathatā) ist im Buddhismus (insbesondere im **Mahāyāna**) ein Begriff für die Form fundamentaler Wirklichkeit (nicht aber diese Wirklichkeit selbst), meist in Bezug auf den ihr unter-*

stellten Aspekt der Leere bzw. wesentlichen Wesenlosigkeit. (Wikipedia)

Spiralpfad – von *Sangharakshita* geprägter Begriff für die zwölf (oder 19) *upanisās*, die der Buddha lehrte. **Bild S. 212**

śrāddha – (gläubiges) Vertrauen (zweites *upanisā*)

Srinagar – Stadt im indischen Territorium Jammu & Kashmir, hat 1.200.000 Einwohner und liegt in 1700 m Höhe. In der von Kaiser Ashoka im 3. Jh. v. u. Z. gegründeten Stadt soll sich das Grab des Jesus von Nazareth (Yuz Asaf) befinden, der hier Ende des 1. Jhd. u. Z. verstorben sein soll.

Stiefografie – vom Stenografie-Weltmeister Helmut Stief entwickeltes Kurzschriftsystem, das in sehr kurzer Zeit zu erlernen ist. Der Verein für Stiefografie (ab 1976: Vereinigung Rationelle Stenografie) wurde vom Autor dieses Buches 1972 gegründet.

stochastisch ist ein Wert, der auf einem Zufall beruht, dessen Wahrscheinlichkeit aber mit statistischen Methoden ermittelt werden kann. So kann man mittels der Stochastik beispielsweise berechnen, wie viele Menschen von 1 Mio. Rauchern an Lungenkrebs sterben, aber nicht wer genau.

Stupa – buddhistisches Heiligtum oder Grabmal; in Stupas werden häufig Reliquien aufbewahrt. In Tibet heißen sie Chörten, in Sri Lanka Dagoba.

Sutta – (Mhz.: Sutren oder Sutten) - Lehrrede

Szenen – diese finden sich in meinem Lebensbericht, den ich seit 2017 im Internet unter http://kommundsieh.de/Horst - Leben.html veröffentliche. Dort sind derzeit (2021) über 100 Szenen aufgeführt, die in diesem Band abgedruckten Geschichten sind ein Teil davon.

Tempora mutantur – (lat.: Die Zeiten ändern sich); Spruch, der *Vergänglichkeit* aufzeigen soll. Im lateinischen Original wird außerdem noch die Rückwirkungen auf das Subjekt beschrieben: Tempora mutantur et nos mutamur in illis (und wir ändern uns mit).

Theravada – eine der frühen Schulen des Buddhismus, die einzige Hianyana-Richtung, die noch existiert. Theravada bedeutet „Schule der Älteren", was darauf hinweisen soll, dass ihre Anhänger den Buddhismus so praktizieren, wie das der Buddha selbst gemacht hat. Bei ihnen stehen die Lehrreden des Pali-Kanon, der ältesten buddhistischen Schriften, im Mittelpunkt.

Thich Nhat Hanh – Jahrgang 1926, ist eine der wichtigsten buddhistischen Gestalten der Gegenwart. Der vietnamesische Mönch ging während des Vietnam-Krieges in die USA, um in Vorträgen die Bevölkerung vom Widersinn des grausamen Krieges in seiner Heimat zu überzeugen. Er gründete den Intersein-Orden und das große *Retreatzentrum* Plum Village in Frankreich. Er ist einer der Schirmherren des *Netzwerks Engagierter Buddhisten* und Autor zahlreicher Bücher. Seine Anhänger haben in Deutschland die „Gemeinschaften für achtsames Leben" gegründet.

Tiefflieger – Im Zweiten Weltkrieg wurden - besonders gegen Kriegsende – von den Alliierten Jadgflugzeuge eingesetzt, um bewegliche Bodenziele zu zerstören, also Konvois, Truppennachschub u. ä. Oft wurden jedoch auch Zivilisten oder Flüchtlingskonvois getroffen.

Triratna – buddhistische Gemeinschaft, die Sangharakshita 1967 in London gründete. Triratna heißt wörtlich „Drei Juwelen", eine traditionelle Bezeichnung für *Buddha, Dharma* und *Sangha*.

Troglodyt – primitiver Höhlenbewohner

upanisā – Vom Buddha wurde im *upanisā sutta* eine Reihe von aufeinander aufbauenden und sich gegenseitig verstärkenden Bedingungen für eine spirituell positive Entwicklung aufgezeigt. Ich übersetze „*upanisā*" mit „Voraussetzung". Im *upanisā* sutta ist der Pfad in – je nach Quelle – 12 bzw. 19 *upanisās* aufgeteilt, damit stellt er eine ausgearbeitete Variante des **Dreifachen Pfades** dar. **Bild S. 212,** dort die Worte am aufwärtsgerichteten Spiralpfad

Vanitas (lat.) - Vergänglichkeit

Vanitas-Gemälde – zeigen Vergänglichkeit in Form von Stillleben auf. Stilmittel sind dabei beispielsweise Schädel, tote Tiere, verblühte Blumen oder erloschene Kerzen. **Bild S. 46**

vanitas vanitatum et omnia vanitas – Sprichwort, das aus dem Alten Testament (Prediger Salomon 1.2) stammt, es bedeutet: alles ist völlig vergänglich. (veraltet: es ist alles ganz eitel)

VCD – Verkehrsclub Deutschland, ein Ende der 80er Jahre gegründeter ökologisch orientierter Verkehrsclub. Der Club bestand anfangs aus zahlreichen Kreisverbänden, die jeweils als Verein organisiert waren. Der Autor war Mitbegründer des VCD und einige Zeit Vorsitzender des VCD Main-Kinzig e. V.

Vergänglichkeit – siehe *anicca*

Vertiefungszustände, meditative - siehe *jhāna*

Vertrauen = *śrāddha* (sanskr.) ist das zweite der *upanisās*, der Schritte auf dem Weg zur *Erleuchtung*, das erste ist *dukkha* (Erkenntnis der Unvollkommenheit alles bedingt Entstandenen).

Verzückung siehe: *pīti*

vhs – Volkshochschule, öffentliche Erwachsenbildungseinrichtung

Vier Edle Wahrheiten = zentrale Lehre des Buddhismus: (1) alles abhängig Entstandene ist unvollkommen, (2) es hat Ursachen (Gier, Hass, Verblendung), (3) durch Beseitigung der Ursache(n) vergeht es, (4) der Weg zur Beseitigung des Unerwünschten (*der Edle Achtfältige Pfad*)

Vimaladhatu - „Ort der Perfektion", Name eines deutschen *Retreatzentrums* von *Triratna* im Sauerland

Vollkommener Entschluss – eines der acht Pfadglieder des *Edlen Achtfältigen Pfades*, den der Buddha lehrt. Damit ist gemeint, dass man so vom Dharma überzeugt ist, dass man entschlossen ist, den Pfad, den der Buddha aufgezeigt hat, bis zum Ende, zum *Nirwana*, zu gehen.

Zen - Das Zen (chinesisch: Ch´an) ist - wie das Vajrayana - eine Schulrichtung des *Mahāyāna*. Wie immer bei diesen Erneuerungsbewegungen ging es darum, sich auf Ursprünge zurückzubesinnen, von denen man unterstellte, dass sie zu sehr in Vergessenheit geraten seien. Das Zen behauptet, der Buddhismus sei zu sehr eine Buchreligion geworden, man müsse sich vielmehr auf die reine Meditationspraxis zurückbesinnen. Daher auch der Name Ch´an, was die chinesische Aussprache des Paliwortes *jhāna* (meditative Vertiefung) ist. Die Japaner sprachen das Wort Zen (Z = stimmhaftes S) aus.

Zeppelinfeld – Die Nürnberger Zeppelinwiese wurde von 1935 bis 1937 nach einem Entwurf von Albert Speer zum ***Reichsparteitags***gelände umgebaut und seitdem als Zeppelinfeld bezeichnet.

Zufluchten und Vorsätze – ein Ritual, mit dem sich BuddhistInnen (meist morgens) daran erinnern, dass sie die drei Juwelen oder Zufluchten (***Buddha***, ***Dharma*** und ***Sangha***) in den Mittelpunkt ihres Lebens stellen, außerdem die *pancasīla*, die fünf Vorsätze für Laien (Gewaltlosigkeit, Großzügigkeit, Wahrhaftigkeit, Genügsamkeit und Achtsamkeit)

Buddhistische Beiträge

von Horst Gunkel sind unter **www.kommundsieh.de** im Internet veröffentlicht.

In der „Gelnhäuser Buddhistischen Buchreihe" sind bislang erschienen:

Buddhas Sohn Rahula (Band 1)
Geschichten aus dem Palikanon
ISBN: 978-3-7504-0010-8, 130 Seiten, Preis: 7 EUR

Die Tochter des Samurai (Band 2)
Geschichten aus *Mahāyāna*, Vajrayāna und Zen
ISBN: 978-3-7519-1734-6, 145 Seiten, Preis: 7 EUR

Buddhistische Pilgerwanderung (Band 3)
Horst auf dem Weg Richtung Bodh Gaya
ISBN: 978-3-7519-7192-8, 246 Seiten, Preis: 10 EUR

Ausgewählte Lehrreden des Buddha (Band 4)
in zeitgemäßer Form nacherzählt und teilweise erläutert
ISBN: 978-3-7526-2197-6, 186 Seiten, Preis: 9 EUR

Begegnungen mit dem Transzendenten (Band 5)
Szenen aus dem Leben eines hessischen Buddhisten
ISBN: 978-3-7543 1423-4, 248 Seiten, Preis: 10 EUR

In Vorbereitung sind:

Meditation und buddhistische Ethik
Buddhistische Geschichten aus der Gegenwart
Der Prinz, der zum Buddha wurde

Ob und wann neue Geschichten in Buchform erscheinen, wird auf der Webseite www.kommundsieh.de rechtzeitig mitgeteilt.